science
fiction
& fantastica

Piers Anthony

Chthon oder Der Planet der Verdammten

Deutsch von
Margarete Bormann und
Thomas Schlück

Marion von Schröder Verlag

Die amerikanische Originalausgabe ist 1967 unter dem Titel
CHTHON bei Ballantine Books, Inc., New York, erschienen.

1. Auflage 1971

Gesetzt aus der 9 auf 11 Punkt Garamond der Linotype GmbH
Gesamtherstellung: Kleins Druck- und Verlagsanstalt,
Lengerich/Westf.
Printed in Germany
ISBN 3 547 71050 2

Inhaltsverzeichnis

CHTHON [chtō . . . ; gr.] Ableitung von c h t h o n i s c h, adj.; der Erde angehörend, unterirdisch.
1. Ein unterirdisches Gefängnis für unverbesserliche Verbrecher.
2. Ein Granatstein-Bergwerk.

SEKTOR-ENZYKLOPÄDIE § 398

»Im Himmel, wie Ihr wohl gehört,
gibt's keine Heirat . . .«

JOHN CROWE RANSOM:
»THE EQUILIBRISTS«

PROLOG

N!
Nova Faktor!
Stellare Explosion so gewaltig und schnell, daß das Licht um Jahrhunderte zurückbleibt.
Dies ist unsere Bühne: die Nova des Lebens.
In Äonen
Dehnt sie sich aus vom Mikrokosmos zur Planetengröße;
In Jahrhunderten
Vom Planeten zum Universum;
Und ihre Dauer steht im umgekehrten Verhältnis zu ihrer Größe.

§
Paragraphenzeichen,
Symboldatum des menschlichen Hervortretens; Vorstoß zu den Sternen.
Was vorher war, ist staubige Vergangenheit.
Zählt die neuen Jahre: Paragraph 1 und 100 und weiter;
Bedient Euch der vornehmen galaktischen Sprache,
Auch wenn der bequemere Alltagston sich hält.
Verändert die Gene des Menschen für das Weltall,
Doch verbergt die Mutationen. Laßt sie zu Mythen werden ...

5
Familie Fünf,
Fünfte im Range der Gründungsfamilien von Hvee,
Die den Gartenplaneten § 79 besiedelten
Auf der Suche nach ihrem transzendenten Paradies.
Doch die Kälte § 305 fordert von Fünf ihre Opfer.
Zwei Linien bleiben erhalten; die Ältesten:
Aurelius (§ 348–402), verlobt mit einer Tochter Zehns;
Benjamin (§ 352–460), unverheiratet.
Und die Hoffnungen der noblen Familie ruhen nun auf dem Kind des Aurelius:

Aton (§ 374–400)
Aton, Agonist;
Aton, Protagonist.
Der die Natur des Bösen zu ergründen strebt
Und dafür verurteilt wird.
Aton, während dein Leib im Gefängnis stirbt, lebt dein Fühlen in Freiheit fort;
Doch beides ist eins – in deinem Tod spiegelt sich dein Leben.
Jedes deiner Erlebnisse hier verläuft parallel zu deiner anderen Existenz,
Jetzt,
Und in der Vergangenheit
Und auch in der Zukunft.

Aton, Aton – Kind der Sonne –
Komm, komm in unsere Unterwelt:
Wir bedürfen der Verdammten.

I. Aton

§ 400

1

Es war heiß in der Kabine. Aton leckte sich Salz und Ruß von den Lippen, während ihm kleine Schweißbäche kitzelnd den Nacken hinunterliefen und das grobe Sträflingshemd dunkel färbten. Auf dem feuchten Einband des Buches, das er in der Hand hielt, spiegelte sich ein dunkelhaariger, glattrasierter Mann.
Normale Züge, Durchschnittsstatur – sah so ein Verbrecher aus? Bin ich das, dachte er, bin ich wirklich ein Verbrecher?
Es spielte keine Rolle. Chthon war das Gefängnis der Verdammten, und ein hier Eingekerkerter war – gleichgültig ob zu Recht oder nicht – seinem Schicksal ausgeliefert. Gesetzmäßig verurteilt und gesetzmäßig tot: von hier gab es kein Entkommen.
Das Gefängnis lag tief unter der Oberfläche eines geheimen Planeten – eine natürliche Höhle, die noch kein Sternenlicht gesehen hatte. Hier gab es keine Zellen, keine Wächter, sondern nur den Auswurf der menschlichen Gemeinschaft – Männer und Frauen, die in unvorstellbarem Reichtum starben. Denn Chthon war ein Granatbergwerk, wobei der mäßige Wert der einzelnen Steine durch ihre ungeheure Menge aufgewogen wurde. Der Betrieb lief folgendermaßen: Alle vierundzwanzig Stunden fuhr der einzige Aufzug mit Lebensmitteln beladen hinunter und kam mit mehreren hundert Granatsteinen wieder herauf. War der Wert der Steine nicht ausreichend, fiel die nächste Nahrungslieferung entsprechend kleiner aus.

Soviel hatte Aton über Chthon schon erfahren, und mehr konnte ein freier Mensch auch nicht wissen. Jetzt sollte er die andere Seite, die Kehrseite, kennenlernen. Auf seiner knirschenden Fahrt in das fieberheiße Berginnere erbebte der geschlossene Fahrstuhlkorb, und Aton schwankte im Rhythmus der Bewegung hin und her. Er spürte das Zunehmen der Hitze, roch seine eigene Ausdünstung.

Hänge ich Träumen nach? fragte er sich. Ist es töricht, an eine Flucht zu glauben, nur weil ich draußen im Weltraum ein Gerücht gehört habe? Rückkehr vom Tode. Freiheit. Vielleicht sogar . . . Erfüllung?
Die Bewegung hörte auf. Die Tür gab den Weg frei in eine allgegenwärtige Dunkelheit. Hitze wogte herein, bedrückend, sauerstoffarm. Seine dünne Uniform war sofort schweißdurchtränkt.
Aton wußte, daß er keine andere Wahl hatte, und trat in die Finsternis hinaus.
»Zur Seite!« brüllte eine Stimme, und rauhe Hände schoben ihn aus dem Weg. Er stolperte in die Mitte des Raumes, sein Buch unter den Arm geklemmt, und konnte kaum die Gestalten erkennen, die sich zwischen ihm und der erleuchteten Fahrstuhlkabine bewegten.
Drei Männer machten sich schweigend daran, große Kisten auszuladen und sie gleich an der Wand aufzustapeln. Als der Aufzug leer war, trugen sie vorsichtig kleine Metallbehälter hinein. Aton überlegte, daß es sich hier um die Ladung Granatsteine handeln mußte. Die Männer waren stark und nackt und hatten Bärte und lange Haare. Sie trugen fleckige Säcke auf dem Rükken festgeschnallt, was im trüben Licht grotesk wirkte; sie erinnerten Aton an bucklige Trolle.
Einer schlug die Tür zu und schnitt somit das Licht ab. Der Lärm im Raum war so groß, daß Aton den Fahrstuhl nicht hinauffahren hörte, doch er wußte, daß seine letzte Verbindung zur Außenwelt jetzt abgerissen war. Er war Chthon preisgegeben.
Wie es sich herausstellte, war die Höhle nicht völlig unbeleuchtet; ein seltsam grüner, zerstäubter Schimmer ging von den Wänden und der Decke aus; es sah aus, als glimmten sie. Seine Augen gewöhnten sich daran. Wenigstens konnte er sich zurechtfinden. Jetzt kamen die Männer auf ihn zu. »Neuer Mann, he? Name?«
»Aton Fünf.«
»Fünf?«
»Wenn Sie's nicht glauben wollen – bitte sehr!«
Sie bedachten seine Worte und musterten ihn abschätzend wie ein Rudel Wölfe. »Gut, Fünf – merk dir eins von Anfang an.

Wir stellen hier unten keine Fragen. Wir beantworten auch keine. Es ist uns gleich, warum man dich hierher verfrachtet hat, aber werd nicht rückfällig. Mach keinen Unfug, sei vernünftig, dann kommst du durch. Verstanden?«
Sie warteten auf seine Reaktion, lauernd wie Wölfe.
»Wo soll ich ...?«
Ein Mann trat vor und holte mit der flachen Hand aus. Instinktiv fing Aton den Schlag mit erhobenem Unterarm ab. Doch er kam um Haaresbreite zu spät, und die Hand traf seitlich sein Gesicht, daß ihm der Kopf dröhnte. Er wich einen Schritt zurück. »Was, zum ...?«
»Kümmere dich um deinen eigenen Kram. Wir sagen's dir nicht zweimal!«
Ärgerlich gab Aton nach. Einen Augenblick spielte er mit dem Gedanken, den Rat mit gleicher Münze heimzuzahlen. Aber das hätte bedeutet, daß er mit allen dreien kämpfen mußte, vielleicht sogar gleichzeitig. War das vielleicht auch ihre Absicht? Trotz seiner aufsteigenden Wut machte er sich klar, daß der Hinweis gut war. Mach keinen Unfug – solange du dich hier noch nicht auskennst. Es hatte keinen Sinn, seinen Aufenthalt hier gleich mit einer Keilerei zu beginnen. Dafür war später noch Zeit. Er nickte.
»Gut«, sagte der Mann. Er lachte. »Vergiß nicht – wir müssen alle zusammen sterben!«
Die anderen brachen in schallendes Gelächter aus und hoben die Körbe auf. Aton hatte sich ihre Gesichter eingeprägt.
»Kleiner Rat«, sagte einer im Vorbeigehen nicht unfreundlich. »Zieh dich aus. Wie wir. Heiß hier unten.«
Sie gingen schwerfällig davon und ließen ihn allein. Waren sie typisch für Chthon? Er wußte, daß es hier auch Frauen gab, doch in einem wärterlosen Gefängnis, das keinerlei Verbindung zur Außenwelt hatte, waren die Konventionen wohl längst der erstickenden Hitze erlegen. Gewiß herrschten hier abnorme Sitten und Gebräuche. Oder wollte man ihn wieder zum besten halten?
Aton blickte sich um. Der Raum war abgerundet, die Wände unregelmäßig, aber nicht uneben. Felsgestein, glutüberzogen. Vor langer Zeit hatte gewiß ein Spähtrupp diese Höhlen erforscht

oder zumindest weit genug erkundet, um auf das Granatvorkommen zu stoßen und im übrigen festzustellen, daß es keinen erreichbaren Ausgang gab. Er fragte sich, ob die Luft auf natürliche Weise eintrat oder irgendwie hereingepumpt wurde; ihr Vorhandensein schien kein reiner Zufall zu sein.
Jedenfalls war die fürchterliche Hitze kaum zu ertragen. Es war wie in einem glühenden Ofen. Bestimmt gab es auch kühlere Zonen, sonst konnte man hier unmöglich leben. Er zog seine triefende Uniform aus, nahm sein Buch und verließ den Raum. Am Ausgang betastete er vorsichtig die Felswand; sie war heiß, ohne ihn zu verbrennen, und der grünliche Schleim glühte noch sekundenlang auf seinen Fingern nach. Die Hitze hatte ihre Ursache also offensichtlich nicht hier in der Höhle.
Er betrat einen kurzen Tunnel. Man hatte ihm gesagt, Chthon bestehe aus einem Labyrinth von Gängen im Lavagestein, und er rechnete sich aus, daß ihre Entstehung schon vor vielen Jahrhunderten abgeschlossen sein mußte. Im Augenblick war das jedoch kaum vorstellbar. Das Gangende flimmerte vor Hitze, und immer lauter wurde das Dröhnen, als seien die Urkräfte noch in Bewegung. Aber es gab keinen anderen Weg.
Endlich erreichte er einen breiteren, quer verlaufenden Tunnel von etwa vier Metern Durchmesser – und wurde im nächsten Augenblick von einem brausenden Luftstrom an die glatte Wand gedrückt. Wind – in einem geschlossenen Höhlensystem? Daher also rührte der Lärm: doch woher mochte ein solcher Durchzug kommen? Damit hatte er wahrlich nicht gerechnet, als er sich diese höllische Unterwelt ausmalte.
Aton raffte sich auf, kämpfte sich wieder in den Wind und ließ sich von ihm durch den Tunnel schieben. Abgesehen von dem Schimmer wiesen die Wände keine besonderen Merkmale auf, und der Gang war im Querschnitt fast kreisrund. War es möglich, daß ihn der Wind im Laufe unermeßlicher Zeiten gegraben und geglättet hatte? Chthon wurde ihm immer rätselhafter.
Die heftige Brise – sie mochte mit einer Geschwindigkeit von fünfzig Stundenkilometern wehen – tat wohl, erfrischte seinen überanstrengten Körper und gab ihm in etwa eine Erklärung dafür, wieso hier das Überleben möglich war. Fast sofort spürte er aber

auch die Folgen: Austrocknung. Er brauchte Wasser, und zwar bald, ehe sein Körper zusammenschrumpfte. Irgendwo mußte es andere Menschen geben und Vorräte.
Eine Hand an die Mauer gestützt, ging Aton weiter und geriet plötzlich an eine kleine Abzweigung. Hier ließ der Wind nach, und die Hitze machte sich wieder bemerkbar; er war jedoch dankbar für die Erholungspause und beschloß, dem Gang zu folgen. Er war eng, kaum hoch genug für ihn, und öffnete sich in eine Zelle oder Höhle ähnlich dem Raum, in dem er abgesetzt worden war. Sackgasse.
Er wollte gerade umkehren, als er zusammenfahrend bemerkte, daß er nicht allein war. Ein Gemurmel war zu hören, es rührte sich etwas, und vom gekrümmten Fußboden erhob sich eine Gestalt. Sie kam auf ihn zu, seltsam verführerisch und ein wenig erschreckend, das Abbild eines Wesens aus seiner Vergangenheit: verschwommen, schön und grauenvoll zugleich, viel zu verlokkend und schmerzlich, als daß er ihm gefaßt begegnen konnte. Das Geheul der Luft im Hintergrund schien sich zu unheimlicher Musik zu verdichten. Ist das mein Lied, fragte er sich, das furchtbare, unvollendete Lied, die Todesmelodie? Ist das mein böser Geist, mein Sukkubus, der da grinsend kommt, mich meiner Männlichkeit zu berauben?
Die Gestalt sprach zu ihm mit einer Frauenstimme, salbungsvoll und doch flehend: »Willst du mich lieben?« fragte sie.
Er erblickte die Umrisse eines nackten weiblichen Körpers und wurde sich der eigenen Blöße bewußt. Schamhaft versteckte er sich hinter seinem Buch, als sie jetzt auf ihn zukam. Er wußte nicht, was sie vorhatte; sie schob das Buch einfach beiseite und fiel in seine Arme. Ihre Bewegungen waren sicher; offenbar konnte sie im Halbdunkel besser sehen als er.
»Liebe mich«, sagte sie. »Liebe mich – Laza.« Ihre nackten Brüste preßten sich an ihn.
Er fürchtete sich vor ihr und vor seinem Hirngespinst. Durch die plötzliche Gespanntheit ihres Körpers gewarnt, wich er zurück. Mit Wucht sauste ihr Arm herab, der scharfe Stein in ihrer Faust streifte nur eben seine Wange. Innerhalb einer Stunde hatte man ihn nun schon zweimal angegriffen. »Dann stirb, du Hund!« schrie sie. »Stirb, stirb . . .«

Von Schluchzen geschüttelt, floh sie an das andere Ende ihrer Zelle, warf sich nieder, lag dort zusammengesunken und zitternd auf dem Boden. Er hörte noch ihr gequältes Flüstern: »Stirb, stirb . . .« Hatte sie ihn wirklich töten wollen?
Er trat zurück in den Verbindungsgang. Laza hörte das Geräusch und richtete sich sofort auf. »Willst du mich lieben?« fragte sie tonlos wie zuvor.
Aton stürzte davon.

Der Haupttunnel nahm kein Ende. Er war von zahlreichen, quer verlaufenden Gewölben unterbrochen. Manche schienen leer zu sein; aus anderen ertönten seltsame Laute, Grunzen und Kratzen. Aton schritt rasch daran vorbei.
Durst trieb ihn weiter. Der grausame Wind stürmte gegen seinen Rücken und sog ihm die Feuchtigkeit aus dem Körper. Er hatte die Schuhe anbehalten, doch jetzt zog er sie aus, damit seine schweißnassen Füße atmen konnten; dann stürzte er weiter.
Endlich lockte ihn Stimmengemurmel in eine große Höhle. Der Wind ließ ein wenig nach, da er sich hier in geräumigeren Gewölben auslassen konnte, und der Lärm verebbte. Atons betäubte Sinne lebten wieder auf. Er entdeckte mehrere Leute, die arbeiteten oder müßig dasaßen und schwatzten. In der Mitte stand ein großes Metallgerät auf Rädern, aus dem eine Achse mit Griffen ragte. Zwei Männer stemmten sich in die Speichen und drehten die Oberseite langsam wie das Rad eines Schleifsteins. In der Nähe lehnten zwei Gestalten an der Wand und schnitzten mit schmalen Klingen an kleinen Objekten herum. Im Hintergrund schippte ein einzelner Mann Steine in verschiedene Körbe. Alle waren nackt.
Dicht neben ihm stand eine massige, freundliche Frau, die den Neuankömmling sofort gewahrte. »Neuer Mann, he?« fragte sie – die gleiche Grußformel, die er schon einmal gehört hatte. Kamen da neue Probleme auf ihn zu?
»Aton Fünf.«
»Hier bist du goldrichtig«, sagte sie. »Alle kommen zu Mutter Schlauch.«

Sie lachte, als sie Atons verständnislosen Blick bemerkte. »Nee – das kommt, weil ich die Schläuche besorge. Du willst sicher auch einen, eh' du zusammenschrumpfst. Hier.« Sie trat an die Maschine. Die Männer am Rad unterbrachen ihre Tätigkeit, und sie nahm einen Sack herab, der seitwärts an einem Abflußrohr hing. »Hier, dein Schlauch. Verlier ihn ja nicht.«
Aton nahm ihn und betrachtete ihn verständnislos. Der Schlauch, der aus grobem Gewebe bestand, wog etwa zwanzig Pfund, und die daran befestigten Riemen waren offenbar zum Tragen bestimmt. Jetzt sah er auch, daß auch die übrigen einen ähnlichen Sack auf dem Rücken trugen – als einziges Kleidungsstück. Aber was sollte das?
Mutter Schlauch hob einen leeren Sack auf und hängte ihn unter das Abflußrohr, so daß die Männer ihre Arbeit fortsetzen konnten. Langsam begann er sich zu füllen.
Endlich begriff Aton, was hier vorging. »Wasser!« rief er, steckte den schmalen Hals des Schlauches in den Mund und sog durstig daran. Die Flüssigkeit kam ihm kühl und köstlich vor.
Die Frau sah ihm wohlgefällig zu. »Mehr wert als Granatsteine«, sagte sie. »Wir pressen's aus dem Kühler heraus, und alle sind zufrieden. Solange sie sich mit der alten Mutter Schlauch gut vertragen.«
Aton begriff. Diese Frau war ein Machtfaktor in der unterirdischen Hierarchie, die hier bestehen mochte.
Sie machte ihn mit den anderen bekannt. »Leute, das ist Fünf. Die beiden da sind meine Treiber in dieser Schicht, Sam und Horny. Da hinten sitzt der alte Springer. Er macht Schachfiguren aus kaputtem Granat – oder was das sein soll.« Aton nickte. Er kam aus dem Staunen nicht mehr heraus. Draußen waren diese kleinen Figuren ein Vermögen wert – sowohl vom Material her als auch wegen der kunstfertigen Arbeit –, und hier entpuppte sich der Künstler als grauhaariger Alter, der nackt am Boden hockte und mit einem schartigen Messer hantierte. »Der andere da ist sein Lehrling. Sie gehören zusammen.«
Der Lehrling war eine junge Frau, kaum zwanzig, wohlgestaltet und hübsch. Aton überlegte erstaunt, welches Verbrechen sie begangen haben mochte, daß sie schon so jung nach Chthon ver-

bannt worden war. Er sagte sich, daß die »Zusammengehörigkeit« der beiden wohl eher dem Selbstgefühl des alten Mannes diente als seinen romantischen Bedürfnissen. Ansehen zu haben war hier anscheinend besonders wichtig – das galt es sich zu merken.
Mutter Schlauch führte ihn zu dem Mann an den Körben. »Das ist Tally«, sagte sie. »Er versteht mit Zahlen umzugehen und hat ein gutes Auge für Granatsteine. Komm ihm nur nicht in die Quere.« Tally sortierte die kleinen Steine nach der Farbe in zwei Körbe: nach roten und bräunlichen Schattierungen, die in dem schwachen Licht kaum zu unterscheiden waren. Ein attraktives Mädchen sortierte sie anschließend noch einmal der Größe nach. »Das ist Silly«, sagte Mutter Schlauch. »Richtig heißt sie Selene – wir nennen sie nur Silly. Du kriegst das mit der Zeit schon mit.« Das Mädchen blickte auf und kicherte.
»Bei uns haben alle Arbeit«, sagte Mutter Schlauch abschließend. »Lauf da noch ein bißchen herum und gewöhn dich ein, danach beschaffen wir dir auch was. Hat keine Eile.« Allzu beiläufig fügte sie hinzu: »Hast du Werkzeug mit hereingeschmuggelt?«
»Werkzeug?«
Ihr wachsamer Blick ruhte auf dem eingebundenen Buch. Sie fragte nicht. »LAE«, sagte er. »Ein Text. Man hat mir erlaubt, einen Gegenstand mitzubringen.« Angewidert wandte sie sich ab, ohne noch ein Wort zu sprechen.
Das war der Umgangston hier unten. Nachdem sich Aton an Hitze und Wind gewöhnt hatte und sich optisch und akustisch im Labyrinth der Tunnel zurechtzufinden wußte, kam ihm das Gefängnisleben erstaunlich angenehm vor. Zu angenehm – denn unter diesen Umständen mußte sein Fluchttrieb mit der Zeit erlahmen. Die Gefangenen waren mit ihrem Leben durchaus zufrieden, er jedoch nicht. Er mußte einen Katalysator finden.
Die Höhlen erstreckten sich endlos in die Tiefe. Von irgendwo dort unten kamen die Granatsteine zum Sortieren und zum Tausch mit der Außenwelt herauf. Der Preis, den sie später dort erbrachten, lag weit über ihrem tatsächlichen Edelsteinwert. An Qualität waren ihnen viele künstliche Steine überlegen, denen jedoch der Reiz des Anrüchigen fehlte. Die Chthon-Steine wurden von Verbrechern gefördert, sie entstammten dem schreck-

lichen Strafplaneten. Von jeher ist der Mensch für das Morbide besonders empfänglich gewesen.

Aton fand das Verhalten der Gefangenen unbegreiflich. Chthon galt als das schlimmste Gefängnis im menschlichen Sektor der Galaxis, als Gefängnis für geisteskranke Verbrecher, Unverbesserliche und Perverse – für all jene, welche die Gesellschaft weder heilen noch ignorieren konnte. Draußen stellte man sich Chthon als Stätte ständiger Unruhe vor, als Stätte unglaublicher Orgien, Grausamkeiten und Folterungen.

Statt dessen fand Aton die ungehobelte, aber friedliche Ordnung einer Gesellschaft vor, deren Mitglieder nach ihrem Hauptgrundsatz lebten, keinen Ärger zu machen. Die wirklich Schwachsinnigen waren in ihren Zellen isoliert und wurden von freiwilligen Wärtern versorgt. Solange sie sich nicht herauswagten, ließ man sie in Ruhe.

Selbst von normalen Leuten konnte man kaum erwarten, daß sie so gut miteinander auskamen. Hatte er es hier wirklich mit Verbrechern zu tun? Und wenn nicht – warum fanden sie sich dann so widerspruchslos mit ihrem Schicksal ab? Da schien noch etwas anderes mit im Spiel zu sein, irgendeine bindende Kraft. Solange er die nicht kannte, konnte er nichts unternehmen.

2

»Aton«, sagte eine leise, warme Altstimme.

Er erwachte aus seinen Träumen und erblickte das Mädchen Selene, das sich herausfordernd in Pose gesetzt hatte und dabei nicht mehr kicherte. Bei jeder Bewegung hatte sie ihn angeschaut; doch obwohl ihm das nicht entgangen war, hatte er es für ratsam gehalten, sich vor den Frauen in acht zu nehmen, bis die übrigen Rätsel gelöst waren. Eine Frau brachte nur Probleme.

Sie kam auf ihn zu, die Brüste vorgereckt. »Ich bin nicht Laza, Aton«, sagte sie, seine Gedanken erratend. »Es kostet dich nicht das Leben, wenn du mir nahe kommst.«

Aton blieb ungerührt. »Du bist Tallys Frau, stimmt's?«

»Tally weiß, wo ich bin. Tally weiß immer Bescheid – über alle

hier.« Sie lehnte sich an ihn, weich, geschmeidig, katzenhaft. »Wie lange hast du keine Frau gehabt, Aton?«
Das traf ins Schwarze. Es war schon zu lange her. Im Weltraum hatte er die Dinge des Lebens kennengelernt, und mit dem Weltraum war es jetzt vorbei, vielleicht für immer. Nach allem, was er bisher an ihr beobachtet hatte, sagte sie wahrscheinlich die Wahrheit über Tally. Möglicherweise hatte er sie sogar als Zeichen der Freundschaft hergeschickt.
Selene wich zurück und verbarg sich hinter ihrem Wasserschlauch. In der Gewißheit, daß sie seine Aufmerksamkeit erregt hatte, begann sie in rhythmischen Schritten und Drehungen zu tanzen – ein Tanz, der genauso verführerisch wirkte, wie er beabsichtigt war. Aton lehnte sein Buch an die Wand und ging ihr nach.
Sie kicherte und entwischte ihm. Hände und Körper spielten ein kompliziertes Versteckspiel, als sie ihn dann in einen Seitengang lockte. Vorsichtig geworden, spähte Aton hinein, doch der Tunnel war leer.
Sie streifte an ihm vorbei. Er umfing sie und drängte sie mit ihrem Wasserschlauch an die Wand. Plötzlich fanden sich ihre Lippen zu einem Kuß, trennten sich und berührten sich wieder leidenschaftlich, dann wich sie ihm aus und drehte sich spielerisch zur Mitte der Zelle hin. Ihre Augen glühten.
Aton trat auf sie zu, schnitt ihr den Weg ab und trieb sie in eine Ecke; sie drehte und wendete sich voller Entzücken.
Als Selene sah, daß sie gefangen war, fing sie an zu summen – ihre raffinierteste Verstellung: eine unschuldige, gleichmütige Melodie, als glaube sie sich allein. Damit wollte sie ihm zum letzten Ansturm reizen.
Doch die Melodie stieß ihn nur ab und kühlte fast augenblicklich seine Leidenschaft – es war das unvollendete Lied.
Selene merkte, daß etwas nicht stimmte. »Was ist los, Aton?«
Er wandte sich ab. »Verschwinde, Silly, du bist nicht halbwegs die Frau, die ich begehre.«
Sie lief fort, zuerst erschrocken, dann wutentbrannt. Aton lauschte dem Geräusch ihrer tapsenden Schritte, das sich im heulenden Wind entfernte. Beides verschmolz miteinander zur Melodie des unvollendeten Liedes.

Malicia, dachte er. O Malicia – wirst du mich denn nie in Ruhe lassen?
Natürlich war es ein Traum, aber nur Aton wußte das, und er vergaß diese Tatsache über der Illusion des Was-hätte-sein-Können. In seiner Vorstellung sah er sich nicht allein im Tunnel stehen; in seiner Vorstellung war die Frau nicht wütend geflohen. Es hatte ein Mißverständnis gegeben, gewiß, aber das war ausgebügelt worden.
Als sie nun durch den Tunnel gingen, hakte sie sich bei ihm ein. Sie trug eine dünne Bluse und einen dunklen Rock, der ihre Figur noch vorteilhafter zur Geltung brachte, als wenn sie nackt gewesen wäre.
»Jill«, sagte er. »Ich wollte mich für eben entschuldigen. Aber du mußt verstehen, daß das Lied eine starke Wirkung auf mich hat. Wenn es beginnt . . .«
Sie zupfte ihm am Ärmel. Er spürte den sanften Druck ihrer Finger durch den Mantelstoff. »Ich heiße Selene«, sagte sie.
Sie bogen in einen Seitengang, der nach unten führte und sich dort verbreiterte. »Dein Interesse für mich hat mich überrascht«, fuhr er fort und war sich bewußt, daß seine Erklärung sehr unbeholfen klang. »Ich habe dich irgendwie nie als Frau gesehen, Jill.«
»Warum nennst du mich immer Jill?« fragte sie. »Sieh mich an, Aton. Ich bin Selene. Silly Selene, das Höhlenmädchen.«
Er starrte sie an. »Ja, das bist du wohl«, sagte er. »In den Kleidern habe ich dich gar nicht erkannt.«
»Danke.«
Er führte sie zu einem Sitz und nahm neben ihr Platz. »Ich habe gar nicht gewußt, daß es auf Chthon so etwas gibt. An Bord der *Jacosta* hatten wir ein Theater für die Mannschaft, aber ich bin nie hingegangen . . .«
Er verstummte beunruhigt. Ihre Hand lag in seinem Schoß und machte sich am Verschluß seiner Hose zu schaffen. Dann glitten ihre Finger hinein und erkundeten weiter unten, was es dort gab. Er wollte protestieren, doch schon drehten sich die Leute links und rechts zu ihm um, so daß er nichts sagen konnte, um nicht auf seine Blöße aufmerksam zu machen.

Vorn leuchtete die große Leinwand auf. Abrupt war Atons Aufmerksamkeit von der stummen Szene gefangen, die er in sich aufzunehmen versuchte. Ein Mann, der mühsam einen steilen Pfad heraufkam, ein starker Mann in antiker Kleidung, ein junger Mann in fließenden Gewändern von unbestimmter Farbe. Nur ein einziger Mann, doch voll geheimer Bedeutung. Hinter ihm verlief sich der Pfad auf einem bemoosten Felshang in einer Landschaft von eigenartigem Reiz.
Das Bild wechselte und ging über in ein anderes Tableau. Jetzt öffnete sich der Vordergrund; ein steiler Hang vermittelte einen Eindruck entsetzlicher Tiefe. Der Pfad hatte den Gipfel erreicht und neigte sich, als liefe er über einen Paß; in der Tat erhob sich im Blickfeld ein runder Hügel, während das übrige Land schräg abfiel. Zwei Männer standen sich gegenüber; sie waren von den beiden Seiten her aufgestiegen und trafen sich nun am Gipfelpunkt. Rechts stand der starke junge Mann des ersten Bildes; links war ein älterer, ähnlich gekleideter Mann zu sehen. Sie sahen sich an und sprachen miteinander oder stritten sich. Der alte Mann hatte gebieterisch den Arm erhoben.
Das dritte Bild wirkte noch eindringlicher: der Körper des jungen Mannes erschien herumgeschwungen in heftiger Bewegung, die Arme ausgestreckt, das Gesicht verzerrt. Der andere schwebte in der Luft über dem Abgrund; er hatte die Arme erhoben, als wollte er sie wie Flügel bewegen. Doch er konnte sich nicht halten. Sie hatten Streit gehabt, eine Auseinandersetzung; vielleicht war es zu einem Kräftemessen um das Recht des Vortritts gekommen. Wer wollte das bestimmen, da die Bilder doch nur bruchstückhaft und stumm waren? Aber etwas war geschehen, unwiderruflich. Aton wußte, daß ganz unten, außerhalb des Blickfelds, ein schmales Flußbett lag – und er fragte sich, woher er das wußte.
Noch ein Bild, scheinbar ohne Beziehung zur ersten Folge: eine gewaltige Tiergestalt mit riesigen gefalteten Schwingen und den sinnlichen Brüsten einer reifen Frau. Ihr Maul war gleichsam fragend geöffnet, als wollte sie ein Rätsel aufgeben. Das war alles.
Unsagbares Grauen überkam Aton, ein unerträglicher Ekel, der

ihm den Magen aufwühlte und ihn vor dem ungeheuerlichen Anblick zurückschrecken ließ.
Da regte es sich plötzlich anderwärts. Er blickte hinunter und sah die weibliche Hand, die sich gespreizten Krallen gleich gierig ausstreckte. Doch die Empfindung ging von einer gewundenen Schnur aus, die – blutrot im Halbdunkel – seinen Leib mit dem ihren verband. Er sah ihr Gesicht, und es war nicht das Gesicht Lazas, die ihn töten wollte, sondern ein anderes, lieblicher und zugleich böser.
Er versuchte sich loszuwinden, konnte sich aber nicht bewegen. Der psychische Schmerz war entsetzlich, während die Schnur sich jetzt straffte und stärker spannte, bis die Wurzel aus dem Fleisch herausgezogen wurde. Plötzlich schwebte die Melodie aus dem Grauen hervor, und ihm wurde endlich Erfüllung zuteil.
Er erwachte zitternd und in Schweiß gebadet, hörte näher kommende Schritte und wußte, daß er Chthon irgendwie entrinnen mußte.

3

»Fünf.« Diesmal war es eine männliche Stimme. Selene hatte keine Zeit verloren. Er drehte sich um und sah sich Tally und zweien seiner Helfer gegenüber.
»Ich habe sie nicht angerührt«, sagte Aton.
Tally machte ein finsteres Gesicht. »Ich weiß. Deshalb bin ich ja hier.«
Aton behielt die beiden anderen im Auge. Er wußte, weshalb Tally sie mitgebracht hatte, und erkannte einen von ihnen wieder. »Weil Silly sich an mich herangemacht hat?«
»Zum Teil«, erwiderte Tally offen. »Eigentlich hätte das schon nicht nötig sein müssen. Aber dann hast du sie auch noch abgewiesen.«
»Ich wollte keinen Ärger machen.«
»Keinen Ärger!« fuhr Tally ihn an. »Du verdammter Neuling! Machst mich zum Gespött von ganz Chthon. Mein Mädchen ist wohl nicht gut genug für dich, wie? Aber wenn du sie nicht wolltest, hättest du gleich zu Anfang nein sagen können, statt dessen spielst du erst noch mit ihr rum, mußtest noch . . .«

»So war es gar nicht! Ich wollte sie ja haben, aber –«
Tally musterte ihn abschätzend. »Aber? Wovor hast du Angst gehabt? Draußen kriegt dich niemand wieder zu Gesicht. Du lebst jetzt so wie wir. Hier gibt's keine Zeremonien, keine Heucheleien. Sie wollte dich, und ich hab es ihr erlaubt. Bei dem Klima hier unten kann ihr sowieso keiner ein Kind machen, falls dich das abgeschreckt hat. Dazu kommt es erst gar nicht.«
»Wußte ich wohl. Ich –«
»Du hast mich blamiert, Fünf, und da gibt's nur eine Möglichkeit, das wettzumachen.«
»Ich muß dir erklären . . .«, begann Aton, aber Tally hatte schon das Zeichen gegeben, und die beiden Männer rückten näher. Sie waren kräftig gebaut; einer war mit am Fahrstuhl gewesen und hatte Aton dort den Schlag ins Gesicht versetzt. Beide waren ohne Schläuche.
Aton machte sich klar, daß er dem Kampf nicht mehr aus dem Weg gehen konnte. Er fuhr sich mit der Zunge über die Lippen, schnallte seinen Schlauch jedoch nicht ab. Hatte er sich wirklich mit Worten verteidigen wollen?
Abpassen des richtigen Moments. Planung. Entschluß. Aton sprang vor. Dem ersten Mann grub sich, ehe er sich besinnen konnte, ein nackter Fuß in den Solarplexus; der Kerl stolperte zurück und sank wie ein Sack in sich zusammen. Ehe er den Boden berührt hatte, war Aton schon bei seinem Gefährten, packte geschickt den zottigen Bart und brachte den Anstürmenden ins Stolpern. Hart trafen die Knöchel seiner freien Hand auf die Schläfe seines Gegners; es gab ein dumpfes knirschendes Geräusch.
Ein Mann halb bewußtlos, hilflos würgend, und der andere sterbend, mit zerschmettertem Schädel. Das Ganze hatte nur wenige Sekunden gedauert.
Tally starrte verblüfft zu Boden. »Raumfahrer«, sagte er.
»Du wolltest es so.« Aton spürte, daß er sich bei dem Mann Achtung verschafft hatte. »Ich habe versucht, es dir zu erklären.«
Tally schaffte die Männer hinaus und kam allein zurück. »Gut – so kommen wir also nicht klar. Ich habe nur einen gekannt, der so kämpfen konnte wie du, und der ist nicht . . . da.«

»Ein Raumfahrer?« fragte Aton interessiert.
»Nein, ein Krell-Bauer.«
Aton war erstaunt. Die Mitglieder jener Gilde, die die todbringende Krellpflanze anbauten, hatten die uralte Kunst des Karate – *Kara-ate,* des waffenlosen Kampfes – in anderer Form weiterentwickelt als ihre raumfahrenden Vettern. Beide schlugen den Feind zum Krüppel, verstümmelten oder töteten ihn; aber während im Schlag des Raumfahrers eine mörderische Kraft lag, kämpfte der Bauer mit tödlicher Berechnung. Welche Schule war der anderen überlegen? Soweit er wußte, war diese Frage bisher noch nicht geklärt worden. »Wo ist er?«
»Heißt Bossman – weiter unten. Lohnt sich nicht.«
»Was lohnt sich schon?«
Tally wechselte das Thema. »Ich will mich damit zufriedengeben und das Ganze vergessen. Aber eins möchte ich wissen, wenn's mich auch eigentlich nichts angeht. Wir machen einen Tausch.«
Aton begriff, was dieses Angebot bedeutete – hier unten, wo Informationen der wichtigste Besitz waren. »Ich hätte auch eine Frage«, sagte er. »Wir wollen ehrlich antworten, ja?« Er merkte sofort, daß diese Bemerkung ein Fehler gewesen war. Wer hier falsche Auskünfte gab, lebte nicht lange.
»Also jeder eine Frage«, sagte Tally. Der Handel hatte begonnen.
»Wie läuft der Laden hier auf Chthon?«
»Wieso hast du das Mädchen abblitzen lassen?« Nun verstand Aton endlich, warum Tally seine Erklärungen zuvor unterbrochen hatte. Er durfte neue Informationen nicht ohne Gegenleistung akzeptieren. Da war es leichter, zuerst den Streit beizulegen und die Fäden später zu entwirren. Er war ein ehrlicher Mann, jedenfalls nach Chthon-Verhältnissen.
»Vielleicht gefällt dir aber die Antwort nicht«, sagte Aton.
»Nur heraus damit! Nimm kein Blatt vor den Mund.«
Sie sahen einander an und nickten. »Dir kam es hier wohl zu ruhig vor?« fragte Tally rhetorisch. »Kein Wunder. Unsere Gänge sind nur ein Teil von Chthon – der beste Teil. Wir halten uns nur die vernünftigsten Gefangenen – die harmlosen Neu-

rotiker, die politisch Interessierten, die mäßig Verrückten. Wir führen ein ganz angenehmes Leben, weil wir ausgewählt sind, weil wir uns alle kennen und weil wir das Kommando führen. Aber da unten – nun ja, es gibt nur einen einzigen Abstieg, und kein Weg führt zurück. Wenn wir mit einem nicht fertig werden, lassen wir ihn dahinten durchs Loch fallen, und weg ist er. Da unten ist das Bergwerk; wir liefern das Essen, und sie schikken die Steine hoch.«

»Ein Gefängnis im Gefängnis!«

»Genau. Draußen hält man uns für eine große Familie von Unglücklichen, die alle im gleichen Boot sitzen und sich bekämpfen und Steine schürfen. Vielleicht ist das unten tatsächlich so. Wissen wir nicht. Wir hier oben haben's jedenfalls gern ruhig, und wir haben das Bergwerk im Griff, wie die von draußen uns im Griff haben: kommen keine Steine, gibt's kein Essen. Natürlich suchen wir uns von den Lebensmitteln das beste raus, und wir haben nicht viel zu tun, außer dafür zu sorgen, daß alles reibungslos läuft. Raus kommen wir nicht – aber wir kommen aus – und nicht einmal schlecht. Ab und zu kommt auch ein Neuer runter, so wie du, und macht die Sache ein bißchen spannend, bis er dann auch mitspielt.«

»Kein Ausweg?« fragte Aton.

»Unsere Höhlen sind nach unten hin zugemacht. Auf diese Weise bleiben wir drinnen und die Bestien draußen. Wo die Gänge ganz unten auslaufen und was sie enthalten – das weiß niemand.«

Unerforschte Höhlen! Dort lag seine einzige Fluchtchance! Zwar mußte er sich in ein Gefängnis wagen, das selbst die Abgebrühtesten hier oben fürchteten, zwar mußte er sich unter Menschen mischen, die zu verderbt waren, um sich irgendwelchen sittlichen Beschränkungen zu fügen, aber eine solche Situation konnte er sich vielleicht zunutze machen.

»Und nun zu Silly.« Aton spürte, daß jetzt die Reihe an ihn kam, und er wußte, was er sagen wollte. »An ihr lag es nicht, und auch nicht an dir. Sie ist ein liebes Mädchen, und ich hätte sie genommen, wenn ich nur gekonnt hätte. Etwas hat mich gebremst, etwas, wogegen ich nicht ankämpfen kann.«

»Was – ein Raumfahrer läßt sich im besten Moment bremsen? Ein komischer Kauz bist du! Du mit deinem verdammten Buch.«
Aton sprach das Wort aus, das seine Verdammnis bedeutete: »Mignonne.«
Tally starrte ihn mit aufgerissenen Augen an. »Davon habe ich schon gehört. Allerlei Geschichten – bist du so einer tatsächlich begegnet? Gibt es sie wirklich?«
Aton schwieg.
Tally wich zurück. »Ich hab gehört, was sie so machen, welche Männer sie –.« Seine Stimme, eben noch freundlich, wurde kalt. »Du bist also doch ein schwarzes Schaf. Und ich habe dir auch noch Silly geschickt.«
Er traf seine Entscheidung. »Mehr will ich nicht wissen. Du gehörst nicht zu uns, Fünf. Du mußt nach unten. Mir ist es gleich, wie viele du umbringst; bei uns bleibst du jedenfalls nicht.«
Aton hatte diese Reaktion erwartet. »Keine Sorge«, sagte er. »Ich gehe ja schon.«

§ 381

1 Hvee war eine Hirtenidylle ohne Fabelwesen; ihre sanft gewellten Berge und lieblichen Täler kündeten von Frieden und Glück. Die Ansiedlungen lagen weit voneinander entfernt, und die natürliche Landschaft war noch kaum durch die harten Linien menschlicher Zivilisation verunstaltet. Die ganze Bevölkerung, gering an Zahl und auserwählt, reichte kaum aus, um etwa die kleinste Stadt des großstädtereichen Erdplaneten zu besiedeln. Das Leben kreiste um einen einzigen Ausfuhrartikel: die Hvee.

Ein kleiner Junge wanderte durch die runden Felder der Familie Fünf und bemühte sich, nicht auf die grünen Blüten zu treten, die sich sehnsüchtig nach ihm reckten. Er war noch zu jung, um sich um die Pflanzen zu kümmern, und konnte sich daher erlauben, ihr Freund zu sein. Ringsum ließen die Hvee-Blüten ihr vielschichtiges Wesen fühlbar werden, eine fast greifbare Aura, die tröstlich wirkte.

Er war schon sieben Jahre alt, sein Geburtstag lag gerade einen Tag zurück, und das Wunder dieses neuen Jahres, das ihm da so plötzlich zufiel, erfüllte ihn noch mit scheuer Ehrfurcht. Der Planet war jetzt um ein Siebentel seines Lebens kleiner geworden, und er wollte ihn von neuem erforschen und seine ganz neuen Dimensionen erfassen.

Im Arm trug er einen großen schweren Gegenstand – sein Geburtstagsgeschenk. Es war ein Buch, durch einen wasserdichten Einband mit glänzender Metallschnalle und Miniatur-Nummernschloß geschützt. Auf dem Einband stand in Schmuckbuchstaben: LAE, und darunter handschriftlich sein Name: ATON FÜNF.

Der unberührte Wald Hvees begann dicht hinter den Gärten; wenngleich seine Bäume weniger auf die menschliche Mentalität reagierten als die Kulturpflanzen, waren sie doch ebenso zutraulich. Der Junge trat in den Schatten des Waldes und blickte über die Schulter zum Haus seines Vaters Aurelius, das auf der anderen Seite der Felder lag. Neben ihm erhob sich der neue

Gartenschuppen, den man im vergangenen Jahr erbaut hatte, und er blickte liebevoll zu dem hohen Satteldach auf und hing Gedanken nach, die zu groß für ihn waren. Schließlich senkte er den Blick auf das heiße schwarze Pflaster, das sich hinter dem Schuppen zum fernen Raumflughafen wand – eine Straße, die selbst über seinen gegenwärtigen Horizont hinausführte.
In diesem nachdenklichen Augenblick hörte er eine von sanftem Wind getragene, undeutliche, fast unwirkliche Musik. Der Junge rührte sich nicht und horchte; dann wandte er den Kopf, um festzustellen, woher die Töne kamen. Seine Musikalität war noch nicht entwickelt, doch die Schönheit dieser Melodie wurde auch ihm bewußt.
Das Lied schwebte dahin in geisterhaftem Wehklagen, eine zarte Melodie wie von einem märchenhaften Instrument. Vogelgesang lag darin, das Rieseln verborgener Waldbäche und die lieblichen einfachen Weisen der alten Minnesänger – Melodien, in denen er später »Greensleeves« und »Die Brunnen Roms« und ältere und neuere Stücke wiedererkennen sollte, und er war bezaubert.
Dann brach das Lied unvollendet ab. Der Siebenjährige vergaß seine anderen Pläne, so stark war sein Wunsch, dem Lied weiter zu lauschen. Er mußte es ganz hören.
Die Melodie setzte wieder ein; sie klang jetzt noch erregender, und so preßte er das Riesenbuch an sich und ließ sich von seiner Neugier in den Wald führen. Die Faszination, die das Lied auf ihn ausübte, wurde immer stärker; noch nie hatte er etwas so Schönes gehört. Selbst die hohen Bäume schienen berührt, denn sie standen still und ließen die Töne zwischen sich hindurchschweben. Aton tastete im Vorbeigehen die Rinde der Stämme ab und faßte so Mut für die Begegnung mit dem abgründigen Waldbrunnen, vor dessen schwarzer Tiefe er sich fürchtete; dann lief er weiter.
Jetzt war die Musik deutlicher zu hören; sie hatte ihn in einen unbekannten Teil des Waldes geführt. Eine Stimme sang – eine süße, volle Frauenstimme, in der Verheißung und Entzücken schwangen –, begleitet von den sanften Akkorden eines Saiteninstruments, das die tragende Melodie spielte. Der Sinn der

halberfaßten Worte fügte sich in die Stimmung des Waldes und des Tages.
Der Junge erreichte eine Lichtung und spähte durch das dichte Farnkraut, das am Rande wuchs. Und er erblickte die Waldnymphe, eine junge Frau von derartiger Schönheit und Anmut, daß selbst ein eben siebenjähriges Kind sogleich erfühlte, daß es auf dem ganzen Planeten keine schönere geben konnte. Gebannt starrte er sie an und lauschte.
Sie spürte die Gegenwart des Jungen in seinem Versteck und hörte auf zu singen. »Nein!« wollte er rufen, als das Lied wieder im Refrain abbrach; doch schon hatte sie ihr Instrument beiseite gelegt.
»Komm zu mir, junger Mann«, sagte sie klar und dennoch leise. Er hatte sich in Sicherheit gewiegt und war nun entdeckt; plötzlich schüchtern geworden, ging er auf sie zu.
»Wie heißt du?« fragte sie.
»Aton Fünf«, sagte er, stolz auf seinen Namen. »Ich bin gestern sieben geworden.«
»Sieben«, sagte sie und gab ihm das Gefühl, genau in diesem Alter müsse man sein. »Und was ist das für eine Last, die du mit dir herumträgst?« fragte sie und berührte lächelnd das Buch in seinen Armen.
»Das ist mein Buch«, sagte er halb scheu, halb eitel. »Mein Name steht darauf.«
»Kann ich es sehen?«
Aton trat unsicher einen Schritt zurück. »Es gehört mir!«
Sie sah ihn an, daß er sich seiner Selbstsucht schämte.» Es ist verschlossen«, fügte er erklärend hinzu.
»Aber kannst du es denn lesen, Aton?«
Er wollte ihr sagen, daß er wüßte, die großen Buchstaben LAE bedeuteten »Literatur der Alten Erde«, und daß das andere sein Name sei, damit jeder ihn als Eigentümer erkennen konnte; aber die Worte stockten ihm in der Kehle, als er ihrem tiefen, ruhigen Blick begegnete. »Es ist verschlossen.«
»Nie darfst du die Zahlen einem anderen Menschen verraten«, sagte sie. »Aber ich will die Augen zumachen, damit du es selbst öffnen kannst.«

Sie schloß die Augen; ihre Züge waren so ruhig und vollkommen wie die einer Statue, und Aton fühlte sich seltsam verpflichtet und nicht wenig verlegen. Er machte sich am Schloß zu schaffen und drehte die Nummernscheibe, wie er es sich erst vor kurzem eingeprägt hatte. Die Schnalle sprang auf, und die getönten Seiten lagen offen da.
Bei dem Geräusch hoben sich ihre Lider, und wieder traf ihn ihr Blick warm und hell wie ein Sonnenstrahl. Er schob das Buch in ihre wartend ausgestreckten Hände und sah halb ängstlich zu, während sie die zarten Seiten umschlug.
»Es ist ein schönes Buch, Aton«, sagte sie, und er errötete vor Stolz. »Dafür wirst du die alte Sprache, Englisch, lernen müssen, und das ist nicht leicht, weil dort die Wörter nicht immer dem Inhalt entsprechen. Die Wortwahl ist nicht so eindeutig wie im Galaktischen. Meinst du, daß du es schaffst?«
»Ich weiß nicht.«
Sie lächelte. »Ja, du kannst es, wenn du es versuchst.« Sie fand eine geeignete Stelle und breitete das Buch flach aus. »Du bist ein Kind, Aton, und eines Tages wird dieses Buch Sinn für dich gewinnen. Hier sagt der Dichter Wordsworth über die Unsterblichkeit der Kindheit: ›Oh, daß in unsrer Asche / Noch etwas lebt, das klar / Natur erinnernd hasche / Was doch so flüchtig war!‹«
Aton hörte ratlos zu. »Das erscheint dir nur unverständlich«, sagte sie, »weil du die Symbole des Dichters nicht kennst. Aber wenn du sie erst zu begreifen beginnst, ist die Sprache der Dichtung der denkbar direkteste Weg zur Wahrheit. Vielleicht verstehst du es, Aton, wenn du zweimal sieben Jahre alt bist. Und wenn du zweimal sieben bist – was bist du dann, was wirst du dann tun?«
»Ich baue Hvees an.«
»Erzähl mir von der Hvee«, sagte sie.
Und so erzählte ihr Aton von den grünen Blumen, die auf den Feldern wuchsen und Liebe geben wollten; er erzählte ihr alles. Wenn ein Mensch eine Blume zu sich nahm, liebte sie ihn und blieb grün, solange er lebte, und zehrte allein von der Luft und seiner Nähe, und wenn ihr Besitzer in das heiratsfähige Alter

kam, gab er seine Hvee der ihm Anverlobten, und die Blume blieb am Leben, wenn die Braut ihn liebte, und starb, wenn ihre Liebe falsch war; und wenn sie nicht starb, heiratete er das Mädchen, nahm die Blume wieder zu sich und prüfte die Liebe seiner Frau nie wieder. Die Blume Hvee wuchs nur auf Hvee, der Welt, die nach ihr benannt worden war, oder vielleicht umgekehrt, und man verschickte sie überall im menschenbesiedelten Sektor der Galaxis, denn überall wollten die Leute wissen, ob sie geliebt wurden.

»O ja«, sagte sie, als ihm der Atem ausging, »die Liebe ist das schmerzlichste aller Dinge. Aber, sag mir, junger Mann – weißt du eigentlich, was sie ist?«

»Nein«, gab er zu, denn seine Worte waren nur Phrasen gewesen, ein bloßes Hersagen der Bräuche der Erwachsenen. Jetzt fragte er sich, ob er sie richtig verstanden hätte.

Dann sagte sie etwas anderes zu ihm, etwas Seltsames: »Sieh mich an, Aton, und sag mir, daß ich schön bin.«

Er blickte ihr gehorsam ins Gesicht, aber er sah nur ihre schwarzgrünen Augen und ihr Haar, Feuer und Rauch, brennend und wehend im Wind. »Ja«, sagte er und fand unerwartete Freude an seinen Worten. »Du bist schön wie der Schimmer auf dem Wasser, wenn mein Vater im Frühling den Sumpf trockenbrennt.«

In ihrem Lachen schwang das Echo ihrer Musik. Sie akzeptierte das Kompliment, wie es gemeint war. »So bin ich wirklich«, sagte sie. Sie streckte die Hand aus und hob sein Kinn mit kühlen Fingern, so daß er ihr noch einmal in die Augen blickte. Diese hielten ihn in Bann. »Niemals wirst du eine Frau schauen, die so schön ist wie ich«, sagte sie, und eine seltsame Kraft brachte ihn dazu, ihr uneingeschränkt zu glauben; ein Tatbestand, den er, solange er lebte, niemals würde in Frage stellen können.

Sie ließ ihn los. »Sag mir«, bemerkte sie dann, »sag mir – hat dich schon mal jemand geküßt?«

»Meine Tante küßt mich immer, wenn sie zu Besuch kommt«, erwiderte Aton und zog die Nase kraus.

»Sehe ich deiner Tante ähnlich?«

Er musterte sie. Auf Hvee galt das Recht des Erstgeborenen, so daß Frauen wenig zu sagen hatten; und die Schwestern seines Vaters waren recht farblos. »Nein.«
»Dann werde ich dich jetzt küssen.«
Wieder berührten ihn ihre Finger am Kinn, und sie legte die andere Hand auf seinen Kopf und neigte ihn ein wenig zur Seite. So hielt sie ihn, beugte sich vor und küßte ihn sanft auf den Mund.
Aton, sieben Jahre alt, wußte nicht, wie er sich verhalten sollte. Wenn er später bei diesem Augenblick verweilte, sagte er sich immer wieder, er habe nichts gespürt, doch dieses Nichts, das er gespürt hatte, begriff er nicht.
»Bist du schon mal so geküßt worden?«
»Nein.«
Sie lächelte strahlend. »Niemand, niemand außer mir wird dich jemals so küssen.«
Ihr Blick fiel auf eine winzige Pflanze zu ihren Füßen.
»Auch dies ist hübsch«, sagte sie und ließ ihre Hand hinabgleiten.
Aton sagte scharf: »Das ist eine Hvee, eine wilde Hvee.«
»Darf ich sie nicht nehmen?« fragte sie belustigt.
»Darfst du nicht«, sagte er, wobei er sich unbewußt ihren Worten anpaßte. »Die Hvee ist nur für Menschen bestimmt. Ich habe es dir gesagt.«
Sie lachte wieder. »Bis sie geliebt werden.« Sie nahm die Pflanze auf. »Sieh, sie welkt nicht in meiner Hand. Aber ich gebe sie dir zum Geschenk, und sie wird dich lieben und bei dir bleiben, solange du dich an mein Lied erinnerst.«
»Aber ich kenne dein Lied nicht.«
Sie befestigte den grünen Stengel in seinem Haar. »Du mußt mich wieder besuchen, um es zu lernen.« Ihre zarten Hände faßten ihn bei den Schultern und drehten ihn herum. »Geh, geh jetzt und wende dich nicht um.«
Aton stapfte fort – verwirrt und irgendwie freudig erregt.

Am nächsten Tag kehrte er zurück, doch die Lichtung war leer. Die Waldnymphe war verschwunden und hatte ihr Lied mitgenommen. Er dachte lange darüber nach und versuchte sich die Melodie ins Gedächtnis zurückzurufen, aber er besann sich nur noch auf ein kurzes, vergängliches Melodiestück. Er berührte den flachen Baumstumpf, auf dem sie gesessen hatte, wollte noch etwas von ihrer Körperwärme erspüren. Er begann sich zu fragen, ob sie überhaupt dagewesen sei. Aber er wollte von seinem Traumbild nicht Abschied nehmen. Sie hatte mit ihm gesprochen, ihn geküßt, ihm die Hvee hinterlassen und das Fragment eines Liedes, und die Erinnerung daran war seltsam und ganz deutlich und wunderbar.

Immer wieder in den folgenden Tagen und Wochen suchte er jene Stelle im Walde auf, in der Hoffnung, einen Hauch des Liedes aufzufangen. Doch schließlich stellte er seine Besuche ein und gab sich der dunkleren Welt der Wirklichkeit hin – wenn auch nicht völlig.

Der nächste Nachbar wohnte fünf Meilen weiter unten im Tal. Es handelte sich um einen Zweig der wenig angesehenen Familie Einundachtzig, die dort den ärmeren Boden bestellte und dabei nicht so gewissenhaft vorging. Aurelius sprach nie von den Leuten. Aton hatte nicht gewußt, daß es sie gab, bis er auf Umwegen durch seine Nymphe mit den Kindern von Einundachtzig in Berührung kam.

Nach seinem zehnten vergeblichen Ausflug in den Wald überkam Aton ein Gefühl der Einsamkeit; entweder mußte er annehmen, die Frau sei für immer fortgegangen (was ihm leichter fiel, als sich mit nur zehn Fingern eine zweistellige Zahl zu errechnen), oder aber er mußte sie im weiteren Umkreis suchen. Er entschied sich für das letztere. Gewiß war sie doch irgendwo, und es lag nahe, zuerst das langgestreckte Tal zu erforschen, da er nicht auf die heiße schwarze Autostraße durfte. Seine Tante kam immer im Luftauto von dorther, das Tal herauf, und obwohl er von ihrem Wohnort keine rechte Vorstellung hatte und sie auch nicht besuchen wollte, bestärkte ihn diese Tatsache in seinem Entschluß.

Mit seinem gewichtigen LAE bewaffnet, machte er sich auf den

Weg und passierte zahlreiche herrliche Felder und Flußwindungen und dunkle Waldstrecken. Wie es sich herausstellte, war die Welt doch ein wenig größer als vermutet; und so schob er das immer schwerer werdende Buch von einem Arm in den anderen, ruhte sich zwischendurch aus, brachte seine kleinen Füße dazu, sich von den Riesenentfernungen, die sie zurücklegen mußten, nicht entmutigen zu lassen, und erreichte schließlich die Grenze zum Gebiet der Familie Einundachtzig.

Dort fand er nicht seine Nymphe, sondern lernte die gleichaltrigen Zwillinge Jay und Jervis und ihre kleine Schwester Jill kennen und schloß mit ihnen eine Freundschaft, die genau sieben Jahre überdauern sollte.

»Schau – er hat eine Hvee!« rief Jay, als er den entschlossenen Wanderer gewahrte.

Die Kinder von Einundachtzig drängten sich um Aton, der auf ihr Interesse an der Besonderheit mit herablassendem Stirnrunzeln reagierte. »Warum nehmt ihr euch denn keine?« fragte er.

Jervis scharrte mit dem Fuß auf dem Boden. »Ich hab's versucht. Sie ist gestorben.«

»Wo hast du deine her?« fragte Jay.

Aton berichtete, daß eine wunderschöne Frau aus dem Wald ihm die Pflanze zum siebenten Geburtstag geschenkt habe und daß er diese Frau jetzt suche.

»Wenn ich doch auch so aufschneiden könnte!« sagte Jay neidisch. »Kannst du eine Bombe machen?«

»Wir machen eine Bombe«, rief die kleine Jill.

Jervis schlug ihr auf die magere Brust. »Geh weg!« kommandierte er. »Das ist Männersache.«

»Jawohl«, sagte Jay.

»Jawohl«, wiederholte Aton, obwohl es ihm ganz einerlei war. »Aber ich brauche einen sicheren Platz für mein Buch. Es ist Wort-Erde* darin.«

»Ist das solche Purpurerde?« fragte Jay. »Vielleicht können wir die für unsere Bombe gebrauchen.«

---

* Original: *Words-Earth*; Wortspiel um die Aussprache des Dichternamens Wordsworth. Anm. d. Übers.

»Nein! Wort-Erde ist ein Dichter. Er macht Reime über Asche. O daß in unsrer Asche . . .«

»Wen interessiert denn der Kram?« sagte Jervis. »*Richtige* Männer machen Bomben.«

Bald hockten die drei im Versteck der Zwillinge, einer Höhle im Boden unweit des Schweinekobens, hinter dichten Büschen verborgen. Sie fertigten eine Bombe aus Steinen und farbigem Sand. Jervis hatte nämlich gehört, daß die richtige Mischung aus Schwefel (den sie erkennen konnten, weil er gelb war) und Salpeter explodieren würde, wenn man sie nur hart genug fallen ließ. Aber irgendwie klappte es nicht.

»Muß am Salz liegen«, sagte Jervis. »Dieses Zeug ist einfacher weißer Sand. Wir brauchen *richtiges* Salz.«

Jill, die draußen kauerte, sah ihre Chance gekommen. »Ich kann euch Salz besorgen!«

Als sie mit einem Salzfaß ankam, das sie einfach aus der Küche entwendet hatte, wollte sie sich nur davon trennen, wenn die anderen sie am Unternehmen teilhaben ließen. Den ganzen Nachmittag heftete sie sich dann an Atons Fersen, was ihn ein bißchen störte. Sie war über und über verschmutzt, und ihre langen schwarzen Zöpfe hingen immer wieder in die Bombe.

2

Jahre vergingen. Der Unterricht begann. Aton studierte die Geschichte und die Traditionen seines Planeten und der großen Familie Fünf. Er lernte die schwierige Muttersprache lesen und arbeitete sich allmählich wie auf einer wundersamen Reise durch den gewaltigen Text des LAE. Er lernte weit über zehn hinaus zählen; er wurde vertraut mit der Kelvin-Temperaturskala und der §-Skala der Zeit. So begannen die langen Lehrjahre auf Hvee.

Seine Freizeit, die ihm jetzt viel wertvoller erschien, verbrachte er meist auf dem Hof der Familie Einundachtzig. Nachdem die Jungen das Bombenmachen aufgegeben hatten, wandten sie sich anderen Projekten zu. Jay und Jervis brauchten nicht so ausgiebig zur Schule zu gehen, wie es von einem Sohn von Fünf erwartet wurde, und hatten dadurch ein bequemeres Leben. Jill ließ sich von ihrer alten Zuneigung zu Aton nicht abbringen. Die Zwillinge neckten ihn ständig: »Küß sie doch, dann bringt sie uns vielleicht wieder Salz. *Richtiges* Salz.« Aber er sah in ihr mehr die Schwester, die ihm versagt geblieben war, und zog sie höchstens an den Zöpfen, damit sie brav blieb; und so verging die Zeit und ließ sie unmerklich älter werden.

Der Anbau der zarten grünen Blumen daheim war eine schwierige Arbeit, die ein umfangreiches Wissen, ein fast künstlerisches Geschick und viel Interesse erforderte. Bald wurde klar, daß Aton eine glückliche Hand darin bewies. Die Pflanzen, um die er sich kümmerte, wurden größer und schöner als alle anderen, und seine Versuchsfelder gediehen. Seine Zukunft als Bauer schien gesichert.

Hätte er Mechaniker werden wollen, wäre es vielleicht anders gekommen. Er lernte mit dem Luftauto der Familie Fünf umzugehen und Planetenkoordinaten auf dem geographischen Nonius der Maschine einzustellen. Das Ortungsnetz bestimmte in Standardeinheiten die Ost- und Nordrichtung, und die aufliegende Noniusskala ließ nur die richtigen Werte scharf hervortreten. Das Gerät bereitete Aton unendliche Schwierigkeiten. Irgendwie schien es ihm – jedenfalls als Kind – an mechanischem Geschick völlig zu fehlen. »Geh ja nicht zur Marine«, warnte ihn der Lehrer. »Dort setzt man dich bestimmt als Maschinisten ein. Die haben ein unheimliches Talent dafür, sich genau den falschen Mann herauszusuchen.« Aber als Aton das Verfahren erst einmal begriffen hatte, wußte er es durchaus zu würdigen. Das plötzliche scharfe Abbild nach langem Kampf hatte etwas Beglückendes.

Vielleicht, dachte er, wußte man die Schönheit dieser Zentrierung nur deshalb zu schätzen, weil sie hart erkämpft war.

Eins jedoch beeinträchtigte auch weiterhin sein Vertrauen in die eigene Zukunft: das Bild der Waldnymphe, das ihm noch immer nachhing. Solange jenes Geheimnis blieb, kam er nicht völlig zur Ruhe. Wenn er in der heißen Sonne schwitzend auf dem Feld arbeitete und die wertvollen Hvee-Pflanzen von dem wild wuchernden Unkraut befreite (das er in Gedanken als Krell bezeichnete, obwohl es kaum gefährlich war), ging ihm hartnäckig das Liedfragment durch den Kopf. Woher war die Frau gekommen? Welche Absichten hatte sie? Was hatte sie mit ihm, dem kleinen Jungen, vorgehabt?

Mit den Jahren aber verblaßte die Erinnerung. Nur der eigentliche Kern seiner Unzufriedenheit blieb, so daß er stets ein wenig unsicher war und sich immer wieder fragte, ob das Leben als Hvee-Bauer, dem er entgegensah, ihn auch ganz ausfüllen konnte. Doch was mochte es sonst noch geben?

Vierzehn Jahre war er alt, und ein Junge noch, gerade dabei, die kleinen Hveepflanzen am Rand des elterlichen Besitzes umzupflanzen, als er die ferne Melodie zum zweitenmal hörte. Ihm fingen die Hände an zu zittern. War sie – war sie endlich doch zur Lichtung zurückgekehrt?

Er legte die Pflanzen beiseite und folgte widerstrebend und doch voller Ungeduld dem magischen Klang. In ihm pochte es vor Erregung, als er den verlassenen tiefen Brunnen im Wald umschritt. War da wirklich eine Nymphe? Rief sie ihn zu sich.

Er kam an die Lichtung, welche fast noch genauso aussah wie damals vor sieben Jahren. Und sie war da! Dort saß sie und sang, und ihre behenden Finger glitten über das kleine Instrument – eine fremdartige, sechssaitige Laute; ein unglaublich schönes Bild. Die langbewahrte Erinnerung verblich vor der neuen Wirklichkeit. Auch der Wald, die Lichtung, ja die ganze Luft, alles strahlte eine besondere Schönheit aus.

Er stand am Waldrand und sog ihren Anblick in sich ein. Nur ein Augenblick schien vergangen, seit er zuletzt so dagestanden; die Zwischenzeit kam ihm vor wie ein Traum – wie ein Augenblick und zugleich eine Ewigkeit. Sie hatte sich gar nicht verändert – er allein war um sieben Jahre älter geworden. Und was er jetzt erblickte, sah er nicht mehr mit den Augen eines siebenjährigen Kindes.

Sie trug ein leichtes grünes Kleid, durchsichtig im Sonnenlicht, vorn mit einem verschnürten Mieder, wie man es auf Hvee sonst nicht kannte. Ihr Gesicht war bleich und schön und vom faszinierenden Schimmer des tiefrot und tiefschwarz fließenden Haares umwoben. Ihre Figur, die weder üppig noch schmächtig war, rundete sich sanft. In ihr vereinigten sich zahlreiche Gegensätze, nach denen Aton, ohne daß es ihm bisher bewußt geworden war, schon immer gesucht hatte. Feuer und Wasser, die so oft miteinander im Kampf lagen, verschmolzen hier in erhabener Klarheit wie die einander überschneidenden Skalen des Nonius.

Er stand verzückt da und vergaß die Zeit und sich selbst in der Freude dieses Anblicks.

Sie gewahrte ihn wie schon einmal und unterbrach ihr Lied. »Aton, Aton, komm her zu mir!«

Sie erkannte ihn wieder! Er stand vor der lieblichen Frau, verlegen, errötend in der ersten unbeholfenen Aufwallung seiner Männlichkeit. Sie war der Wunschtraum eines Mannes, und in ihrer Gegenwart fühlte er sich großartig und unbeholfen zugleich, und er war sich des Schmutzes an seinen Händen und seines schweißgetränkten Hemdes bewußt. Er konnte weder bleiben, noch konnte er fort.

»Vierzehn«, sagte sie, und legte ihren ganzen Zauber in das Wort. »Vierzehn. Und schon bist du größer als ich.« Sie stand auf und entfaltete sich wie eine Blume, um ihm zu zeigen, daß es stimmte.

»Und du trägst meine Hvee«, sagte sie, hob die Arme und nahm sie ihm aus dem Haar. Die grüne Blüte, kaum dunkler als ihr Kleid, schmiegte sich in ihre Hand. »Gibst du sie mir jetzt, Aton?«

Er starrte sie an, sprachlos, töricht – unfähig, das Angebot zu verstehen. »Ach, es ist noch zu früh, zu früh«, sagte sie. »Ich will sie dir heute nicht nehmen, Aton. Noch nicht.« Sie bemerkte seine nervösen leeren Hände. »Wo ist dein Buch, Aton?«

»Ich war auf dem Feld . . .«

»Ja, ach ja«, sagte sie und drehte die Hvee hin und her. »Du bist zweimal sieben und jetzt ein Bauer. Aber erinnerst du dich . . .?«

»An William Wordsworths ›Ahnungen der Unsterblichkeit‹?« platzte er heraus, sogleich erschrocken über seine lauten Worte.

Sie faßte seine Hand und drückte sie. »Aton, du darfst nie vergessen, wie wunderbar es ist, ein Kind zu sein. Du hast den

unsterblichen Funken Licht in dir, einen Strahl jener Sonne, deren Namen du trägst. Du mußt diese Glut hegen und darfst sie nie verlöschen lassen, ganz gleich, was aus dir wird.«
»Ja«, antwortete er. Mehr brachte er nicht heraus.
Sie schmiegte die Hvee an ihre Wange. »Sag mir, sag's mir noch einmal, Aton – bin ich nicht schön?«
Er blickte in die schwarzgrünen Tiefen ihrer Augen und fühlte sich verloren. »Ja«, sagte er. »Das Waldfeuer und das stille Wasser. Du ertränkst mich in Feuer . . .«
Ihr Lachen war ein Abglanz von Kerzenlicht und Waldbächen. »Bin ich denn so vernichtend?«
Du unwiderstehliches Wesen, dachte er. Du spielst mit mir, und ich bin hilflos.
Dicht neben ihm stehend, umfing sie ihn mit den Armen, um die Hvee wieder in sein Haar zu winden. Der schwache Duft ihres Körpers berauschte ihn. Sie war zeitlos; sie war die Vollkommenheit. »Du hast keine Frau gefunden, die sich mit mir vergleichen könnte«, sagte sie.
Widerspruch war sinnlos; noch ihre Eitelkeit war Entzücken. Keine sterbliche Frau kam an den Glanz ihrer Persönlichkeit heran.
»Du darfst mich nicht vergessen«, sagte sie. »Ich küsse dich jetzt noch einmal.
Aton stand da, die Hände steif an den Seiten herabhängend, die Füße wie angewurzelt, aus Furcht umzufallen, wenn er auch nur einen Muskel bewegte. Die Waldfrau legte ihre kühlen Finger auf seinen Ellenbogen; der sanfte Druck rief ein Prickeln in ihm hervor, das ihm von den verkrampften Schultern bis in die geballten Fäuste lief. Sie hob ihre süßen Lippen den seinen entgegen, und es riß ihn hin. Der Kuß: Begierde und Kummer überströmten seine Seele.
Eine unbekannte Macht lähmte ihn. Nur seine Stimme unterlag noch seinem Willen. Er hörte sich sprechen: »Aber morgen bist du fort.«
Sie entließ ihn. »Geh, geh jetzt. Wenn du mich wiedersiehst, bist du bereit.«
»Aber ich weiß nicht einmal deinen Namen.«

Mit erhobener Hand bedeutete sie ihm zu gehen, und seine Füße setzten sich schwerfällig in Bewegung und trugen ihn von der Lichtung fort.
Was Atons Phantasie bisher nur müßig beschäftigt hatte, drängte nun in den Vordergrund. Es begann sich etwas in ihm zu ändern. Bevor die Waldnymphe ihn weckte, hatte er sich für das weibliche Geschlecht kaum interessiert; jetzt entwarf er einen Plan der Selbsterziehung, der ein wenig weiter reichte als der Studienplan seines Lehrers. In diesen Tagen pflanzte er seine Hvees mit einer gewissen Zerstreutheit – sie gediehen auch so –, während er auf Mittel und Wege sann.
Ungeduldig wartete er, bis die Dämmerung hereinbrach, dann stapfte er auf dem langen Weg hinaus, der zum Hof der Familie Einundachtzig führte. Die wilden Pflanzen waren hochaufgeschossen und überschatteten den Pfad; sie erinnerten ihn daran, wie selten er in letzter Zeit hier entlanggegangen war. Wie lange war es her, daß er sich mit den ungleichen Zwillingen Jay und Jervis gerauft hatte! Seit er die kleine Jill in typisch männlicher Ungerechtigkeit weit hinter sich herlaufen ließ! Die Zeit der kindlichen Spiele war vorbei, und nun gab es so etwas wie Standesunterschiede, obwohl er sich sagte, daß solche Dinge ihm nichts ausmachten. Und kam er nicht etwa jetzt, da Fragen und innere Unzufriedenheit ihn bedrängten, um sich mit seinen Freunden auszusprechen und mit ihnen Pläne zu schmieden? Die Zwillinge waren weltgewandter als er. Ein Gespräch unter Männern würde ihn freier machen, das unbehagliche Gefühl aufheben, seiner Verwirrung ein Ende bereiten. Bei den alten Freunden mußte sich die namenlose Unrast auflösen, die er empfand.
Das Haus der Einundachtzig tauchte in der Dunkelheit auf; dünne Lichtstreifen säumten die geschlossenen Fensterläden. Aton umging den dampfenden Schweinekoben, wobei seine Schritte das übliche gleichgültige Grunzen auslösten. Der warme Tiergeruch stieg ihm prickelnd in die Nase – ein Geruch, den er seit langem nicht mehr als unangenehm empfand. Er näherte sich dem Haus von der Rückseite und klopfte nach altgewohnter Weise an das Fenster der Zwillinge.

Keine Antwort. Er steckte einen Finger hinter den losen Fensterladen, schob ihn auf und sah ins Zimmer hinein, soweit ihm das von seinem Standpunkt aus möglich war. Der Raum war leer.

Ärgerlich schlug er mit der Faust an die Wand. Wo waren sie nur? Wie konnten sie fort sein, wenn er mit ihnen sprechen wollte? Als ihm seine Unvernunft und seine Arroganz zu Bewußtsein kamen, wurde er noch wütender. Er sah wohl ein, daß die Jungen nicht nur an ihn denken konnten, vor allem, da seit seinem letzten Besuch einige Monate vergangen waren, aber daß das jetzt so offen zutage trat, erbitterte ihn doch. Was sollte er tun?

Ein Stück weiter an der dunklen Mauer öffneten sich Fensterläden, Licht flammte auf, fiel auf die Büsche und strahlte zum nächtlichen Himmel auf. Aton ging darauf zu, dann aber zögerte er. Es konnten auch die Eltern sein. Sie waren sich des gesellschaftlichen Unterschiedes zwischen den beiden Familien vielleicht deutlicher bewußt, und um Schwierigkeiten mit dem mächtigen Aurelius aus dem Weg zu gehen, suchten sie die Freundschaft zwischen den Kindern zu verhindern. Aton wartete und hielt den Atem an, als endlich ein Kopf sich herausneigte: schwarze Umrisse, unkenntliche Züge. Dann fiel ein langer Zopf über die Fensterbrüstung; eine Schleife baumelte daran.

»Jill!«

Sie wandte rasch den Kopf in seine Richtung und versuchte ihn in der Dunkelheit zu erkennen. »Bist du's, Aton?«

Er duckte sich unter das rieselnde Licht, packte den hin und her schaukelnden Zopf und zog einmal fest daran.

»Au!« schrie sie, wobei sie den Schmerz übertrieb. Sie faßte seine Hand und löste die Finger aus ihrem Zopf. »Echt Aton! Den Ausreißer kenn ich doch!«

Er stand auf und starrte sie an. »So, ein Ausreißer bin ich?«

Ihr Gesicht war dem seinen ganz nahe. Die ruhigen Augen mit den im Dunkeln schwarzschimmernden Pupillen verrieten eine unerwartete Tiefe. »Wenn du immer an meinem Haar reißt . . .«

Er hatte das Wortspiel verpaßt. Bemüht, seine Verlegenheit zu

überspielen, beugte er sich vor und berührte ihre Lippen mit den seinen.
Es war nur eine ganz leichte Berührung, doch die unbedachte Handlung überraschte ihn ebenso wie sie. Jill war immer das fünfte Rad am Wagen gewesen, der Hemmschuh, die jüngere Schwester, die die wichtigen Angelegenheiten der Männer nur störte. Ihr offen bekundetes Interesse für Aton war ihm stets lästig gewesen, und es hatte ihn um so mehr gereizt, als er seinen Widerwillen irgendwie niemals offen zugeben konnte. Er hatte das durch Grausamkeit wettgemacht und sich deshalb oft über sich selbst geärgert, aber anders wußte er sich nicht zu verhalten.
Sie war keine Waldnymphe. Ihre Lippen erwiderten zwar seinen Kuß, aber sie waren ungeübt. Es fehlte ihnen an Raffinesse. Auch fehlte die besondere Verzauberung – er küßte eben Jill und fand sie nicht abstoßend. Er überlegte, ob er aufhören solle.
Schließlich machte sie dem Kuß ein Ende, indem sie den Kopf hob und Atem holte. »Zu spät für das Salz«, sagte sie. »Du hast die Bombe schon hochgehen lassen.«
»Ich wollte eigentlich die Zwillinge sprechen.« Eine bessere Antwort fiel ihm im Augenblick nicht ein. War er etwa in Wirklichkeit auf dieses Mädchen aus gewesen? Der Gedanke bedrückte ihn.
Sie nickte, und einer ihrer Zöpfe streifte sein Gesicht. »Hab ich mir schon gedacht. Sie spielen vorn mit Papa Dame. Soll ich einen der beiden holen?«
»Dame? Alle beide?« fragte Atom, um die Unterhaltung nicht abreißen zu lassen, während er zugleich den unbestimmten Konflikt zu lösen suchte, der in seinem Inneren tobte.
»Alle beide. Sie verlieren andauernd. Jerv ist schon ganz wütend.«
Aton wußte nichts zu erwidern. Das Schweigen zog sich peinlich in die Länge. Beide rührten sich nicht.
Schließlich hob er eine Hand und überließ es ihr, den Sinn seiner Geste zu erraten, obwohl er selbst nicht sicher war, warum er das tat.

»Nun ja«, meinte sie, und damit schien die Sache entschieden. Sie ergriff seine Hand und hielt sich daran fest, während sie ihren Fuß auf das Fenstersims setzte. Ihre festen Schenkel waren gegen das Licht durch den Stoff von Rock und Unterrock deutlich zu erkennen und ließen eine schuldbewußte Erregung in ihm aufsteigen.

»Moment«, sagte sie und zog sich wieder zurück. Hatte sie es sich anders überlegt? Er zitterte vor Enttäuschung und Erleichterung. Doch kurz darauf erlosch das Licht, und sie war wieder am Fenster. »Jetzt glauben sie bestimmt, ich sei im Bett.«

Aton half ihr, indem er beide Hände dicht über den schwellenden Hüften um ihre Taille legte und sie vom hohen Fensterbrett hob. Sie war schwerer, als er gedacht hatte; beide verloren die Balance und wären beinahe hingefallen, als Jills Füße den Boden berührten. Sie war fast so groß wie er.

Die beiden gingen am Schweinekoben vorbei, ohne die Aufmerksamkeit der Tiere zu erregen, und folgten in stillschweigendem Einverständnis dem vertrauten Weg. Atons Gedanken drehten sich im Kreise. Es erschien ihm unmöglich – aber da war sie, ein Mädchen mit dem erblühenden Körper einer Frau. Sie hatte ihn schon immer gern gemocht, und jetzt wollte sie ihm diese Zuneigung handgreiflich beweisen.

Sie standen vor ihrem ehemaligen Versteck. Büsche wucherten vor dem Eingang, aber der Raum innen schien unberührt. Aton zwängte sich als erster hinein und tastete sich vorsichtig in der bedrückenden Dunkelheit weiter, um notfalls die Eidechsen zu verscheuchen. Er fegte einige lose Kletten beiseite.

Sie folgte ihm schweigend; nun mußten sie reden, und wie so oft würde sie versuchen, sich ihm zu nähern, und er würde sie zurückstoßen, und sie den Kopf zurückwerfen und kichern ...

Sie tastete nach seinem Kopf, drehte ihn herum und drückte ihren Mund auf seine Lippen. Seine Hände hoben sich, wollten sie abweisen, berührten ihre Brust und zuckten zurück. Sie packte sein Hemd, ohne den Kuß zu unterbrechen, und drängte sich näher an ihn heran.

Dann trennten sie sich wieder; sie lehnte sich zurück, und als seine Augen sich an das Dunkel gewöhnt hatten, erkannte er in

Umrissen ihre Gestalt. »Ich dachte, du wolltest mich nur nekken«, sagte sie. »Aber das stimmt nicht, nicht wahr? Ich meine ...«

»Nein«, erwiderte Aton, nicht ganz sicher, ob er nicht zum besten gehalten wurde.

»Mir ist, als hätte ich mein ganzes Leben darauf gewartet. Und jetzt ist es soweit.« Meinte sie den Kuß?

Aton betrachtete sie, soweit er das im Dämmerlicht vermochte. Sie trug eine Sommerbluse, die sich über der Brust sanft rundete, und einen dunkleren Rock, der mit dem Erdboden verschmolz. Sie hatte ihre Schuhe fortgestoßen; ihre weißen Füße sahen unter dem Rock hervor, und die Zehen bewegten sich hin und her. »Vielleicht tue ich noch mehr«, sagte er und fürchtete schon, daß sie ihm böse sein könnte, obwohl er sich doch früher aus ihrem Ärger nie etwas gemacht hatte.

»Aton«, murmelte sie, »tu, was du willst. Du ...« Ihr versagte die Stimme, als fürchtete sie, zuviel gesagt zu haben.

»Jill, ich werde mich nie wieder über dich lustig machen – nie mehr«, sagte er und versuchte seine ihm unverständliche Erregung niederzukämpfen, der er nicht ganz trauen wollte. Jetzt wußte er es genau: Sie hatte dies von Anfang an gewollt. Aber wußte sie wirklich, worum es ging?

»Du hast dich nie lustig gemacht, Aton. Nicht wirklich. Jedenfalls nicht so, daß es mir etwas ausgemacht hat.«

Er legte die Hand auf ihre Bluse, jetzt mit Absicht, und drückte auf das Weiche darunter. Sie wehrte sich nicht. Er strich fasziniert, aber voller Unruhe über ihre Brust und fürchtete sich trotz seiner Kühnheit, noch mehr zu tun. Dann zerrte er vorsichtig den Stoff aus ihrem Gürtel. »Hast du etwas dagegen, wenn ich ...?«

»Was du willst, Aton, du brauchst mich nicht zu fragen. Hier.« Sie richtete sich auf. Er zog ihr die Bluse über den Kopf und sah, wie ihre kleinen Brüste sich hoben, als sie die Arme ausstreckte. Sie trug keinen Büstenhalter.

Aton umfing eine Brust mit der Hand, fühlte die zarte Haut und strich mit dem Daumen über die Brustwarze. Dann zog er sie an sich und küßte sie wieder. Jetzt spürte er das Feuer. Seine Zunge schmeckte die Süße der ihren.

Sie ließ sich langsam zurücksinken, und er folgte ihr, wobei er ihre Wange, ihren Hals, ihre Brust küßte. Sie fuhr ihm mit den Fingern durch das Haar. »Wer braucht schon Salz?« fragte sie leise.

Er vergaß alle Vorsicht und legte ihr eine Hand auf das Knie, dicht unter dem ausschwingenden Rock. Ihre Beine spreizten sich ein wenig, und er ließ seine Hand hinaufgleiten an die Innenseite ihrer Schenkel. Das Fleisch dort war weich und sehr warm.

Beklemmende Angst überfiel ihn. Sie hatte ihn bisher gewähren lassen; war die Grenze jetzt erreicht? Wenn er sich entblößte, wenn er das wagte, würde sie dann fliehen und ihren Eltern die ganze Geschichte hinterbringen, die er kaum abstreiten konnte?

Seine Hand glitt weiter, über Grenzen hinaus, die er sich vorher kaum auszudenken gewagt hätte. Plötzlich erreichte er die Gabelung zwischen ihren Schenkeln. Der sanfte Flaum verriet ihm, daß sie auch hier keine Unterwäsche trug. Bebend vor Spannung und Erregung forschte er weiter – und stieß auf eine dickflüssige Feuchtigkeit.

Blut! dachte er entsetzt. Ich habe gesündigt und sie verletzt, und jetzt blutet sie!

Seine Hand zuckte zurück. Stocksteif lag er neben ihr, und das Pochen seines Herzens schien die ganze Höhle zu erfüllen. Was habe ich getan! dachte er.

Der Gedanke an die Folgen quälte ihn. Einundachtzigs Empörung, Fünfs Beschämung. »Warum hast du das getan, du geiler Bengel!« würden sie sagen. »Weißt du nicht, daß du ein Mädchen nie dort berühren darfst?« Ob sie ins Krankenhaus mußte? Wie brachte er sie bloß in ihr Zimmer zurück?

Die Leidenschaft in ihm erlosch, von seinem Verbrechen erstickt. Seine Augen starrten hoch in das undeutliche Zweiggewirr der Büsche, das sich vom sternübersäten Himmel abhob – von einem Himmel, der kaum noch kälter sein konnte als das Grauen in seinem Herzen. Was habe ich getan – sie ist erst dreizehn!

Jill berührte seinen Arm. »Aton?«

Er fuhr zusammen. »Glaub mir, ich wollte bestimmt nicht ...«

»Was ist denn plötzlich mit dir los?« fragte sie, drehte sich um und blickte ihm ins Gesicht.

Wußte sie's denn nicht? »Das Blut. Da ist Blut.«
Sie starrte ihn an. »Blut? Aber wovon redest du?«
»Da unten, zwischen ... Ich hab's gespürt. Nie bin ich ...«
»Du bist verrückt. Ich habe doch jetzt nicht meine ...« Plötzlich kicherte sie. »Blut? Du hast doch nicht etwa gedacht, das wäre ...? Hast du's denn noch nie getan?«
Er hob den Kopf und spürte ihre heißen Brüste dicht unter seinem Kinn. »Noch nie?«
»Du hast noch nie ...?« rief sie aus, und für einen Augenblick war sie wieder das gedankenlose kleine Kind. »Du weißt ja wirklich noch nicht Bescheid! Und da habe ich nun immer von dir geträumt und auf dich gewartet. Ich hielt dich tatsächlich für den großen, alleswissenden Helden!«
Von vernichtender Scham überwältigt, brachte Aton kein Wort heraus.
Plötzlich war sie wieder ganz Frau. »Es tut mir leid, Aton. Du kommst wohl nicht viel unter Menschen. Hier, ich zeige dir ...«
Aber er hatte sich schon herumgeworfen, kroch auf Händen und Knien fort von ihr, taumelte hinaus in die dunkle Nacht und lief, krank vor Schrecken und Verlegenheit davon.

3

Mit zwanzig Jahren war Aton ein gutaussehender, nach außen hin selbstsicherer junger Mann. Er sprach nie über seine Zukunftspläne; auf Hvee hielt man es für selbstverständlich, daß der Sohn einer so hochstehenden Familie eines Tages die Felder seines Vaters übernehmen würde. Endlich kam der Ruf, mit dem er gerechnet hatte.
Das Wohnzimmer im Haus des Aurelius war reich ausgestattet und behaglich. Ein schwerer hölzener Sessel mit harter Lehne, fast ein Thron, stand in einer Ecke neben dem Eingang; niemand kam unbemerkt an dem schrecklichen alten Möbel vorbei. Im Hintergrund stand eine selten benutzte Couch; an der Wand darüber, von Aurelius' Stuhl gut zu sehen, hing die Farbaufnahme einer hübschen jungen Frau: Dolores Zehn, die vor über zwanzig Jahren im Kindbett gestorben war. Aton hatte dieses

Bild nie ohne ein tiefes, schmerzliches Schuldgefühl betrachten können, das mit einer gänzlich anderen, unbestimmten Empfindung im Zwiespalt stand.
Aurelius Fünf war alt und dem Tode viel näher, als seine Jahre vermuten ließen. Bei voller Gesundheit wäre er sicherlich kräftig und leistungsfähig geblieben, hätte er auch noch an die fünfzig Jahre zu leben gehabt; aber er kränkelte, und nur geistig war er noch auf voller Höhe. Er hatte sich allzu lange dem fauligen Frühlingssumpf ausgesetzt (»Frühling« nannte man das nur aus Gewohnheit auf Hvee, wo es keine Jahreszeiten gab) und war unheilbar an Meltau erkrankt. Aurelius hatte sich strikt geweigert, seinen Hof längere Zeit im Stich zu lassen, um sich auf der fernen Erde auszukurieren. Bisher hatte er Hvee nur ein einziges Mal den Rücken gekehrt und gelobt, es nie wieder zu tun; jetzt starb er für dieses Gelübde. Aton, der von den damaligen Ereignissen wußte, gab seinem Vater im Grundsatz recht, ohne ihm das jemals zu offenbaren. Dazu standen sie sich nicht nahe genug.
Aurelius mochte noch drei Jahre arbeiten können und zwei weitere Jahre am Leben bleiben. Schon sprach er langsam, denn er ermüdete rasch. Er war nur noch die leere Hülle seines früheren Ich. Die Hvees kamen mit ihm aus, wenn auch nur leidlich; allzu sehr plagte ihn der Sumpf, der Fluch der zarten Pflanzen. Er war zusammengefallen; zwischen der schlaffen Haut und den brüchigen Knochen schien es kaum noch Fleisch zu geben.
»Aton«, sagte der Erschöpfte. »Bald . . .«
Aton stand neben seinem Vater; er war darauf gefaßt, daß die Unterredung nicht gerade angenehm werden würde, wußte aber, daß sie unvermeidlich war. Es lag zuviel Kummer in ihrer Beziehung, und jeder nahm ihn auch im anderen wahr mit dem dunklen Vorgefühl, daß dieses Leid seinen Höhepunkt noch nicht erreicht hatte. Sie trugen gemeinsam an einer Last, die sie wohl erst ablegen konnten, wenn es einige weitere Todesfälle gegeben hatte.
»Bald mußt du die Hvees allein anbauen«, sagte Aurelius, und er sprach mit aller Zuversicht, die er aufbieten konnte, ohne doch mehr als einen bemitleidenswerten, unsicheren Eindruck zu machen. »Bald mußt du dir deine Frau suchen.«

Da war es heraus – die Bedingung, die Aton gefürchtet hatte. Die Feldbestellung war keine Beschäftigung für einen einzelnen. Der Tod der Tochter Zehns – Aurelius' Frau – hatte dem Pflanzenbestand so sehr geschadet, daß nur Atons frühe Erfolge die Familie vor dem völligen Ruin bewahrt hatten. Die Hvees brauchten ein gutes emotionales Klima, das hier fehlte. Erfolgreiche Bauernhöfe wurden stets von einer ganzen Familie betrieben und die Ehen daher mit aller Sorgfalt geschlossen. Die Wahl des Partners war viel zu wichtig, als daß man sie dem Eigensinn der jungen Leute überlassen konnte.

»Wer ist sie?«

Aurelius lächelte; er faßte die Frage schon als Zustimmung auf. »Sie ist die dritte Tochter des ältesten Vier«, sagte er.

Der älteste Vier! Das war nun wirklich eine gute Partie. Aurelius' Stolz schien durchaus berechtigt. Die Eigentümer Erster Namen sicherten ihre Nachfolge natürlich am liebsten durch Söhne, schützten aber ihre Töchter, indem sie sie so gut wie möglich verheirateten. Oft lehnten Mädchen vornehmer Herkunft eine Ehe überhaupt ab, anstatt unter ihrem Stand zu heiraten. Die Familie Fünf war durchaus angesehen, und es boten sich viele heiratswillige Töchter aus den unteren Schichten, jedoch nur wenige von höherem Stande. Die Verhandlungen in diesem Fall waren wohl nicht einfach gewesen.

Aton war schmerzlich berührt bei dem Gedanken, daß all die Mühe seines Vaters vergeblich gewesen war. Außenstehende hielten die Hvee-Familien oft für stolz und kalt, was in mancher Hinsicht auch stimmte; aber innerhalb der Sippe waren die Bindungen fest. Aton sprach selten mit seinem Vater, und eine solche Beziehung war selbst für Hvee kein Normalfall. Dennoch überraschte es ihn nicht, daß Aurelius sich große Mühe gegeben hatte, eine vorteilhafte Heirat für ihn zu arrangieren. Die Nachfolge mußte in allen Ehren sichergestellt werden, und Aton war der einzige Mann, der den Namen Fünf trug und das vollbringen konnte.

»Nein.«

Aurelius fuhr fort: »Für dich, wenn du eine Frau hast, eine gute Frau, wächst die Hvee. Für dich gedeiht der Hof wieder ...«

Seine Stimme verklang. Atons Antwort war endlich in sein Bewußtsein gedrungen. Er schloß die müden Augen, um seinen Schmerz zu verbergen.
»Ich bin einer anderen verpflichtet«, sagte Aton.
Der alte Mann versuchte nicht direkt zu widersprechen. »Sie ist kräftig, sie ist schön«, sagte er. »Ich habe sie gesehen. In ganz Hvee gibt es keine bessere Braut für dich. Sie ist keine von den billigen Schlampen aus den niederen Familien. Du würdest ... sie lieben können.«
Aton senkte den Kopf; er schämte sich – auch um seines Vaters willen. Noch nie hatte sich Aurelius dazu herabgelassen, etwas zu erflehen, doch jetzt schien er nahe daran zu sein.
»Sie ist ein Lied, ein unvollendetes Lied im Wald«, sagte Aton und versuchte zu erklären, was sich nicht rechtfertigen ließ. Fürchtete er sich denn wirklich vor einer Verbindung mit einem einheimischen Mädchen? Er schob den Gedanken schnell beiseite. »Sie hat mich geküßt und mir meine Hvee gegeben; ich kann keine andere lieben.«
Aurelius erstarrte. Aton hatte ihm bisher nicht von der Waldnymphe erzählt. Die Heiratssitten der Familien schlossen die Liebe nicht aus, machten sie sogar unumgänglich; dafür sorgte schon das Ritual der Hvees. Aton konnte nicht ohne Zustimmung seines Vaters heiraten, aber er brauchte auch keine ungeliebte Frau zu nehmen.
»Zeig sie mir«, sagte Aurelius schließlich. Mehr konnte er seinem Sohn nicht entgegenkommen. Wenn Aton seine Nymphe heimzuführen vermochte, nahm man sie auf; wenn nicht, so gebot es die Ehre, in die vom Vater geplante Verlobung einzuwilligen.

Einundzwanzig Jahre war er nun alt, und wieder ertönte die Musik, nach der er sich sehnte. Sie war nur undeutlich zu hören, aber sein sehnsüchtig lauschendes Ohr erkannte sie doch. Er ging auf den Wald zu und lief so schnell er konnte über die Felder, ohne dabei die Hvees zu beschädigen.
Aurelius winkte ihm vom Nebenfeld zu. Er konnte nicht mehr täglich draußen arbeiten, war aber heute mit ins Freie gekommen. Er wollte die Nymphe kennenlernen, und Aton hatte sich

bereit erklärt, sie ihm vorzustellen. Nun wartete er in qualvoller Unruhe, daß sein Vater ihn einholte.

Es war das unvollendete Lied, vor dessen Zauber sich sogar die Bäume neigten. Melodisch schwoll es an und erregte Atons Blut mit seiner Verheißung. Jetzt ... heute ...

Das Lied brach ab.

Aton lief auf die Lichtung zu, sprang über den Brunnen, ließ Aurelius weit zurück. Er stürmte auf die Lichtung.

Zu spät. Sie war leer.

Ganz still stand er und lauschte, um die Schritte der Nymphe zu hören, aber der Lärm, den sein Vater machte, verschluckte alle anderen Geräusche. Sie war fort.

Keuchend und schwankend kam Aurelius heran. Sein Blick irrte über die Lichtung, heftete sich auf den Baumstumpf, den Boden, die Bäume ringsum. Er deutete vor sich hin.

Neben dem faulenden Baumstumpf hatte jemand trockene Blätter fortgekratzt und den nassen Lehm bloßgelegt. In aller Eile waren mit einem spitzen Gegenstand Zeichen in den Boden geritzt.

Aton betrachtete sie. »MALICIA«, buchstabierte er. »Was bedeutet das?«

Aurelius ließ sich auf den mürben Baumstumpf nieder und studierte die geheimnisvollen Buchstaben. Ihm ging der Atem schwer, und seine Hände zitterten; voller Mitleid stellte Aton fest, daß die Anstrengung seinem Vater nicht gut bekommen war. »Ich hab's dir nicht geglaubt«, flüsterte Aurelius fast entschuldigend.

Aton sah ihn fragend an.

Aurelius hob den Blick vom Boden. Er sprach mühsam: »Das ist das Stigma der Mignonne.«

Aton starrte in den Himmel Hvees; die Flucht der Nymphe hatte ihn aufgewühlt und verwirrt. Warum nur war sie geflohen? War sie wirklich ein Geschöpf, das für die Augen von Zweiflern nicht geschaffen war? »Eine Mignonne?«

»Als der Mensch in den Weltraum hinauszog, nahm er seine Sagen mit«, erklärte Aurelius. »Sie haben sich wie der Mensch selbst verändert; doch der eigentliche Inhalt ist der gleiche ge-

blieben. Du hast sicher von den schrecklichen Taphiden gehört, die ganze Raumschiffe verschlingen; von den xestischen Spinnenmenschen, deren Netz-Bilder alles in ihre Illusionen einfangen; von der Hölle Chthons, wo höchster Reichtum und schreckliches Grauen sich ewig paaren. Aber dann gibt es da auch die Sage von der Mignonne.
Die Mignonne ist eine Sirene, ein unsterblicher Geist von unsagbarer Schönheit und Kraft, der die innerste Leidenschaft jedes Mannes erraten kann. Sie zu lieben bedeutet Unglück – wenn man die Faszination, die ihre Anmut unweigerlich ausübt, überhaupt Liebe nennen kann. Es – es heißt, wenn ein Mann seine Gefühle so lange zu beherrschen vermag, bis er einen Kuß von ihr erzwingt, werde die Mignonne ihn lieben – das aber ist das schlimmste aller Schicksale.«
Eine so lange Rede hatte Aton noch nie von seinem Vater zu hören bekommen, und selten hatte sich Aurelius so klar und deutlich ausgedrückt. »Aber sie war hier. Das... kann nicht wahr sein.«
Aurelius saß ganz still, die Augen fest geschlossen. »Es wäre falsch, Aton, die alten Sagen auf die leichte Schulter zu nehmen. Die Mignonne war hier. Malicia – sie kam um deinetwillen, Aton...«
»Danke«, erwiderte Aton scharf, in aufsteigendem Zorn.
»Dieser Geist, dieser Spuk oder Mythos wollte also den ahnungslosen kleinen Jungen umgarnen, der an ihn glaubte...«
»Versteh doch, mein Sohn...«
»Oh, ich verstehe! Ja, ein Mädchen war hier, ein Mädchen spielte sein Spiel, schön aufgeputzt und in Pose, um einen einfältigen Bauernbuben zu blenden...«
»Nein, Aton, ich muß dir sagen, wer sie ist...«
»Zum Teufel mit deinen Erklärungen!« herrschte Aton ihn an, ohne den schmerzlichen Ausdruck im Gesicht des Vaters zu beachten. »Ich will nicht, daß du meine Dummheit oder das unzüchtige Gehabe einer außerweltlichen Sirene verteidigst. Eine schöne Frau gibt sich nicht mit einem unschuldigen Bauernjungen ab – es sei denn, um ihn an der Nase herumzuführen und sich über seine tierhafte Naivität, seine Unerfahrenheit zu amüsieren.«

Doch obwohl Aton vor seinem hilflosen Vater noch mit dem Säbel rasselte, kannte er schon die dunkle Wahrheit: Er liebte seine Waldnymphe, wer sie auch war und was sie auch getan hatte. Im Vergleich zu ihr waren alle anderen Frauen wie Stoffpuppen mit aufgemaltem Lächeln und aufgesetzten Brüsten, mit törichtem Gekicher und ekelhafter Feuchtigkeit am Leib. Er hatte genug davon; zumindest hatte die Nymphe ihm die Nichtigkeit seines Daseins offenbart. Er mußte von hier fort. Er wollte in den Weltraum hinaus, sie suchen und sich darüber klarwerden, was für ein Wesen sie war – wenn er es überwunden hatte. Vierzehn Jahre sehnsüchtigen Wartens ließen sich nicht so einfach auslöschen – nicht, wenn man der Familie Fünf angehörte, nicht, wenn man Aton hieß. Diesmal wollte er der Wahrheit ins Auge sehen.

Aurelius, eben noch sonderbar beredt, saß jetzt still da, erstarrt, in sich zusammengesunken. Hatte seine letzte Stunde geschlagen? Nein; er lebte. War ihm die konventionelle Verlobung seines Sohnes überhaupt so wichtig? Ja, das war sie, sie war unumgänglich. Aber sie mußte jetzt verschoben werden.

»Wenn ich wiederkomme . . .«, sagte Aton.

Der Alte tat nicht, als ob er nicht verstanden hätte. »Wir warten auf dich, die Hvees und ich«, sagte er und öffnete endlich die Augen.

II. Granat

§ 400

4 Die Höhlen führten tief hinab und schlängelten sich wie Würmer durch das Gestein. Heiße Lava hatte sich vor Urzeiten hier ihren Weg gegraben und war dann immer wieder verschoben worden. Als sie schließlich zu Pulver zerfiel, blieben die endlosen Gänge zurück. Ist das Höhlensystem wirklich hermetisch abgeschlossen, dachte Aton, wenn der Wind so stark hindurchbraust? Der heiße Luftzug kommt doch von irgendwoher und sucht irgendwo seine Freiheit. Und wo der Wind einen Austritt findet, da bietet sich vielleicht auch einem Mann die Chance zur Flucht.

Aber von Tallys starkem, schmalen Rücken hinter dem Wasserschlauch war keine Antwort abzulesen. Es hatte keinen Sinn, ihn zu fragen. Auch in diesem unterirdischen Gefängnis beschwor die Erwähnung der Mignonne Furcht und Haß herauf. Vorsichtshalber wollte er die Sprache also gar nicht erst darauf bringen.

An der tiefsten Stelle saß ein Wächter auf einer großen flachen Felsplatte. Neben ihm war ein schweres Tau befestigt, das an einen großen Korb gebunden war. Tally fuhr den Mann an, der sofort aufstand. Mühsam wälzten sie den Stein fort, unter dem ein Loch sichtbar wurde – der Durchgang, der zum unteren Gefängnis führte.

Tally stieß den Korb hinein und ließ das Seil nachgleiten. Aton kletterte in das Loch, ergriff das Seil, klemmte sich das Buch zwischen die Schenkel und ließ sich in die andere Welt hinab. Ein letzter Blick auf die ihm nachspähenden Gesichter: Ob ich dich je wiedersehe, du abergläubischer Geistesheld? Wahrscheinlich nicht.

Er ließ sich vorsichtig hinab. Das Buch und der volle Wasserschlauch brachten ihn aus dem Gleichgewicht, und er konnte nicht nach unten sehen. Gab es da überhaupt eine Stelle zum Landen, oder hatte man ihn hinterlistig in einen Höllenschlund hinabgeschickt? Hätte er dem Mann nicht vertrauen dürfen, dessen Mädchen . . .

In zehn Metern Tiefe berührte er den Boden. Seil und Korb verschwanden rasch nach oben, kaum daß er auf eigenen Füßen stand. Die Felsplatte wurde wieder über das Loch geschoben, und zum zweitenmal fand er sich allein in einer unbekannten Hölle.

Wenigstens bemerkte er Licht – den schon bekannten phosphoreszierenden Schimmer an den Wänden. Auch der Wind war da; unbewußt hatte er beim Herabklettern dagegen angekämpft. Die unteren Höhlen waren also immerhin bewohnbar.

»Hier, ein Granatstein. Nimm ihn.«

Aton fuhr herum und sah sich einem kräftigen Mann gegenüber, der ihn um mindestens zehn Zentimeter überragte. Obwohl er schon etwas zur Fülle neigte, stellte er gewaltige Muskeln zur Schau; außerdem trug er eine große zweischneidige Axt über der Schulter. Sein struppiges Haar und der Bart waren braun.

Aton fing den Stein auf, der ihm zugeworfen wurde. Es war ein durchsichtiger roter Kristall, hübsch anzuschauen – ein Granatstein. Er wartete.

»Du arbeitest an Granats Schürfstelle. Wenn du Schwierigkeiten machst, kriegst du's mit mir zu tun – Bossman. Komm!«

Das also war der Bauer, vor dem Tally ihn gewarnt hatte. Aton folgte ihm, wobei er jede Bewegung bedauerte. Der Mann schien ihm nicht recht in Form zu sein – jedenfalls nicht für die Art von Kampf, die Aton bevorzugte. Vielleicht ruhte er sich auf den Lorbeeren seines Prestiges aus. Oder die Axt – wie hatte er sie nur hier heruntergeschafft? – verlieh ihm ein trügerisches Gefühl der Sicherheit. Das konnte er später noch ergründen; im Augenblick wollte er sich noch aus allem heraushalten und in Ruhe die Lage peilen. Informationen waren viel wichtiger als ein körperlicher Sieg. Wissen führte mit der Zeit zur Macht. Und auch – zur Flucht?

Mit zunehmender Breite des Ganges schwächte sich der Wind ab. An der Seite hockte eine Frau wie ein buckliges Ungeheuer; doch es war nur der Wasserschlauch auf ihrem Rücken, der ihre Gestalt verzerrt erscheinen ließ. Sie stapelte Nahrungsmittel zu kleinen Häufchen auf – grobes Brot, Salzfleisch und anderen Proviant, der von oben herabgeschickt worden war – und wikkelte die Häufchen in lange, schmutzige Tücher. Um Hygiene kümmerte sich in Chthon kein Mensch; denn hier gab es keine Krankheiten – man fürchtete nur die Austrocknung. Als die beiden Männer näher kamen, stand sie auf.

»Ein Neuer für dich«, sagte Bossman. Er wandte sich an Aton. »Gib Granat deinen Stein.«

Unter anderen Umständen hätte Aton vielleicht gelacht. So hielt er ihr nur den Stein hin, und Granat nahm ihn und musterte Aton aufmerksam. Sie war eine kräftige, geschmeidige Frau, zu derb, um gut auszusehen. In günstigerem Licht wäre ihr Haar vielleicht blond gewesen. Sie nahm eines der Essenpakete und reichte es ihm.

»So läuft hier der Laden«, sagte Bossman. »Ein Granatstein gegen ein Paket. Kondensator ist da hinten; du drehst dir dein Wasser selbst.« Er deutete auf etwas im Hintergrund, und Aton entdeckte die Maschine in einer Nische. »Deine Zeit kannst du dir beliebig einteilen – aber schürf nicht im Gebiet anderer.« Damit entfernte er sich gemächlich.

Granat winkte ihn zu sich, und er folgte ihr in eine Seitenhöhle. Sie führte ihn an eine schon ziemlich abgeschabte und ausgehöhlte Felswand und ließ ihn dort allein.

Aton blickte sich um. Links und rechts von ihm waren andere Frauen und Männer an der Arbeit; sie schlugen mit kleinen Steinsplittern gegen die Felsoberfläche. Manche siebten mit bloßen Händen den schweren Felsstaub. Andere schliefen. Zwei saßen zusammen und unterhielten sich und aßen. Das Arbeitstempo war alles andere als hektisch.

Er betrachtete die Felswand. Granatsteine waren nicht zu sehen. Zunächst nahm er sich vor, mit einem schweren Stein große Brocken loszuschlagen, doch er machte sich noch rechtzeitig klar, daß dabei jeder Stein, den er fand, zu Pulver zermahlen wurde. Er durfte nur ganz vorsichtig zu Werke gehen.

Er suchte sich eine Nische für das LAE und sein Eßpaket, nahm einen scharfen Stein zur Hand und beklopfte damit versuchsweise den mittleren Abschnitt seiner Schürfstelle. Sofort schlug ihm eine erstickende Staub- und Splitterwolke entgegen. Wie viele Menschen waren hier schon an Silikose gestorben? Er beugte

den Kopf zurück und versuchte es wieder. Auch jetzt konnte er kaum erkennen, was er tat; die Gefahr war groß, daß er einen wertvollen Granat vernichtete, bevor er ihn überhaupt entdeckt hatte. Das Schürfen hier war also nicht gerade leicht.
Von der benachbarten Schürfstelle beobachtete ihn ein kleiner sehniger Mann; ein schwaches Lächeln spielte um seine Lippen.
»Wissen Sie denn eine bessere Methode?« fragte Aton aufgebracht.
Der Mann kam herüber. Er nahm Atons Stein, hielt ihn an die Felswand und klopfte leicht mit seinem Stein dagegen. Die Oberfläche blätterte wie von selbst ab. Er neigte sich vor und blies den Staub fort, wobei er sorgfältig darauf achtete, daß sein Gesicht nicht hinter der Bruchstelle in den Luftzug geriet. Endlich gab er Aton sein Werkzeug zurück und ging wieder an den eigenen Arbeitsplatz.
Aton blickte ihm nach; ein solcher Akt der Belehrung erschien ihm verdächtig. Hatte er es hier wirklich mit den brutalsten Strafgefangenen der Menschheit zu tun? Trotzdem versuchte er sich an der neuen Methode und stellte sich bald schon recht geschickt an.
Nach einer Stunde ergebnislosen Klopfens unterbrach er die Arbeit, um zu essen. Es schmeckte ihm ungewöhnlich gut. Dann füllte er seinen Wasserschlauch und nahm wieder seine Schürfstelle in Angriff.
Stunden vergingen. Er hatte schon ein beachtliches Loch in den Fels gehauen, aber keine Spur eines Granatsteins gefunden. Die hier und da sichtbaren narbenartigen Löcher, aus denen schon jemand Granatsteine herausgelöst hatte, schienen ihn zu verhöhnen. Er ärgerte sich über die Leichtigkeit, mit der jener Unbekannte Erfolge erzielt hatte, während er selbst scheiterte. Nun verstand er auch, warum die anderen sich nicht um ihn kümmerten: der Broterwerb ging vor. Es war eine zermürbende, geisttötende Arbeit, von der er Krämpfe in den Armen und müde Beine bekam. Wenn er die Augen schloß, sah er vor sich das Bild der kahlen, narbenzerfressenen, erbarmungslosen Felswand; und wenn er sie öffnete, schmerzten und tränten sie.
Nach einiger Zeit setzte ein allgemeines Abwandern ein; um

sich mit den Gewohnheiten vertraut zu machen, schloß sich Aton an. Es ging in Granats Büro, wo diese neue Essenpakete austeilte. Die Männer und Frauen bildeten eine lockere Reihe, und jeder reichte einen Stein hin und bekam dafür sein Essen. Aton erschien mit leeren Händen.

Granat wollte keine Erklärungen hören. Ohne Granat kein Essen. »Ich bin keine Klagemauer, Fünf«, sagte sie gereizt. »Bei uns mußt du arbeiten lernen. Für nichts gibt es nichts. Such weiter.«

Müde und ärgerlich schlich sich Aton davon. Seine Hände waren rauh und mit Blasen bedeckt, in seinen Lungen kratzte der Staub. Er hatte Hunger, aber die leere Wand bot keine Hoffnung.

Sein kleiner Nachbar kehrte zurück; er hatte struppiges Haar und glänzende schwarze Augen. »Kein Essen?« Aton nickte. »Hör mal, Freund, sie gibt dir nichts, wenn du keinen Stein hast. Du mußt dir einen besorgen.«

Das war für Aton nichts Neues. »Schon begriffen!« knurrte er »ich hab nur vergessen, einen aufzuheben.«

Der andere senkte vertraulich die Stimme. »Also paß auf, wenn ich dir einen Gefallen tu, bist du dann mein Freund? Ich heiße Framy. Wenn ich dir einen Stein gebe . . .«

Aton musterte ihn und fragte sich, worauf der Mann hinauswollte. Was bedeutete der Vorschlag? Framy schien übereifrig. Wenn er nun verkehrtherum war . . .

»Nein, bin ich nicht!« rief Framy, und Aton ermahnte sich, seinen Gesichtsausdruck künftig besser in der Gewalt zu behalten. Der andere schien ehrlich verärgert. Was wollte er nur? Einen Freund? Schutz? War er ein Einzelgänger? War es gefährlich, sich mit ihm einzulassen?

Atons Magen knurrte. Warum sollte er das Angebot des Mannes nicht annehmen, wenn er tatsächlich einen Granatstein hatte? Schutz war offenbar eine ganz gängige Ware. »Vielleicht«, sagte er und nannte seinen Namen.

Framy steckte einen schmutzigen Finger in den Mund und brachte rasch einen glitzernden Stein zum Vorschein. Aton verbarg sein Erstaunen; wo sollte ein nackter Mann auch sonst seine Halbedelsteine aufbewahren? »Hier«, sagte Framy und reichte ihm den feuchten Kristall. »Ich hab einen übrig. Nimm ihn und hol dir eine Ration. Dann kommst du zurück zu mir. Aber vergiß nicht: Ich hab dir einen Gefallen getan.«

Aton nahm den Stein. Sekunden später händigte er ihn Granat aus. Sie nahm ihn und untersuchte ihn mißtrauisch. »Na ja, sieht ja echt aus«, sagte sie widerstrebend und schob ihm das letzte Paket hin. »Hier hast du den Rest.«

Im Fortgehen riß er es gierig auf. Das Tuch fiel auseinander – es war leer. »Da ist nichts drin«, sagte er und zeigte es ihr.

»Glatt vergessen, es dir zu sagen, du bist zu spät gekommen. War schon alles weg.« Sie wandte ihm den Rücken zu.

»Aber mein Granatstein – du hast meinen Stein genommen!«

Sie sah ihn nicht einmal an. »Pech gehabt. Es wird nichts zurückerstattet.«

Aton kämpfte den plötzlichen Drang nieder, in ihr zottiges Haar zu greifen und sie über das grobe Gestein zu schleifen. Die Absurdität der Situation brachte ihn wieder zur Vernunft. Da stand er splitternackt einer ebenfalls unbekleideten Frau gegenüber – und hätte ihr am liebsten die Zähne ausgeschlagen.

Aber er wagte es nicht. Er war nicht sicher, daß Bossman es mit ihm allein aufnehmen würde, falls er sich unvorsichtigerweise gegen die grausame Hierarchie stellte. Mit mehreren konnte er es nicht aufnehmen. Die Flucht war wichtiger als die sofortige Befriedigung seiner Rache.

Er konnte sich also nicht direkt wehren. Aber es gab andere Waffen. Oft noch sollte es Granat bereuen, daß sie sich ihn zum Feind gemacht hatte!

5

Die Granatsteinsuche erforderte ein besonderes Gespür, ein Talent, das den einen die Steine mühelos, fast intuitiv finden ließ, während andere sich den ganzen (Chthon-)Tag abquälten und am Ende doch hungrig blieben. Framy hatte dieses Gespür. Er schien den kostbaren Schatz förmlich zu riechen, und sein Appetit auf Reichtümer war unersättlich. Aton entwickelte ein hinreichendes Talent; er brauchte nicht wieder zu hungern, doch seine Vorräte waren auch nie besonders groß. Jeder hatte ein geheimes Versteck, und zumindest Framy hielt seine regelmäßige Arbeitszeit ein, um den Schein zu wahren, nicht weil er es nötig hatte. Wer seine Granatsteine zu mühelos fand, machte sich unbeliebt und setzte sich und sein Versteck der Gier der Hungrigen aus. Wie bald erkennbar wurde, hatte Framy gut daran getan, sich mit einem Mann wie Aton anzufreunden.

Hier waren alle möglichen Typen vertreten. Die Höhlenbewohner waren zum Teil nicht ganz normal, aber wenn man erst einmal ihre Eigenarten kannte, war das Leben durchaus erträglich. Zum Streit kam es nur, wenn er unvermeidlich war; gelegentlich beugte man sich auch der Unvernunft oder hielt sich aus Streitigkeiten heraus, es sei denn, man suchte sie.

Unter den unermüdlichen Granatsuchern fiel ein Mann besonders auf, der eigentlich keinen sehr lebenstüchtigen Eindruck machte, der aber trotzdem gut zurechtkam: der beleibte Hastings. Er war intelligent, verständnisvoll, lustig und nicht gerade ungeschickt, hatte zum Schürfen jedoch nicht das geringste Talent. Er fand nur selten etwas und hielt sich auf eigene Art über Wasser – er schwatzte den anderen Steine ab, anstatt sie selbst aus dem Fels zu gewinnen.

»Ich brauche ebensowenig einen blauen Granatstein, wie ich Lazas Liebe brauche«, erklärte der fette Hastings in einer Arbeitspause. Die anderen starrten ihn erwartungsvoll an.

»Hasty, Hasty, weißt du denn überhaupt, was ein blauer Granat *ist*?« fragte Framy ungläubig. »Weißt du, was er einem einbringt?«

Hastings fiel ihm ins Wort; er witterte eine Gelegenheit, sich zu produzieren.

»Das weiß ich«, sagte er. »Den Tod – und zwar so schnell, daß sich auch die Schimäre nicht mehr um die Stücke kümmern würde.« Die ›Schimäre‹ war der allgemein gebräuchliche Ausdruck für ein mörderisches Raubtier, das in den äußeren Höhlen hauste und das noch niemand gesehen hatte, ohne gleichzeitig sein Leben zu verlieren.

»Das Risiko gehe ich gern ein«, sagte ein anderer. »Gib mir nur den Stein.«
»Ich habe noch nie von blauen Granatsteinen gehört«, sagte Aton neugierig.
»O Fünf«, antwortete Framy, der in der Mitte der Gruppe stand und sich den Staub abklopfte, »da muß ich dir wohl erst die Realitäten des Lebens erklären. Du weißt, daß die kleinen Steine hier meistens rot sind und daß wir manchmal auch einen braunen finden. Na ja, da gibt es noch andere Arten, auf die wir fast nie stoßen. Die sind mehr wert. Zum Beispiel wenn du einen schwarzen erwischt, kostet das die alte Granat Fressen für 'ne ganze Woche, vielleicht sogar mehr. Und findest du einen Brocken reines, weißes Jadeit – na, der alte Springer oben ist scharf auf das Zeug, und der gibt dir dann was ganz Tolles, wenn du ihm heimlich Bescheid schickst. Ist der Brocken auch noch groß genug, brauchst zu überhaupt nicht mehr zu schürfen. Aber das sind kleine Fische. Wenn du nämlich einen blauen Granatstein ausgräbst, hast du deinen Entlassungsschein schon in der Tasche.«
Aton horchte auf.
Framy kratzte sich vergnügt den Kopf. »Jawohl, sie lassen dich raus. Deine Strafe wird ausgesetzt, und du bist frei wie ein Vogel in der großen Welt.«
Die anderen nickten; auch sie träumten diesen Traum. »Aber du kriegst nie einen«, sagte eine Frau.
»So ist es«, warf eine andere ein. »Von uns hat noch niemand einen blauen Granatstein gesehen. Und dazu wird's auch nie kommen, denn es gibt keine.«
»Das ist eine Lüge!« schrie Framy.
»Nenn mich nicht Lügnerin, du kleiner Lügner!« entgegnete die Frau ärgerlich. Sie hatte scharfe Züge und schwarzes Haar, das ihr in Locken über den Rücken herabfiel. Hier im unteren Gefängnis gab es kaum hübsche Frauen, diese aber war hübsch; sie wirkte immer noch täuschend jung und geschmeidig. »Ich drück dir deine Knopfaugen in dein dreckiges kleines Hirn«, fuhr sie fort.
Framy duckte sich und fuhr mutig fort: »Nicht wenn mein Fünfer-Kumpel hier ist! Der kriegt dich unter.«

Aton war gar nicht auf den Gedanken gekommen, daß die Frau ihre Drohung wörtlich gemeint hatte. Und doch war es so; sie hatte Nägel wie Krallen. Prüfend sah sie ihn an. »Ich glaube, mit dem werde ich auch noch fertig«, sagte sie und atmete tief ein, damit ihre hübschen Brüste sich hoben. »Na, wie wär's denn so, Mister?«

Das war auch wörtlich gemeint, und die Vorstellung war gar nicht so reizlos. Aber jetzt war nicht der richtige Zeitpunkt. Aton versuchte das Thema zu wechseln. »Was ist denn so Tödliches an dem blauen Granatstein, Hasty?«

»Dein Nachname ist also Fünf«, sagte Hasty nachdenklich, als habe er das eben erst erfahren. »Das nennt man die verrückte Zahl, weißt du? Gefährlich. Soweit ich weiß, der einzige Name, der sich doppelt und doch noch die höchste Nummer erbringt.«

»Wovon redest du eigentlich?« fragte Framy.

Hastings streckte ihm seine fleischige Hand hin.

Framy war im Kampf gegen seine Neugierde wieder einmal unterlegen. Er spuckte einen kleinen Granatstein aus und reichte ihn Hastings, für den er ohnehin der beste Kunde war.

»Die Wissenschaft der Zahlen«, erwiderte Hastings, und die Leute ringsum lehnten sich behaglich zurück und lauschten. »Jede Zahl von eins bis neun hat ihre besonderen Schwingungen. Du zählst die Buchstaben zusammen – A ist eins, weil es im alten Alphabet am Anfang kommt, C ist sieben, weil es an siebenter Stelle steht, und so weiter – du stellst die Zahlen also nebeneinander und addierst sie immer wieder, bis du nur noch eine einzige Zahl hast. Jede hat ihre Eigenschaft – eins ist höchste Ziffer, zwei ist dann schon nicht mehr so gut, und so weiter – bis neun.«

»Aber wie kommt es, daß fünf ...?«

»Buchstabier doch mal: FÜNF. Dabei sind die Umlaute ä, ö und ü an das Alphabet angefügt, so daß sich für das ü die Ziffer 29 ergibt. Jetzt unsere Zahlenreihe: 6, 29, 14, 6 – das macht 55 – die doppelte fünf! Addiert ergeben diese beiden Zahlen 10, und wenn man die noch zusammenzählt, bleibt die eins übrig!«

Framys Gesicht leuchtete auf. »Fünf ist eins«, sagte er, entzückt über die Entdeckung. Jemand kicherte belustigt, aber er

achtete nicht darauf. Wahrscheinlich war in den nächsten Tagen niemand vor ihm und diesem Zahlenspiel sicher.
Plötzlich besann er sich. »Du sagst aber, die Fünf ist gefährlich.«
»Sie steckt voller Überraschungen. Sie kann aus heiterem Himmel ein Vermögen herbeizaubern – oder den Tod bringen. Man muß achtgeben.«
Aton brachte das Gespräch wieder auf das Thema. »Du hast von dem besonderen Granatstein gesprochen.«
Hastings lehnte sich gemächlich zurück. Er wartete. Die anderen lachten; jetzt war Aton an der Reihe, einen Stein auszuspucken.
»Also, ihr müßt das so sehen«, begann Hastings, als er bezahlt worden war. »Ein blauer Granatstein ist wertvoll. So wertvoll, daß man sich damit vielleicht die Freiheit erkaufen kann. Das ist ein beachtlicher Preis. Vielleicht gibt es hier keine blauen Steine, so daß sich die Behörden in Sicherheit wiegen; oder sie deuten uns damit indirekt an, daß so etwas wie eine Begnadigung nicht in Frage kommt. Aber *wenn* so was existiert – ein blauer Granatstein, meine ich –, dann steht fest, daß er wichtiger ist als ein Gefangener oder ein Prinzip. Nun sind wir alle Verbrecher . . .«
»Ich nicht!« brüllte Framy dazwischen. »Ich bin kein Verbrecher! Mich hat man nur . . .«
»Hereingelegt!« fiel die Gruppe im Chor ein.
»Stimmt doch aber«, sagte Framy beleidigt.
». . . Verbrecher und sitzen hier für den Rest unseres unnatürlichen Daseins fest. Es gibt keinen unter uns, der nicht vor allem hier heraus möchte. Aber keiner von uns hat auch die geringste Chance, es sei denn, er wollte die Lange Reise antreten. Nur wer den blauen Stein entdeckt . . .
Und wenn ich jetzt einen blauen Granatstein hier in meiner Hand hielte, etwa so –«, er streckte die geschlossene Faust aus – »und wenn ich dann sagte: ›Meine Herren, ich habe mein Glück gefunden und verlasse euch jetzt . . .‹«
Scheinbar zufällig spreizten sich seine Finger ein wenig, und zwischen ihnen schimmerte es blau. Die anderen starrten erschrocken darauf.

Hastings machte Anstalten aufzustehen. »Also Leute, die Freiheit winkt!« verkündete er fröhlich. »Lebt wohl – auf Nimmerwiedersehen!«
Im nächsten Augenblick stürzten sich zwei Männer und eine Frau auf ihn und preßten ihn zu Boden. Brutal wurde ihm der Arm zurückgebogen. Aus der sich öffnenden Hand flatterte ein Stück blaues Tuch zu Boden.
Sie ließen ihn schweigend los, und die Gier in ihren Gesichtern erlosch. Hastings stand schwerfällig auf und rieb sich den Arm. »Vielleicht verstehst du jetzt, was ich meine«, sagte er. »Du kommst nicht frei, ohne irgend jemandem von deinem Granatstein zu erzählen. Und wenn du das tust ...«

Granat machte Aton das Leben sauer. Sie verhöhnte ihn ständig und ließ keine Gelegenheit ungenutzt, ihn abblitzen zu lassen. Er hatte es schwer, Essen zu bekommen. Granat behauptete, seine Steine wären zu klein oder hätten Flecken, oder sie leugnete einfach, überhaupt schon etwas erhalten zu haben, und nahm ihm auf diese Weise für eine einzige Ration manchmal zwei oder gar drei Steine ab.
Aton ließ sich alles gefallen. Er stritt nie mit ihr und dankte ihr stets für das Essen, als habe sie ihm einen besonderen Gefallen getan. Stumm stand er da, wenn sie ihn anschrie, und sah sie nur an. Manchmal kam er aus keinem ersichtlichen Grund zu ihr, setzte sich hin und hörte zu, wie sie ihn anfuhr.
Framy konnte das nicht verstehen. »Warum hockst du bei der herum?« fragte er erstaunt. »Es gibt bessere Frauen hier – mit hübschen Körpern und weniger spitzen Zungen. Sie haben ein Auge auf dich geworfen, Fünfer, liebe Zeit, das kann man wohl sagen! Beispielsweise die tolle Puppe mit dem schwarzen Haar. Warum gibst du dich gerade mit der schlimmsten Hexe hier ab?«
Aton gab keine Antwort.
Granat wurde immer zudringlicher. Nicht selten kam es vor, daß sie ihn schlug oder mit dem Fuß nach ihm trat. Irgend etwas brachte sie in Wut. Aton duldete ihre Angriffe gleichmütig; manchmal lächelte er sogar.

Obwohl es im Inneren Chthons weder Tag noch Nacht gab, hatten sich die Gefangenen mit der Zeit an einen bestimmten Rhythmus von Arbeit und Ruhe gewöhnt, der sich an den regelmäßigen Mahlzeiten orientierte. Die meisten arbeiteten in Gesellschaft, auch wenn die einzelnen Schürfstellen ansonsten streng getrennt gehalten wurden, und zum Schlafen zogen sie sich dann in ihre Höhlen zurück. Aton hatte seine eigene Zeiteinteilung, und so kam es, daß er gerade allein einen ungewöhnlich großen Edelstein freilegte, als Granat eines Tages zu ihm trat.

Sie begann ihn sofort wieder anzuschreien. »Weitermachen, du Dreckskerl!« fauchte sie, als er sie höflich begrüßen wollte. Aton lächelte nur – genaugenommen war hier in den Höhlen niemand sauber. Gewaschen wurde man vom Sand und vom Wind. Ihr Ausdruck bezog sich auch nicht nur auf sein Äußeres. »Du hast hier keine Ferien!«

»Ich weiß, meine Liebe.«

Der Unterkiefer fiel ihr herab. Sprachlos vor Wut hob sie einen Felsbrocken auf und schlug damit gegen den Granatstein im Fels. Aton betrachtete die Bruchstücke und packte die Frau.

»Deine Bezahlung hast du ja schon weg«, sagte er, und ein neuer Ton schwang in seiner Stimme. »Jetzt bist du an der Reihe.«

Sie holte aus. Er schlug ihr den Stein aus der Hand und drückte sie hinab auf den Felsboden. An Körperkräften war er ihr weit überlegen; er stammte vom Planeten Hvee, dessen große Schwerkraft nicht ohne Auswirkung auf die genetische Entwicklung seiner Bewohner geblieben war. Einige rasche, gezielte Schläge lähmten sie vor Schmerz und Schock; eine Zeitlang konnte sie sich nicht rühren, obwohl sie noch alles hörte und spürte.

Dann begriff sie, was er vorhatte, und wehrte sich heftig, konnte aber nichts gegen ihn ausrichten. Diesmal hielt kein unvollendetes Lied Aton zurück, und Granat, nackt und unerfahren, war ihm schutzlos ausgeliefert.

Es war vorbei, er hatte sein Ziel erreicht und ließ sie los. Leise fluchend stolperte sie fort; weinen konnte sie nicht. Er wußte, daß sie nie über die Sache sprechen würde; dabei schämte sie sich weniger der längst vergessenen, ihr jetzt wieder aufge-

zwungenen Rolle, als vielmehr der Tatsache, daß ausgerechnet er sie im wahrsten Sinne des Wortes bezwungen hatte.
Malicias Bild tauchte vor seinem inneren Auge auf, als er die blutroten Splitter des zerschmetterten Granatsteines zur Seite schob. *Du* hast mir noch keine Freude bereitet, dachte er, nicht einmal die Freude deiner Eroberung.

6

»Fünf, Fünfer, du mußt sofort mitkommen!« Framy war aufgeregter, als Aton ihn je zuvor gesehen hatte. »Du mußt kommen, du mußt es dir anschauen, du mußt!«
Framy war zwar ein hochgradig nervöser Mensch, aber dieses Betragen war selbst für ihn ungewöhnlich. Aton ging mit.
Framy führte ihn gegen den Wind aus dem bewohnten Höhlengebiet hinaus. »Ich habe mich umgesehen«, erklärte er atemlos. »Ich habe nach etwas gesucht ...«
Dabei war er ziemlich weit herumgekommen. Aton freute sich über die Gelegenheit, die Außenbezirke zu erforschen; bisher hatte ihm ein Vorwand dazu gefehlt. Der Wind wurde mit der Zeit immer stärker, und die Hitze fauchte ihnen unerbittlich ins Gesicht. Oft blieben sie stehen und tranken gierig von ihren Wasservorräten.
Die Wanderung schien kein Ende nehmen zu wollen. Über eine Stunde schon hatten sie gegen den glutheißen Wind und den wachsenden Druck gekämpft, als der kleine Mann endlich stehenblieb.
»Dort hinter der Ecke«, keuchte er. »Schau mal vorsichtig herum, damit du's selber siehst.«
Aton gehorchte und klammerte sich mit aller Kraft an der rissigen Felswand fest. Hitze und Wind nahmen noch weiter zu, und seine Augen brannten und trübten sich. Nicht zum erstenmal stellte er sich die Frage, welche Ursachen ein solcher unterirdischer Orkan wohl haben konnte. Wahrscheinlich würde er es nie erfahren; das Geheimnis war hinter einem Hitzevorhang gut verborgen.

Die Höhle unterschied sich kaum von den anderen; sie war hoch und hatte eine Öffnung am anderen Ende, aus der der Wind heulend hervorbrach. Aber der Schimmer ihrer Wände war ein wenig stärker und hatte eine andere Struktur, vielleicht auf Grund der größeren Hitze und Luftbewegung – allerdings sprach dagegen, daß das Licht unterwegs ständig nachgelassen hatte. Sonst aber war nichts Geheimnisvolles zu entdecken.

Da bemerkte Aton die zerfurchte Höhlendecke, von der Wasser herabtropfte und im brausenden Luftzug verdunstete. Von hier also kam die Feuchtigkeit für die Kondensatoren. Die Verdunstung kühlte die Luft wohl auch stark ab – und nur dadurch wurden die Höhlen wahrscheinlich bewohnbar.

»Der Boden! Sieh dir den Boden an!« schrie Framy ihm ins Ohr. Aton öffnete die tränenden Augen und starrte hinüber.

Auf der anderen Seite der Grotte, dicht am Tunneleingang, lag ein einzelner strahlendblauer Granatstein.

Die beiden Männer zogen sich in ihren geschützten Gang zurück, um die Situation zu besprechen. »Ich hab ihn gesehen«, sagte Aton, »ich hab ihn gesehen. Aber du darfst Hastings' Warnung nicht vergessen . . .«

Framy tanzte förmlich vor Aufregung. »Ist mir gleich, was der Fettsack sagt. Ich will den Stein!«

»Es wäre besser, ihn da liegenzulassen. Du kommst doch nie aus Chthon heraus. Der Stein bringt dir höchstens den Tod.«

Framy fuhr ihn hitzig an. »Das sagst du doch nur, damit du ihn dir selber holen kannst. Mehr als alle anderen drängt's dich in die Freiheit. Ich kenne dich doch . . .«

Aton starrte ihn an, bis er den Blick senkte. »Tut mir leid, Freund«, sagte der kleine Mann. »Nein – so was würdest du wohl nicht tun. Aber du mußt verstehen – ich will ihn einfach haben, ich muß ihn haben!«

Aton schwieg.

»Es ist ja nicht so«, fuhr Framy verzweifelt fort, »daß ich ein Verbrecher wäre wie die anderen hier. Ich will damit nichts gegen dich sagen, Fünfer, denn ich weiß nicht, was du verbrochen hast. Mich hat man jedenfalls hereingelegt. Ich bin zu unrecht hier unten; ich muß raus.«

Du alter Narr, dachte Aton, weißt du denn nicht, daß du hier besser aufgehoben bist als draußen? Warum willst du unbedingt Selbstmord begehen?
Als er sah, daß sein Begleiter noch in Gedanken versunken war, sprach Framy hastig weiter: »Es soll ja gar nicht ... Es braucht doch niemand zu wissen, daß ich den Stein habe. Ich verstecke ihn im Wasserschlauch, bis ich dann mal eine Nachricht rausschmuggeln kann. Tally da oben, der betrügt mich nicht.«
Würdest du auch der Schimäre vertrauen? dachte Aton.
Er faßte einen Entschluß. »Na gut. Wer holt ihn?«
Das war die Frage. Kurz vor dem Gangende preßten sie sich an die Felswand; immer stärker spürten sie die glühende Hitze, die an ihnen vorbeiströmte, und sie ahnten, daß es auf der anderen Seite des Wasserfalls noch viel schlimmer sein mußte. Schon hatte ihr Wasservorrat stark abgenommen. Nur ein starker Mann konnte den Granatstein erreichen und zurückbringen.
Aber Framy gab sich gelassen. »Deshalb hab ich dich ja mitgenommen«, gab er zu. »Ich hätte dir auf jeden Fall davon erzählt, Fünf, mein Freund, aber dann ... Tja, ich dachte, wenn ich richtig loslaufe, schaff ich es vielleicht bis zum Stein. Falls es aber nicht klappt, brauche ich jemanden, der mich da wieder rausholt. Vergiß nicht, ich hab dir mal einen Gefallen getan ...«
Das hättest du nicht tun sollen. Unachtsamkeit kostete manchmal das Leben.
»Das Argument zieht natürlich immer«, sagte Aton. »Und wenn du so blöd bist, dein Leben zu riskieren, dann bin ich auch so blöd, dich wieder rauszuholen. Am besten legen wir sofort los, bevor wir hier noch anschmoren.«
»Danke, Freund«, sagte Framy einfach. Er stürzte sich sogleich mit einer Kühnheit in die Höhle, die seinen Ruf Lügen strafte. Aton sah, wie er von dem heißen Windstoß an die Wand gedrückt wurde. Framy hob schützend einen Arm vor das Gesicht und kämpfte sich weiter. Obwohl er die starke Strömung bald überwunden hatte und sich an der Felswand entlangtastete, kam er nur ganz langsam voran. Gegen den Druck gestemmt,

setzte er vorsichtig einen Fuß vor den anderen. An seinem Arm rötete sich die Haut in der Hitze.
Schließlich erreichte er den gegenüberliegenden Tunnel. Dort war er ein wenig vor dem Luftzug geschützt, der durch das vorspringende Gestein um den Tunneleingang abgelenkt wurde. Dafür war der Sturm unmittelbar vor dem Gang sicher besonders stark. Und gerade dort lag der Granatstein in einer kleinen Vertiefung. Er mußte aus der nächsten Höhle dorthin gerollt sein, vielleicht schon vor vielen Jahren.
Framy streckte zögernd eine Hand in den Luftstrom und zog sie rasch wieder zurück. In der Mitte der Höhle herrschte eine sengende Hitze. Die Tropfen von der Decke lösten sich mehrere Meter entfernt in Luft auf. Unter Aufbietung seiner letzten Kräfte stürzte sich Framy dann auf den Granatstein.
Aton sah, wie sein Körper von der Windströmung ergriffen und zur Seite geschleudert wurde, und spürte den furchtbaren Schmerz gleichsam am eigenen Leibe. Aber eine Hand streckte sich nach dem Granatstein aus und packte ihn. Fest umklammerte Framy seinen blauen Freifahrtschein in den Tod.
Er überschlug sich im Wind und versuchte sich zur Seite durchzukämpfen, wo der Druck nicht so mörderisch war. Aber seine Bemühungen wirkten schwach und unüberlegt; die Schmerzen schienen sehr stark zu sein. Bald rührte er sich überhaupt nicht mehr. Er war bewußtlos und konnte nicht mehr lange zu leben haben.
Aton stürzte in die Höhle. Auch ihn ergriff der mächtige Luftstoß und drückte ihn an die Wand. Er ließ sich auf Hände und Knie fallen, zog den Kopf ein und kroch zentimeterweise auf die ausgestreckte Gestalt zu. Seine Knie rutschten über die glatte Oberfläche, als die Mittelströmung ihn packte. Er konnte kaum atmen.
Er legte sich auf den Bauch und schob sich weiter, ohne zu sehen, wohin, denn der Wind schlug ihm heftig entgegen; er mußte die Augen schließen. So konzentrierte er sich blind auf die eingeschlagene Richtung, während sein Kopf den heißen Orkan teilte. Wie weit Framy entfernt war, wußte er nicht mehr. Erst als er merkte, daß er bereits über einen Arm kroch, kam Aton wieder

zu sich und versuchte umzukehren. Sobald er einen Augenblick die Augen öffnete, schmerzten sie entsetzlich, so daß es besser war, blind weiterzukriechen. Aber da er sich nicht umdrehen und gleichzeitig den Arm festhalten konnte, richtete er sich auf.

Sogleich packte ihn wieder der Wind und warf ihn um. Eine Sekunde lang öffneten sich seine Augen und offenbarten ihm unter Qualen, aber vollkommen klar, die Höhle hinter der Stelle, wo der Granatstein gelegen hatte. Dann lag er wieder flach am Boden, die Füße im Luftstrom, Brandbläschen an den Zehen, und seine Hände zerrten Framys Arm mit, während er sich wie ein blickloser, ausgedörrter Wurm von der Glut fortwand.

Als er das höllische Gewölbe endlich verlassen hatte, wußte er nicht mehr, was seit seiner Vision der fernen Höhle geschehen war. Anscheinend war er halb bewußtlos gewesen und hatte sich, allein dem Instinkt gehorchend, weitergeschleppt. Er drehte sich herum, ließ seinen Blick an dem Arm entlangwandern, den er gepackt hielt, und entdeckte, daß Framy noch daran hing. Die andere Hand seines Gefährten hatte den Granatstein nicht losgelassen.

Gierig trank Aton aus dem Wasserschlauch, den er in einer Nische abgestellt hatte, dann hielt er sich mit beiden Händen den Mund zu, damit die kostbare Flüssigkeit nicht wieder herausspritzte. Sein Beutel war jetzt leer. Er fand auch Framys Schlauch und flößte dem halb Bewußtlosen den letzten Rest daraus ein. Framy brauchte das Wasser dringend; er hatte zahlreiche Brandblasen und Quetschungen überall am Körper.

Warum sind wir nicht auf den Gedanken gekommen, das ganze Wasser in einen Schlauch zu füllen und den anderen als Schild zu benutzen? überlegte er, war aber zu müde, um sich darüber zu ärgern.

Endlich kam Framy wieder zu sich. »Wir müssen hier weg«, krächzte er. Er umklammerte seinen Schatz und stützte sich schwer auf Aton, als sie den Gang entlangstolperten.

Mit zunehmender Entfernung schwächte sich der Schirokko ab, und die beiden Männer schöpften neue Kraft. In dem kühleren Wind kamen sie auch schneller voran und konnten sich treiben lassen. Eine halbe Stunde später hatten sie schon ein gutes Stück des Heimwegs zurückgelegt.

Aber das Abenteuer war noch nicht zu Ende. Framy stolperte plötzlich und blieb stehen. »Fünf, sieh mal!«
Ein kleines Ungeheuer versperrte ihnen den Weg. Auf Chthon gab es nur wenige Tiere, die sich dem Menschen überdies kaum zeigten; aber sie existierten und waren ausnahmslos gefährlich. Die Schimäre war das schlimmste Raubtier, aber es gab noch andere unheimliche Jäger. Die Männer sahen sich einer dreißig Zentimeter langen, eidechsenartigen Kreatur gegenüber, die granatsteinrot war. Tiefliegende, glühende Augen funkelten böse; ein faltiger Kiefer öffnete und schloß sich krampfartig.
»Ein Salamander!« flüsterte Framy.
Aton hatte schon von den Tieren gehört. Die winzigen Feuerechsen wohnten in den Höhlen windaufwärts. Sie waren flink und gefährlich und konnten hoch springen. Ihre winzigen Kiefer schieden ein tödliches Gift aus. Ein Kratzer, ja, ein Spritzer auf die zerschundene Haut genügte, um den Tod herbeizuführen.
»Davonlaufen?« fragte Aton.
»Aber wohin denn? Etwa zurück?«
Der Salamander ließ ihnen keine Zeit zum Nachdenken. Er ging zum Angriff über, wobei seine fetten kleinen Beine über den Fels scharrten. Wenn er auch recht unbeholfen aussah, so entwickelte er doch eine erhebliche Geschwindigkeit gegen den Wind.
Die beiden Männer wandten sich zur Flucht. Wieder peitschte der Wind auf sie ein und drängte sie zurück. Die Echse folgte mit verbissener Entschlossenheit; sie verlor zwar an Boden, ließ sich aber nicht von ihrer Absicht abbringen. Zweifellos konnte sie das Tempo länger durchhalten als die erschöpften Männer. Das Gefühl der Stärke, das sie bei ihrem Marsch in Windrichtung erfüllt hatte, war trügerisch gewesen.
Normalerweise konnte ein Mensch schneller laufen als ein Salamander, dessen Geschwindigkeit vor allen Dingen vom Wind abhing. Aber Aton und Framy befanden sich in einer besonders ungünstigen Lage, und sie hatten weder genug Auslauf noch die Kraft, gegen den Wind zu entkommen. Aber zu warten wäre tollkühn gewesen; mit einem Geschöpf, das im Nahkampf nach Belieben springen und zubeißen konnte, durfte man

es nicht aufnehmen. Wenn sie doch Bossmans Axt gehabt hätten!
Framy blieb erschöpft stehen. »Ich bin fertig!« keuchte er. »Ich kann nicht mehr!«
Aton versuchte ihn zu stützen, aber er war selbst zu müde. Der Salamander holte langsam wieder auf. Das Abenteuer in der Höhle des blauen Granatsteins hatte die beiden Männer zuviel Kraft gekostet.
»Zwecklos«, sagte Framy. »Bleibt nur eins.« Mit äußerster Überwindung hielt er Aton den Edelstein hin. »Kannst du gut werfen?«
Aton verlor keine Zeit mit Einwänden. Er nahm den glänzenden Stein, wog ihn prüfend in der Hand und schleuderte ihn der herankommenden Echse entgegen.
Er hatte zu niedrig angesetzt. Der Stein prallte unmittelbar vor dem Tier auf den Boden und zerbrach in zwei Stücke. Ein Splitter flog über den Kopf des Tieres hinweg, der andere traf es an der Flanke und drückte es ein Stück zur Seite. Der verwundete Salamander fiel wütend über den Stein her und biß heftig darauf.
Aton und Framy warteten die weiteren Ereignisse nicht ab. Es war klar, wie der Zusammenstoß der Echsenzähne mit dem Granatstein auslaufen mußte. Sie sprangen über das zappelnde Ungeheuer hinweg und brachten sich rennend in Sicherheit.
»Der Stein hätte sowieso nicht viel getaugt«, sagte Aton, als sie ihren Schritt verlangsamten, denn er ahnte, daß dem anderen der Verlust seiner Trophäe naheging. »Er hatte einen Sprung. Granatsteine zerbrechen sonst nicht so leicht.«
»Wir hätten die Wasserschläuche nehmen können«, sagte Framy. Nun hatte ihn seine Geistesgegenwart schon zum zweitenmal in einer Gefahrensituation im Stich gelassen; schon zweimal hätten sie mit Hilfe ihrer Wasserschläuche die Gefahr bannen können. Einen Schlauch auf die Echse zu werfen, um sie darunter zu begraben, und sei es nur für einen Augenblick – was war daran so abwegig? Warum hatte er es nicht versucht!
Jetzt waren sie den Granatstein los. Den blauen Stein, der doch niemals die Freiheit bringen konnte, es sei denn, man wußte

sich unmenschlich zu verstellen. In der Höhle gab es bestimmt einen Aufstand, wenn die anderen davon erfuhren; einer solchen Versuchung war auch der Unbescholtenste nicht gewachsen.
»Am besten sagst du nichts«, riet er.
»Wer würde mir auch glauben?«
Eine Zeitlang blieb das Geheimnis also gewahrt.
Und das größere Geheimnis? fragte sich Aton. Jenes Geheimnis, das ein Chaos heraufbeschwören konnte, an dem die beiden Welten Chthons zugrunde gehen mußten? Soll ich den anderen sagen, was ich in jener kurzen Sekunde, da mich der Wind herumwarf, in der anderen Höhle erblickte?
Darf ich davon sprechen – von dem Tunnelstück, das ringsum mit glänzendem blauem Kristall eingefaßt war?

§ 398

4 »Maschinist Fünf zum Laderaum sieben! Dringend!« Aton schaltete die Maschine ab und griff nach seinem Hemd, während der Aufseher ihm zuwinkte.

»Das ist der Captain! Fahren Sie mit Vorrang!«

Warum soll ich springen, wenn der Captain ruft? dachte Aton. Ich bin nicht mehr bei der Marine. In den drei Jahren habe ich dort zweierlei gelernt: die Technik zu beherrschen und mich zu wehren. Jetzt bin ich schon vierundzwanzig und suche immer noch meine Geliebte – die reizende Hexe, die mich damals im Wald so sehr verzauberte. Ich muß niemandem gehorchen, nur ihr.

Er betrat die nächste Transkabine, schnallte sich in der wartenden Kapsel fest und tippte den Kode für Laderaum Sieben ein. Als sich das Fahrzeug in Bewegung setzte, drückte er auf den VORRANG-Knopf und hielt sich fest.

Nun haben sie mich doch zum Techniker gemacht. Um ins All zu dürfen, braucht man einen Beruf, und da habe ich nehmen müssen, was die Marine mir bot. Und dann mußte ich meinen Wehrdienst hindurch warten, während die Liebe in mir brannte. Aber ich weiß jetzt, wie man nach einer Frau sucht, die sich zu verbergen versteht. Ich weiß es, o ja.

Die hermetisch abgedichtete Kapsel schoß in den Vakuumtunnel hinaus und gewann an Geschwindigkeit. Ihre Relais klickten, während sie durch das Labyrinth hindurch ihre Bahn verfolgte – über Kreuzungen hinweg und vorbei an anderen Kapseln. Sie war ein Miniaturraumschiff und durchquerte ihr verborgenes Tunnelgeflecht, ähnlich wie sich die *Jocasta* im verborgenen Geflecht der Sterne bewegte. Für die Kapsel existierten keine Wände; sie konnte jeden Ausgang in Sekundenschnelle erreichen. Für das größere Schiff . . .

Der §-Antrieb oder ÜLG-Antrieb (Überlichtgeschwindigkeits-Antrieb), mit dessen Entdeckung der novagleiche Vorstoß des Menschen in den Weltraum begann, beruhte eher auf einem

Effekt als auf einer Wissenschaft. Wie schmunzelnd berichtet wird, stieß Professor Feetle eines Tages darauf, als er langsam in seinen Swimmingpool eintauchte. Während das Wasser anstieg, um seine Körperfülle aufzunehmen, flog ein Apfel über das Dach und traf ihn am Kopf. Sein Tonbandgerät am Beckenrand, durch die Schlüsselworte »Wasserverdrängung« und »Schwerkraft« eingeschaltet, zeichnete die nun folgenden wohlgesetzten Äußerungen getreulich auf. Später wurde die Aufnahme von der Robotsekretärin abgeschrieben, die die zahlreichen gotteslästerlichen Ausdrücke und groben Schimpfworte für die Nachbarkinder sorgsam gegen andere austauschte. Das Produkt ging an eine technische Zeitschrift, deren Robotredakteur den Text wortgetreu übernahm. Fünfzehn freischaffende Forschungsteams machten sich daran, den skizzierten Apparat zu entwickeln. Zwölf gaben es nach einem Jahr auf, zwei entdeckten Erfolg verheißende Nebenwirkungen, über denen sie das ursprüngliche Forschungsziel vergaßen, während es im letzten Team durch einen fehlerhaften Robotangestellten zu einer falschen Diodenverbindung kam, wodurch § gefunden wurde.

Zuerst sah man in dem Gerät nicht mehr als ein Perpetuum mobile. Es war kahl und unförmig und drehte sich ständig im Kreise, wobei es ein aufreizendes Quietschen von sich gab. Eine Anfrage bei Professor Feetle führte zu einem erbitterten Prozeß wegen Entwurfsverfälschung. Bei einem Weltraumtest beschleunigte das Gerät innerhalb einer Stunde von unter drei Zentimetern pro Sekunde auf etwa dreißig Zentimeter in der Sekunde. Im Laufe der zweiten Stunde wuchs diese Geschwindigkeit auf ein Mehrfaches. Schließlich raste es mit solchem Schwung dahin, daß ihm nur noch die Instrumente auf der Spur bleiben konnten. Dann verschwand es völlig. Obwohl es seine selbstvorherbestimmte Bahn nicht verlassen hatte, war es fort.

Aber nur fast: die Instrumente fingen seltsame radioaktive Strahlen auf – Cherenkow-Strahlen –, das ›Kielwasser‹ eines Impulses, der sich mit Überlichtgeschwindigkeit durch ein gegebenes Medium bewegte. Und das Medium in diesem Fall war ein praktisch hundertprozentiges Vakuum.

Professor Feetle zog seine Klage zurück und widmete sich erneut seiner Erfindung. Danach aber, so wird weniger wohlwollend berichtet, warf die Zensur ihren Mantel über die weiteren Vorgänge. Man munkelte, daß der §-Antrieb nach dem Einschalten seine Energie aus unbekannter Quelle bezog – einer ihrem Wesen nach unbegrenzten Energie; daß um große §-Geräte ganze Schiffe gebaut und in ein unbekanntes Medium hinausgesandt wurden, für das selbst das Licht zu grob sei, um es zu durchdringen; daß nicht alle diese Schiffe wiederkehrten; daß im großen All oder vielmehr Nichtall böse Geister lebten.

Aus all dem ging das Standardraumschiff § hervor, ein riesengroßes Schiff, das Tausenden von Besatzungsmitgliedern Platz bot und dessen Antrieb ihm die ganze Galaxis erschloß. Ein solches Raumschiff war die *Jocasta*; ihre Geschwindigkeit stellte sich logarithmisch dar. Die Zahl der Beschleunigungsstunden wurde zum Exponenten der Einheit 10; damit war ihre Geschwindigkeit in Stundenkilometern ausgedrückt. Wenn die §-Schiffsuhr also eine 2 zeigte, so bedeutete das, daß der Antrieb schon zwei Stunden arbeitete und die Geschwindigkeit des Raumschiffes im Verhältnis zum Startpunkt 10^2 oder hundert Stundenkilometer betrug.

O ja, dachte Aton, während seine Kapsel schräg in eine Kurve ging, die §-Raumschiffe kommen nur langsam in Gang. Aber eine Anzeige von 8.83 auf der Schiffsuhr bedeutete, daß die Lichtgeschwindigkeit von 300 000 Kilometern in der Sekunde bereits überschritten war. Dann war es bis zum Lichtjahr pro Sekunde nicht mehr fern, und die 16 war bereits das Signal für den Beginn der Gegenbeschleunigung, da der Antrieb nicht abgestellt werden konnte, solange die Uhr eine Zahl zeigte, und da das Schiff bei höherer Geschwindigkeit aus der Galaxis herausgeschleudert worden wäre.

Somit konnte in anderthalb Tagen objektiver Erdzeit ein solches Raumschiff jeden Punkt der Galaxis erreichen.

Die Kapsel verlangsamte ihr Tempo und lenkte Atons Gedanken wieder auf die Gegenwart. Das Gefährt stieß durch die Schleuse und trat in normale Druckverhältnisse ein. Seine Reise, in Metern wie auch in Lichtjahren gemessen, war zu Ende.

5

Captain Moyne erwartete ihn ungeduldig. Aton hatte sie noch nicht persönlich kennengelernt, aber sie hatte etwas Unverwechselbares. Sie war eine hübsche Frau unbestimmten Alters und wirkte in der Uniform der Handelsflotte adrett und streng. Ihre Lippen waren fast farblos, das Haar trug sie im Helm unter einer enganliegenden Kappe zusammengedreht. Ihr Gesicht zeigte auch nach vierundzwanzig Jahren im Weltraum noch keine Spuren des Verfalls. Bei der Mannschaft war sie herzlich unbeliebt, und sie kultivierte diese Aversion.

Warum war sie allein? Wenn ein Notfall eingetreten war, mußten doch wenigstens die Schiffsoffiziere bei ihr sein, wenn sie vielleicht auch nichts unternehmen konnten. Und was hatte sie überhaupt in einem obskuren Laderaum zu suchen?

»Fünf«, sagte sie ohne Einleitung. »Die Kühlanlage von Sieben ist kaputt. Wir haben nur dreißig Minuten Zeit.«

Aton folgte ihr in den Laderaum. »Captain, ich glaube, Sie haben sich den falschen Mann holen lassen. Ich bin Maschineningenieur.«

Mit geübter Hand öffnete sie einen Wandschrank und holte zwei Raumanzüge heraus. »Sie sind genau der richtige Mann.«

»Hören Sie, ich kann kein Kühlsystem reparieren ...«

Der Captain drehte sich um, packte ihn mit schmaler Hand beim Hemd, zog den Reißverschluß auf, griff hinein und zerrte ein dünnes Heft heraus, das in einer Innentasche steckte. »Ist das etwa kein verbotenes Exemplar unserer Schiffsliste?« fragte sie.

Damit hatte sie ihn am Gängelband. Wenn dieser Verstoß vor Gericht kam, brachte er ihm mindestens zwei Jahre Gefängnis und den lebenslänglichen Entzug der Raumfahrerlizenz ein. Die Schiffsliste eines Handelsraumers war ein Geheimdokument.

»Sie sind hier der Boß, Captain«, sagte er.

Sie warf ihm einen Anzug hin. »Ziehen Sie das an.«

Er zögerte. Mit seiner schweren Kleidung kam er in den leichten Anzug bestimmt nicht hinein.

Der Captain erriet seinen Gedanken sofort. »Ziehen Sie sich aus. Für falsche Scham haben wir wirklich keine Zeit.« Schon stieg sie aus ihrer Uniform – die dünne Unterwäsche enthüllte eine erstaunlich wohlproportionierte Figur – und schlüpfte geschickt in ihren Raumanzug.

Aton folgte ihrem Beispiel, ohne recht zu wissen, was von ihm erwartet wurde. Sie ließ ihn nicht lange im Zweifel.

»Wir haben vielleicht noch zwanzig Minuten Zeit, aber wir können es nicht darauf ankommen lassen. Wir müssen die Fracht von Sieben nach Acht umladen, wo die Kühlanlage noch funktioniert. Wir arbeiten zusammen, solange es geht, dann sichere ich Sie mit dem Hydranten ab. Sie müssen so schnell wie möglich machen, ohne allerdings die Kästen unnötig zu schütteln. Und jetzt an die Arbeit.«

»Mich mit dem Hydranten ...? *Was ist in dem Laderaum?«*

Sie hob einen Kasten auf und trug ihn hinaus. »Turlingianische Aphiden.«

Der Kasten in seinen Händen zitterte, als er den Sinn ihrer Wort erfaßte. Taphiden! Raumschifffresser!

Während der Arbeit erklärte sie ihm in abgerissenen Worten die Lage: »Es sind Insekten, Maden. Auf manchen Planeten gelten sie als Delikatesse. Sie müssen lebendig befördert werden, aber bei niedriger Temperatur bleiben sie im Winterschlaf. Nur wenn es wärmer wird, beginnen sie sich zu rühren. Fressen zuerst ihre Kisten, dann die Fracht. Schließlich alles andere, einschließlich der Mannschaft. Sie sind nicht aufzuhalten; sie fressen sich mit der Zeit auch durch Metall. Man muß sie kalt und ruhig halten. Und die Uhr steht auf 13. Wir können nicht abspringen.«

Das war ziemlich untertrieben ausgedrückt. Physikalisch war es einfach unmöglich, ein Schiff zu verlassen, das mit Überlichtgeschwindigkeit flog; für seine Mannschaft existierte der äußere Weltraum einfach nicht. Mit fünf Stunden Gegenbeschleunigung konnten sie die Geschwindigkeit unter die Lichtgrenze drücken – wenn sich der Hunger der Taphiden solange bezähmen ließ. Und die wirtschaftlichen und politischen Folgen ...

»Ist die Fracht legal?«

»Seien Sie nicht naiv. Warum habe ich wohl ausgerechnet nach Ihnen geschickt?«

Warum wohl? Der Captain war anscheinend eine rücksichtslose Geschäftsfrau. Genaugenommen konnte kein interstellarer Handelstransport als illegal gelten, da kein Planet seine Gesetze über den unmittelbaren Einflußbereich hinaus durchzusetzen vermochte und es keine weiterreichende offizielle Rechtsprechung gab. Doch mit der Zeit hatte sich ein gewisses Gewohnheitsrecht herausgebildet, das immer mehr an Bedeutung gewann und das überdies durch das allgemeine Interesse gefördert wurde, Handel und Verkehr zu beleben, insbesondere zwischen Planeten, die auf Prestige Wert legten. Eine konkrete Gesetzgebung und Polizeimacht für den gesamten Sektor existierten nur auf dem Papier; der Gedanke an eine solche Machtkonzentration beunruhigte die fanatisch auf ihre Unabhängigkeit bedachten Kolonien mehr als Gesetzesüberschreitungen.

Aber ein Verstoß gegen das Gewohnheitsrecht brachte den Betroffenen auf vielen reichen Welten in Acht und Bann, was sich kein Handelsschiff leisten konnte. Der Captain hatte also gute Gründe, die Schiffsliste geheimzuhalten.

Die Hälfte der Kästen wurde umgeladen, ohne daß es einen Zwischenfall gab. Dann ging es los. Der Kasten, den Aton gerade trug, buchtete sich aus. Stecknadelgroße Löcher erschienen auf der Oberfläche und vergrößerten sich. Durch die dicken Handschuhe spürte er deutlich, daß sich drinnen etwas bewegte; gleich darauf quollen überall harte weiße Maden heraus. Die Taphiden wurden munter.

Aton betrachtete einen gefährlichen Augenblick lang die sandpapierhäutigen Gliederfüßler, dann ließ er den Kasten fallen. Er zerbrach und setzte ein Flut schleimiger Körper frei. Die Maden witterten ihn mit sicherem Instinkt und krochen einer weißen Woge gleich über den Boden.

»Helmscheibe!« brüllte der Captain hinter ihm. Er schloß seinen Helm gerade noch rechtzeitig; im nächsten Augenblick schoß eine Ladung Gefrierschaum auf ihn zu. Sie hatte den Hydranten geöffnet und richtete den Schlauch auf ihn. Jetzt verstand er, wozu die Anzüge dienten. Der Schaum hätte ihn in wenigen Minuten getötet, wenn er ohne Schutz gewesen wäre.

Die Maden am Boden rollten sich zusammen, blieben liegen und

fielen wieder in Winterschlaf. Aber schon bewegten sich die anderen Kästen. Er hörte die Stimme des Captains über dem Sausen der Luftversorgung seines Anzugs: »Schnell, ich kann immer nur einen Kasten absichern.«
Geistig und körperlich ekelte ihm vor der Berührung der Kästen; aber er wußte auch, was ein Zögern jetzt bedeutet hätte. Er nahm den geborstenen Behälter auf und trug ihn in den gekühlten Laderaum. Der Captain stand im Türrahmen und besprühte abwechselnd Aton und die noch in Sieben lagernden Kästen. In gefrorenem Zustand waren die Taphiden ungefährlich – aber die Toleranz war gering. Wenn der Hydrant aussetzte ... Aton trieb sich zur Eile.
Er reinigte sich in den Räumen des Captains, denn er konnte es sich nicht leisten, über seine Tätigkeit im Laderaum Sieben befragt zu werden. Außerdem war die Uniform, die er in der Eile hatte liegen lassen, vom Schaum durchweicht. Schließlich gab es zwischen ihm und dem Captain noch einiges zu besprechen, ehe sie wieder auseinandergingen.
Als er aus dem Bad kam, hatte sich der Captain in einem schlichten Kleid auf einer Couch zurückgelehnt. Ihr aufgelöstes Haar fiel in dunkelbraunen Locken herab. Sie wirkte jung, zu jung für die Kühnheit und Energie, die er an ihr beobachtet hatte. Aber der Schein trog; sie war zäh, und ihm stand ein harter Kampf bevor. Es konnte verhängnisvoll sein, sich durch ihre Pose aus dem Gleichgewicht bringen zu lassen.
Aton zählte sich seine Trümpfe auf; er hatte ihr einen Dienst erwiesen und dadurch vielleicht das Raumschiff gerettet; außerdem wußte er manches, das ihre Entlassung aus der Handelsflotte bewirken konnte. Dagegen war sie noch der Captain, hatte die Befehlsgewalt an Bord und besaß ihrerseits Informationen über ihn. Die Waagschalen waren also ausgeglichen, sofern nicht einer einen Fehler beging oder die Nerven verlor.
»Setzen Sie sich, Aton«, sagte sie und wies neben sich auf die Couch. Ihre Stimme klang sanft, fast melodisch. Er stutzte und erkannte sogleich, daß sie mit ihm spielte. Suchte sie mehr als einen Helfershelfer? Oder hatte sie sich ganz nüchtern dazu entschlossen, ihre Lage mit sexuellen Mitteln aufzubessern? Wie weit ließ sie ihn gehen?

»Das Tarifsystem«, sagte sie und begann so den Waffengang, »ist eine überaus praktische Methode, die gerechte Entlohnung der Mannschaft eines Handelsschiffs zu gewährleisten.«
Das stimmte. Das System ging auf die Praktiken von Wal- und Robben-Fangschiffen der alten Erde zurück. Die Mannschaft erhielt statt eines festen Lohns einen bestimmten Anteil am Gewinn. Ein Tarif von einem Fünfzigstel bedeutete ein Fünfzigstel des Gesamteinkommens und so fort. Selbst ein Tarif von einem Zweitausendstel konnte noch eine ansehnliche Summe ausmachen, wenn die Reise erfolgreich verlief. So war jedes Besatzungsmitglied am wirtschaftlichen Erfolg des Unternehmens interessiert.
Aton nickte und hielt sich an das Gebot der bestmöglichen Verteidigung. »Der Transport von Taphiden wird sicher gut bezahlt.«
Sie lächelte. »Die Eigentümer erhalten natürlich hälftigen Tarif, das heißt die Hälfte der Einnahmen.«
»Und welchen Tarif bringen die Taphiden?«
Der Captain wollte nicht nachgeben. »Die Tarife der *Jocasta* gehen für einfache Mannschaftsmitglieder bis zu einem Viertausendstel.«
»Und ein erfahrener Maschinist bekommt ein Zweitausendstel«, sagte Aton und rückte näher. »Aber gewisse Dienstleistungen sind manchmal mit Risiken verbunden ...«
»In jedem Hafen müssen Teiltarife ausgerechnet werden ...«
»Und das Kühlsystem ist zu überprüfen ...«
»Für den Fall, daß ein Besatzungsmitglied abheuert und seinen Anteil verlangt ...«
»Oder daß sein nächster Verwandter ihn verlangt ...«
Ihre Augen waren grau, fast grün. »Darum ist die Schiffsliste ein umfassendes Handbuch mit genauen Angaben über jede Person an Bord.«
»Und über jede legale Fracht.« Ihr Haar schimmerte jetzt heller, fast kupferrot.
»Es als Unbefugter zu besitzen, ist strafbar ...«
»So strafbar wie der Transport der Maden«, schloß Aton.
Sie preßte die Lippen zusammen. »Allerdings ...«, sagte sie.
Aton küßte sie.

Er handelte durchaus überlegt, aus einem Bewußtsein der Macht über diese Frau heraus, und war bereit, ihr stillschweigendes Einverständnis mit allen erforderlichen Mitteln zu festigen. Etwas mehr als gegenseitiges Verpflichtetsein war schon erforderlich, denn keiner durfte es zulassen, daß der andere ihn vernichten wollte. Aber für Aton war das nur der Kampf des Intellekts um das Überleben. Seine Gefühle litten noch unter der vergeblichen Suche nach der Mignonne – falls diese überhaupt als solche existierte. Der Captain interessierte ihn nur als Komplikation, nicht als Frau.

Aber als seine Lippen die ihren berührten, glomm ein seltsames Feuer in ihm auf. Was geschickte Berechnung gewesen war, geriet auf einmal zur Wirklichkeit. Verlangen nach dieser Frau erfüllte ihn.

Sie machte sich von ihm los. »Warum haben Sie das getan?« fragte sie.

Aton unterdrückte seine Enttäuschung über die plötzliche Abweisung und beschloß die Frage geschäftlich aufzufassen. »Das mit der Schiffsliste? Na – wahrscheinlich aus den gleichen Gründen, aus denen Sie Taphiden schmuggeln.« Das Gespräch war uninteressant für ihn geworden. Er war ärgerlich – ärgerlich, daß er sich so leicht hatte erregen und zurückweisen lassen. Aber er hatte ihr doch die Wahrheit gesagt. Das beiderseitige Einvernehmen erforderte keine Preisgabe der geheimsten Beweggründe. Beide hielten sich das Gleichgewicht, und so mußte es bleiben.

Sie neigte sich zu ihm und ließ wieder ihren Zauber wirken. Was war mit ihr? Er mußte zugeben, daß er der Verlockung kaum widerstehen konnte; schon wieder regte sich das Verlangen in ihm. Sie war keine Frau, mit der man spielen konnte. Noch nie war er einer solchen Strategie ausgesetzt gewesen, und noch nie hatte er sich so empfänglich dafür gefühlt. Doch jetzt lehnte er es ab, auf das Spiel einzugehen; er wollte sie nicht wieder küssen.

»Was tragen Sie da – im Haar?« fragte sie. Sie stockte ein wenig bei ihrer Frage, und das beunruhigte ihn. Sie hatte etwas anderes sagen oder die Frage vielleicht anders stellen wollen. Er hatte die leicht affektierte Ausdrucksweise ihrem Rang zuge-

schrieben; doch jetzt sprach sie noch ebenso, obwohl sie nicht mehr den Captain vor ihm herauskehrte.
Er nahm die Pflanze aus seinem Haar. »Das ist meine Hvee. Sie lebt von Luft und Liebe – von der Liebe zu ihrem Träger. Wenn sie mir fortgenommen würde, müßte sie sterben.«
Sie nahm sie ihm aus der Hand. »Ich habe von dem Hvee-Märchen gehört«, murmelte sie und betrachtete die Pflanze. »Reizend!«
Wieder ärgerte sich Aton, eigentlich ohne Grund. Bisher hatte er die Taphiden auch für ein Märchen gehalten. Es war daher nicht verwunderlich, daß andere die besondere Eigenschaften der Hvee bezweifelten. »Ich zeige es Ihnen«, sagte er und nahm sie ihr wieder ab. Er legte die Pflanze auf einen Tisch am anderen Ende der Kabine und trat zurück.
Die Hvee hielt sich noch einen Augenblick in voller Blüte, dann begannen ihre Blätter zu welken. Aton holte sie hastig zurück; sogleich schöpfte sie neue Kraft und wurde wieder grün und frisch. »Das ist kein Märchen.«
Die Augen des Captains leuchteten. »Was für eine entzückende Liaison«, sagte sie. »Ihre Mutter hat sie Ihnen gegeben.«
Aton biß die Zähne zusammen. »Nein.«
Sie berührte lächelnd seine Hand. »Jetzt habe ich Sie verletzt.«
»Nein!« Dennoch weckte ihr verständnisvoller Blick das Bedürfnis, sich zu rechtfertigen.
»Mein Vater heiratete ein Mädchen aus der Familie Zehn. Sie lebte zwei Jahre lang mit ihm, und die Hvees gediehen wie nie zuvor. Sie war gutherzig, aber sie starb im Kindbett.«
Der Captain zog ihre Hand nicht fort. »Sie brauchen mir das nicht zu erzählen, Aton.«
Aber nun mußte er es ihr sagen. »Anschließend ging Aurelius ins All. Sein Vetter, Benjamin Fünf, verwaltete unterdessen den Hof, damit die Hvees nicht eingingen. Aurelius reiste überall in der Galaxis herum und versuchte den Schicksalsschlag zu vergessen. Einmal mußte sein Schiff wegen einer dringenden Reparatur auf einem unbekannten Planeten niedergehen. Er – ließ sich dort mit einem einheimischen Mädchen ein und nahm sie mit, als er wieder abflog. Er brachte sie nach Hvee.«

Der Captain blickte in seine bekümmerten Augen. »Es ist wirklich nicht nötig ...«
»Sie blieb nur ein Jahr bei ihm – und verließ ihn dann. Ich nehme an, sie kehrte auf ihren hinterwäldlerischen Planeten zurück. Aurelius ging nicht noch einmal auf Reisen; er pflanzte Hvees und zog mich ganz allein groß.«
»Aber sie gab ihm die Kraft, weiterzuleben ...«
»Sie liebte ihn nicht!« schrie Aton und schüttelte ihre Hand ab. »Sie verließ ihn. Kein Mädchen von Hvee hätte so etwas getan. Und ich hatte keine Mutter, nicht einmal eine Stiefmutter!«
»Vielleicht verließ sie ihn nur, *weil* sie ihn liebte«, sagte der Captain. »Könnten Sie – könnten Sie das nicht verstehen?«
»Nein!« Er hob die Hand, als wolle er sie schlagen. »Wenn ich dieser Frau jemals begegne, bringe ich sie um. Und ich führe meinen Stammbaum auf die Familie Zehn zurück. Auf die Frau, die meines Vaters wirklich würdig war. Zehn!«
»Wie heftig Sie das sagen!« Der Captain wechselte das Thema. »In sechsunddreißig Stunden zeige ich Ihnen, wohin die Taphiden geliefert werden. Und jetzt gehen Sie, rasch!«
Aton verließ die Kabine.

6

Vier Wochen später luden Aton und der Captain im Frachtraum Acht die Kästen mit den Taphiden auf einen interplanetarischen Gleiter um. »Fliegt sonst noch jemand mit?« fragte er.
»Nein, niemand.«
Aton verrichtete schweigend seine Arbeit. Diese seltsame Frau würde ihm gewiß bald sagen, was hier vorging. Offenbar hatte sie den Laderaum in der Zwischenzeit persönlich gereinigt. Die beschädigten Kästen waren abgesichert worden.
Der kleine Gleiter legte im Schatten des Mutterschiffs ab. Durch die Sichtluken sah man das ruhige Licht der Sterne. Aton blickte müßig zu ihnen auf, während der Captain die Kontrollen bediente, und versuchte zu erraten, in welchem Teil der Galaxis sie sich befanden. »Als Raumfahrer«, sagte er und meinte da-

mit seine Jahre bei der Marine, »habe ich gelernt, daß man nie mit bloßem Auge in die Sterne sehen soll. Wenn man sie allzu lange anstarrt, können sie einem Löcher in die Netzhaut brennen.«
Sie schnaubte durch die Nase. »Als Raumfahrerin habe ich vor allen Dingen gelernt, Wirklichkeit und Phantasie voneinander zu unterscheiden.«
Aton lachte. Der Gleiter bewegte sich um das Raumschiff herum ins Sonnenlicht. Ein Schirm glitt über die Sichtluke und schützte sie vor der stärksten Strahlung. Zur Orientierung mußten sie sich jetzt an die Bildschirme halten. Der Captain steuerte das kleine Schiff von der Kreisbahn hinab in die äußeren Schichten der Atmosphäre.
»Dies ist ein Außenposten der Xests«, sagte sie.
»Ich weiß immer noch nicht über Phantasie und Wirklichkeit Bescheid. Meinen Sie, daß es die Xestianer tatsächlich gibt?«
»Die Xests. Es gibt alles, wenn Sie nur weit genug reisen«, ergänzte sie. »Die Xests stehen nur selten in Verbindung mit menschlichen Welten, wenn sie vielleicht auch die stärkste nichtmenschliche Gruppe von Lebewesen in unserem Sektor der Galaxis sind. Zufällig lautet ihre Devise ›Leben und leben lassen‹, und sie brauchen uns nicht. Nun ist dieser Außenposten den menschlichen Handelsrouten so viel näher als ihren eigenen Verbindungen, daß sie mit uns doch Geschäfte machen wollen. Die *Jocasta* gehört zu den Handelsschiffen, die private Aufträge für sie durchführen.«
»Und die Xests essen Taphiden?«
»Vielleicht. Vielleicht richten sie sie auch zu Haustieren ab. Wir wissen es nicht. Jedenfalls haben sie die Fracht bestellt. Sie zahlen gut, und ihr Ruf als Kaufleute ist ausgezeichnet.«
Aton schüttelte den Kopf. »Nun dachte ich wirklich, ich hätte schon alles gesehen, aber das... Wenn allerdings so viele Mythen Wahrheit sind...« Er ließ den Satz unvollendet; er dachte an die Mignonne.
Sie blickte ihn von der Seite an. »Da gibt es leider eine Schwierigkeit.«
»Natürlich. Deshalb ist Maschinist Fünf ja mit von der Partie.«

»Die Xests sind asexuelle Wesen. Es fällt ihnen sehr schwer, das menschliche System zu begreifen. Unsere Vertreter konnten es ihnen teilweise erklären, aber die Mißverständnisse sind noch nicht ganz ausgeräumt. Sie glauben, daß jeder Mensch aus zwei Wesen zusammengesetzt ist – aus einem männlichen und einem weiblichen.«

»Tatsächlich?«

»Dem Vorstellungsvermögen der Xests gehen die Nuancen nicht ganz ein.« Sie runzelte die Stirn. »Das Protokoll gebietet, daß ich als Captain persönlich meine Aufwartung mache. Aber für sie ...«

»Sind Sie allein nur ein halber Captain!« Aton klatschte sich auf die Knie. »Ein schlimmer Verstoß gegen die Etikette.«

»Sie haben's erfaßt.«

Im Vergleich zum Menschen waren die Xests recht klein und wogen, auf die Erdanziehung umgerechnet, kaum hundert Pfund. Allerdings betrug die Gravitation hier gerade ein Viertel der irdischen Norm. Acht empfindliche Auswüchse sprossen symmetrisch wie Finger aus dem kugelförmigen Körper der Fremden. Eine Verständigung war nur durch die galaktische Zeichensprache möglich; mit akustischen Äußerungen wußten sie nichts anzufangen.

Das Protokoll forderte weiter, daß man die Besucher von der Erde eine bestimmte Zeitlang bewirtete und Geschenke mit ihnen austauschte. Die Xests waren halbtelepathisch; auf Gefühle konnten sie unmittelbar reagieren, sprachen jedoch nicht auf konkrete Gedanken an. Sie glaubten, daß die Ehren, die man den Besuchern erwies, automatisch gefielen. Captain Moyne überreichte ihnen mehrere Notzylinder Sauerstoff – ein Gas, das für sie ebenso kostbar war wie für den Menschen –, und als Gegengabe erbot sich ein Küstler, ein Porträt des Menschenwesens anzufertigen.

Es dauerte nicht lange, bis der Sprecher der Xests auf das beliebteste Rätsel zu sprechen kam: die Doppelnatur des Menschen. »Zwei Spezies ergeben einen Menschen?« signalisierte es. »Ein Spezies, zwei Geschlechter«, gab Aton zurück.

»Ja, ja, eine Spezies männlich, andere weiblich.«
»Nein, nein – Männchen und Weibchen sind *eine* Spezies, Homo Sapiens.«
»Und bilden Einheit?« fragte das geschlechtslose Wesen.
Das war wohl ein Ausdruck für die xestsche Vorstellung von der Blutsverwandtschaft. »Nein, zu eng«, setzte Aton an, aber dann gab er auf.
»Nie verstehen«, schloß das Xest verwirrt. »Feuer und Wasser gemischt ergeben den Menschen. Unvermeidliche Vernichtung – aber das ist Ihr Problem. Sprechen wir geschäftlich.«
Die Gastgeber hatten Verständnis dafür, daß ihre Besucher periodenweise Schlaf brauchten. Das Menschenwesen wurde großzügig untergebracht: in einem Schlafzimmer mit Bad, Küche und allem Zubehör einschließlich Bett.
»Na schön«, sagte Aton. »Wer kriegt es?«
»Ich«, antwortete der Captain fest.
»Finden Sie nicht, daß wir gerecht teilen sollten?«
»Nein.«
»Soll ich mich beim Gastgeber beschweren?«
»Das wäre äußerst unhöflich. Sie dürfen verschwinden, während ich mich ausziehe.«
»Aber wo soll *ich* denn schlafen?«
»Sie können es sich später auf dem Boden bequem machen.«
Als er wieder hereinkam, saß sie im Bett und trug das dünnste Nachthemd, das er je an einer Frau gesehen hatte. Offenbar war das Spiel noch nicht zu Ende, und es konnte kein Zweifel bestehen, daß sie gut vorbereitet war. Wieder wurde ihm die unter der Uniform sonst nicht sichtbare frauliche Figur in aller Schönheit offenbart. Die Frau reizte und ärgerte ihn zugleich, und der Gedanke, daß sie das genau wußte, war ihm nicht gerade angenehm.
Aton setzte sich auf den Bettrand. »Was für ein Geheimnis umgibt Sie, Captain? Sie haben einen Körper wie ein junges Mädchen, wie ein reifes Mädchen – dabei müssen Sie mindestens fünfzig sein.«
»Die Jahre im All sind kurz«, sagte sie. Sie behielt die Kappe auf; von ihrem Haar war nichts zu sehen.

»So kurz nun auch wieder nicht.«
»Lassen Sie einer Frau ihre kleinen Geheimnisse, dann läßt sie Ihnen vielleicht die Ihren.«
Das war eine deutliche Anspielung. »Was wissen Sie über meine Geheimnisse?«
Sie beugte sich vor, bis das Bettuch auf ihre schmale Taille hinabglitt und das Nachthemd eng anlag. »Die Schiffsliste. Sie haben sich damit über alle weiblichen Mannschaftsmitglieder an Bord informiert. Sie suchen eine bestimmte Frau.«
Sie wußte es also. Auf einmal empfand er ein starkes Bedürfnis darüber zu sprechen, ihr das Geheimnis zu enthüllen, das ihn vier Jahre lang von Planet zu Planet und von Raumschiff zu Raumschiff getrieben hatte. Die Sinnlosigkeit dieser Suche, das schwierige Überprüfen gestohlener Passagier- und Gehaltslisten, die fast schon erwartete Enttäuschung – all das bedrückte ihn sehr. Er konnte die Last nicht länger allein tragen. Dann merkte er, daß sie ihn in den Armen wiegte und seinen Kopf an ihre pochende Brust drückte. Sie hielt ihn eng umfaßt und strich ihm über das Haar, während die schmerzvollen Erinnerungen ihn überwältigten. »Ich liebe eine Illusion«, flüsterte er. »Ein Mädchen mit einem Lied spielte mit mir im Wald ihr Liebesspiel, und ich finde keine Ruhe, bis das Lied vollendet ist. Ich muß sie finden, obwohl ich weiß ...«
»Wer ist sie?« fragte der Captain sanft.
Wieder überfluteten ihn quälender Schmerz und eine Verzweiflung, die er allzu lange eingedämmt hatte. »Sie hieß Malicia«, sagte er, »und das war wohl gleichnishaft gemeint. Sie ist eine Sirene, eine Mignonne, deren Trachten nur darauf gerichtet ist, Männer zu quälen. In dieser Verkleidung gab sie mir die Hvee. Wenn sie wirklich existiert, bin ich verloren; wenn nicht, so war mein Leben nur ein Traum, ein sanfter Alptraum.«
Sie beugte sich nieder und küßte ihn mit heißen Lippen. »Liebst du sie so sehr, Aton?«
»Ich liebe sie! Ich hasse sie! Ich muß sie haben.«
Sie küßte ihn auf die Wange, auf die Lider. »Könnte es keine andere Frau für dich geben? Keine andere Liebe?«
»Nein – solange das Lied nicht vollendet ist. Erst wenn ich weiß,

was niemand weiß, was kein Buch enthüllt. O Gott, was täte ich aus Liebe zu Malicia ... nur um sie bei mir zu haben.«
Sie hielt ihn umschlungen, und bald fiel er, noch voll angekleidet, in einen unruhigen Schlummer. Dabei war ihm, als hörte er sie noch sagen: »Es war so süß, so süß.«

Am nächsten Tag wurden die Verhandlungen über neue Geschäfte abgeschlossen, und Aton und der Captain bereiteten sich auf die Rückkehr zur *Jocasta* vor.
»Wir danken Ihnen, Menschenwesen«, gab das Xest durch Zeichen zu verstehen. »Zum Abschied überreichen wir Ihnen unser Geschenk – Ihr Porträt.«
Ein großer verhüllter Rahmen wurde gebracht. Aton fragte sich, wann der Künstler wohl hatte arbeiten können, wenn weder er noch der Captain ihm gesessen hatten. Es mochte natürlich sein, daß seine Technik sehr subjektiv war.
Das Porträt wurde enthüllt. Es war ein Netzgewebe – bunte, über den leeren Rahmen gewobene Fäden, die in kunstvollen Parallelen, Schräglinien, Winkeln und Bögen verliefen, sich kreuzten, einander berührten und eigentümliche dreidimensionale Muster bildeten wie ein farbenfroher Altweibersommer. Zuerst sah er keinen Sinn darin; dann jedoch, als sein Gefühl durch klug angebrachte Leitfäden angelockt wurde und auf das Werk anzusprechen begann, fügte das Ganze sich zusammen und ergab das seltsame, lebensechte Abbild einer Waldszene.
Zwei Menschen waren auf dem Bild dargestellt, durch den fremden Zauber zum Leben erweckt, einander ähnlich und doch seltsam verschieden. Die eine Gestalt war eine auffallend schöne Frau, deren Haar wie Feuer loderte; die andere ein kleiner Junge mit einem riesigen Buch in den Armen und naivem Staunen im Gesicht.
Aton starrte gebannt auf das Bild. »Sind das wir beide?«
»Unsere Kunst ist nicht leicht zu erklären«, gab das Xest zu verstehen. »Wir begreifen die wahre Natur des Menschen nicht und haben das Porträt so angefertigt, wie Sie den männlichen und den weiblichen Teil Ihres Wesens sahen, als Sie zum erstenmal bewußt zusammenkamen.«

Aton wandte sich langsam Captain Moyne zu. Er sah die Tränen, die in ihren tiefen grünen Augen glänzten.
»Vielleicht blieb ihr nichts anderes übrig, als sich zu verbergen«, sagte sie. »Die – die Liebe zu diesem Mann würde sie, wie man so sagt, alles, aber auch alles kosten.«
Er hob langsam die Hand und zog ihr die enge Kappe vom Kopf.
Das wogende Feuer ergoß sich über ihre Schultern.
Aton berührte den lebendigen Schimmer ihres Haares. »Du!« sagte er.

III. Kälte

§ 400

7 Hastings ließ sich schwerfällig neben Aton nieder, sein massiger Leib dampfte. »Ich hab's versucht«, sagte er traurig. »Ich hab's wirklich versucht – aber ich bringe einfach keinen Granatstein heil aus der Wand heraus. Ich bin ein Pechvogel.«

»Du bist zu fett«, murmelte Framy tröstend von der anderen Seite her. »Dein Bauch läßt dir keine Ruhe. Kannst dich glücklich schätzen, wenn du die Steine überhaupt siehst. Von Rankommen ist ja gar keine Rede.«

»Ich käme schon dran, wenn ich durch den Schweiß etwas erkennen könnte«, sagte Hastings und wischte sich die Feuchtigkeit aus den Augen. Wenn Framys Sticheleien ihn störten, so zeigte er es nicht. »Ich bin doch ganz geschickt mit den Händen, aber diese Hitze ... Manchmal wünschte ich mir wirklich einen Kälteanfall.«

»Die Kälte! Davon hab ich gehört. Heute kriegst du keinen Stein von mir, Hasty, die Kälte würde dich umbringen.«

Hastings kniff die Augen zusammen. Aton saß gespannt da, denn er wußte, daß Hastings niemals versucht hätte, selbst einen Granatstein zu schürfen, wenn sein Vorrat nicht knapp gewesen wäre und er eine einträgliche Diskussion witterte. Sobald er einmal hungrig wurde, gab es Abwechslung im monotonen Gefängnisleben – und Framy, der nach der Enttäuschung mit dem blauen Granatstein mehrere Essenpausen hindurch nur wenig gesagt hatte, war vielleicht wieder zu einem Spiel bereit. »Bist du sicher, daß du genug über die Kälte weißt?« fragte Hastings leise.

»Was gibt's da schon zu wissen?« Framy zupfte an einem gespaltenen Fußnagel. »Ein guter Freund von mir ist dran gestorben, damals auf – ach, lassen wir das. Er hatte auf irgendeinem Planeten eine kleine Rechnung zu begleichen und wußte nicht, daß die Kälte dort umging. Wußte auch nicht, daß er sie sich eingefangen hatte – bis es zu spät war. Ich dachte schon, ich würd' sie mir noch von ihm holen – ich konnte mich doch ebensowenig beim Arzt blicken lassen wie er. Er wurde einfach kälter und kälter und starb.«

»Auf Hvee – das ist meine Heimat – war '305 eine Epidemie«, warf Aton ein, da er bemerkte, daß Framy Hastings schon wieder auf den Leim gegangen war und bald seinen Tribut zahlen mußte. »Sie brach im ersten Monat des Jahres aus. Mein Urgroßvater Fünf verlor durch sie seine Eltern. Sie löschte ein Drittel der Planetenbevölkerung aus.«

»Eine Pandemie, keine Epidemie«, sagte Hastings. »Wußtet ihr, daß sie regelmäßig alle achtundneunzig Jahre auftritt und daß bisher etwa die Hälfte aller Welten des menschlichen Sektors von ihr heimgesucht wurde? Daß sie nicht ansteckend ist? Daß sie gerade jetzt auch auf der Erde wütet?«

Framy hatte zu den listig gestellten Fragen hartnäckig geschwiegen, aber schließlich brach sein Widerstand doch. Er konnte es einfach nicht ertragen, wenn jemand etwas wußte, das ihm unbekannt war, selbst wenn ihn das Thema eigentlich gar nicht interessierte. »Du bist schon länger hier als ich«, rief er. »Du weißt nichts von der Erde.«

Hastings lehnte sich behaglich zurück. »Aber anscheinend etwas über die Kälte.« Und er wartete selbstgefällig.

»Über die weiß ich auch Bescheid. Mein Freund ist daran gestorben. Wenn der Arzt nur den Mund gehalten hätte ...«

»Die Kälte ist nicht heilbar«, erwiderte Hastings. Aton runzelte die Stirn.

»Du lügst«, sagte Framy ohne rechte Überzeugung. »Es sind schon viele Leute gerettet worden. Man muß aber spätestens am zweiten Tag mit der Behandlung anfangen.«

»Auch dann gibt es keine Heilung.«

Schließlich verlor Framy trotz verzweifelter Rückzugsgefechte doch seinen Granatstein. Die anderen scharten sich um die beiden, und der Strom der Informationen begann zu fließen.

»Die Menschheit«, sagte Hastings in einem Ton, der die Stehenden bewog, sich einen Sitzplatz zu suchen, »überschritt die Grenze der Lichtgeschwindigkeit, um Tausende von Lichtjahren von der Heimat entfernt neue Kolonien zu gründen. Dabei überfiel sie die Kälte völlig unvorbereitet. § 25 meldete eine fast siebenhundert Lichtjahre weiter zum Mittelpunkt der Galaxis hin gelegene, ganz neue Kolonie (auf die genauen galaktischen Koordinaten gehe ich heute nicht ein, das behalte ich mir für einen anderen Granatstein vor) den ersten Fall. Ein junger Arbeiter der Pflanzergruppe kam in die Klinik, weil er über plötzlichen Schüttelfrost klagte. Die Anfälle dauerten zwar nur eine oder zwei Minuten, aber er meinte, er habe sich gewiß irgendwie angesteckt. Der Arzt setzte ihn einem Wärmemesser aus, stellte kein Fieber fest und schickte ihn wieder aufs Feld. Die Kolonisierung war keine einfache Sache, und die Faulen durften nicht geschont werden. Der Vorfall wurde ordnungsgemäß in die Unterlagen eingetragen und vergessen.

Fünf Tage danach (Erd-Zeit natürlich – für den Stein gibt's nicht auch noch eine vergleichende Chronologie) erschien er wieder mit einer Nachricht vom Aufseher: Er leiste nicht viel und nehme seine Fehler allzu leicht. Was war mit ihm los? Der Arzt hantierte wieder mit dem Wärmemesser, entdeckte kein Fieber – im Gegenteil, die Körpertemperatur des Mannes lag mehrere Grade unter der Gefahrengrenze – und wies ihn einer Strafmannschaft zu.

Erneut vergingen drei Tage. Jetzt brachte ein Freund den Kranken ins Hospital. Der Mann ließ sich beim besten Willen nicht mehr dazu bringen, seine Arbeit zu tun. Er befand sich in einem Zustand angenehmer Betäubung, und es war allgemein bekannt, daß er in den letzten Tagen keinen Alkohol angerührt hatte. Er aß überhaupt nichts mehr. Und da er schon mal da sei, erzählte der Freund, könnte er auch gleich berichten, daß er selbst vor ein paar Tagen ein seltsames Gefühl der Kälte verspürt hätte. Als sei ein kalter Lufthauch über ihn hinweggestrichen, der ihn frösteln ließ, obgleich niemand sonst etwas spürte. Nach einer Minute sei es vorbei gewesen, und jetzt fühle er sich gut, ja sogar besser denn je! Trotzdem ... Der Arzt richtete automatisch den Wärmemesser auf ihn, stellte kein Fieber fest, entließ ihn, nahm wieder eine Eintragung in seine Unterlagen vor (er war ein verantwortungsvoller Arzt) und nahm sich des müden Arbeiters an.

Die Körpertemperatur des Patienten betrug 297° K und sank weiter ab. Das bedeutete eine ungewöhnliche Abweichung von der menschlichen Normaltemperatur von 310° K, und der Arzt war beunruhigt. Alle Symptome bezogen sich auf die Kälte; wodurch sie hervorgerufen wurde, blieb ungeklärt. Nach einiger Zeit starb der Patient, und der Tatbestand wurde in vorgeschriebener Weise vermerkt. Man schickte routinemäßig einen Bericht zur Erde, wo er im bürokratischen Wirrwarr unterging und vergessen wurde.

Inzwischen hatte die Kälte drei weitere Männer befallen, darunter den Freund des Verstorbenen. Sie waren nicht wirklich krank – das heißt, sie hatten kein Fieber –, aber der Arzt begann zu ahnen, daß er es mit einem besonderen Problem zu tun hatte, auf dessen Behandlung er nicht eingerichtet war. Er nahm die Sache nicht auf die leichte Schulter, behielt zwei Patienten zur Beobachtung da und schickte den dritten zur genaueren Untersuchung direkt zur Erde. Dort wurde er von der wachsamen Quarantänebehörde zur richtigen Einweisung zurückbehalten. Zwar war er, als man den diensthabenden Stabsarzt verständigt hatte, bereits tot, aber wenigstens hatte man sich bis zum letzten Buchstaben des Totenscheins an die Vorschriften gehalten. Die Autopsie enthüllte die Todesursache: ein Versagen lebenswichtiger Gewebe aufgrund einer zu niedrigen Temperatur. Das natürliche Regulationssystem des Körpers hatte versagt. Die Ursache *dafür* fand man allerdings nicht.

Einen Monat später war mehr als die Hälfte der zweitausendköpfigen Koloniebevölkerung tot, und immer mehr Menschen starben. Der Planet wurde unter Quarantäne gestellt. Die Erde schickte Versorgungskapseln und rechnete die Kosten auf die Exportverpflichtungen der Kolonie an, weigerte sich jedoch, Menschen oder Waren von der Siedlung anzunehmen. Sechsunddreißig Tage nach Ausbruch der Krankheit – offiziell festgelegt auf den Augenblick, da das erste Opfer den ersten Schüttelfrost verspürte –, stellten noch zehn Männer und Frauen die alarmierenden Symptome an sich fest und brachten ihre Angelegenheiten in Ordnung, jeder wie es ihm und seiner Religion entsprach. Am nächsten Tag wurden keine neuen Fälle mehr bekannt, ebensowenig wie an den folgenden Tagen. Die zehn Opfer des letzten Tages gesundeten, und die Epidemie (dafür hielt man die Krankheit damals) hatte mit einem Schlag auf ebenso unerklärliche Weise ihr Ende gefunden, wie sie aufgetaucht war. Fünf Jahre lang stand die Kolonie danach noch unter Quarantäne; in dieser Zeit häuften sich ihre Schulden zu einem Berg, der erst in hundert Jahren wieder abgetragen sein konnte, aber es gab keine Rückfälle – weder hier noch anderswo.

Nach fünfzehn Jahren jedoch brach die Krankheit in einer fünfundzwanzig Lichtjahre entfernten Kolonie erneut aus. Der Krankheitsverlauf war der gleiche, nur verhängten die Behörden eine Quarantäne diesmal bereits wenige Stunden nach dem ersten Todesfall. Die Hälfte der Kolonisten war schon nach sechsunddreißig Tagen gefährlich infiziert; die übrigen überlebten. Die Menschheit atmete erleichtert auf, als keine neuen Ansteckungen mehr festgestellt wurden.

Nun kam es zu den erhitzten Debatten des ersten §-Jahrhunderts über die Kälte. Was war sie? Wie breitete sie sich aus? Auf die erste Frage gab es keine zufriedenstellende Antwort, während die zweite mehrere Möglichkeiten eröffnete. Eine besonders lautstarke Gruppe vertrat die Meinung, daß die Kälte sich über Ätherwellen verbreitete, die sich mit Lichtgeschwindigkeit fortbewegten, eine Art Todesstrahl, der ganze Planeten vernichtete und mit Verzögerung zum nächsten weiterzog. Man nannte diese Auffassung bald die Impulstheorie. Eine andere große Gruppe behauptete, die Ansteckung werde durch persönlichen Kontakt ausgelöst und die Krankheit durch einen kurzlebigen Virus übertragen, der bald darauf mutiere und seine Gefährlichkeit verliere – in der Regel nach sechsunddreißig Tagen. Ihre Ansicht wurde als Korpuskeltheorie bekannt.

Die Anhänger der Impulstheorie sollten nun beweisen, wie ein Impuls, der sich mit Lichtgeschwindigkeit fortbewegte, in nur zwanzig Jahren fünfundzwanzig Lichtjahre zurücklegen konnte. Dem wurde die Hypothese entgegengehalten, der einfallende Strahl ginge von irgendeinem dritten Punkt aus, der der zuerst befallenen Kolonie um zwanzig Lichtjahre näher lag als der zweiten. Man wartete ungeduldig auf den Ausbruch der Krankheit in einer dritten Kolonie, damit anhand des dann gegebenen Dreiecks der Krankheitsherd lokalisiert werden konnte. Zugleich forderte man die Anhänger der Korpuskeltheorie auf, ihrerseits zu erklären, warum sich in der Mond-Quarantänestation niemand die Krankheit zugezogen habe, obgleich ihr doch viele ausgesetzt gewesen seien, bevor man das ganze Ausmaß der Gefahr erkannte. Und warum die Kälte niemals vor ihrem vorausbestimmten Ende nachlasse, obwohl sie doch angeblich einem Abschwächungsprozeß durch Mutation unterliege. Darauf wurde erwidert, die Quarantäneexperten seien überaus vorsichtig gewesen, was ja dadurch bewiesen sei, daß sie sich nicht angesteckt hätten; und die Krankheit selbst lasse zwar nach, auch wenn die Symptome bei den Menschen unverändert blieben. Mit der Schwächung des Viruserregers sinke seine Wirksamkeit unter die erforderliche Grenze, so daß die natürlichen Abwehrkräfte des Körpers ihn abstoßen konnten.

Fünf Jahre später wurden beide Theorien auf die Probe gestellt. Eine dritte Kolonie wurde von der Seuche heimgesucht. Der dort praktizierende Arzt war leider zu sehr damit beschäftigt, gelehrte Abhandlungen zu veröffentlichen, wie sie in seiner Stellung zur Beförderung verlangt wurden, damit er über die medizinische Literatur auf dem laufenden blieb, und so erkannte er die Kälte erst, als sich bereits mehrere Todesfälle ereignet hatten. Inzwischen hatten infizierte Siedler bereits fünf weitere Planeten besucht – darunter auch die Erde. Aber obwohl die Mondstation somit umgangen war, trat außerhalb der befallenen Kolonie nicht ein einziger Krankheitsfall auf – trotz der Tatsache, daß die erkrankten Reisenden in öffentlichen Krankenhäusern erkalteten und starben. Die Anhänger der Korpuskeltheorie legten sich ins Zeug, diese Widersprüche zu erklären, aber es gelang ihnen nicht. Zu den Opfern gehörte auch ein bekanntes Callgirl, das seine Tätigkeit weiter ausübte, bis sich die Kundschaft über ihre spürbare Frigidität beschwerte. Sie starb, während ihre Kunden weiterlebten. Die Korpuskeltheorie war widerlegt.

Die Anhänger der Impulstheorie stürzten sich mit Begeisterung auf die dritte Koordinate und bestimmten durch Dreieckspeilung

den sagenhaften Krankheitsherd. Der dritte Punkt lag dreiundsiebzig Lichtjahre vom ersten entfernt; die Ortsbestimmung bereitete keine Schwierigkeiten. Ein mit Experten bemanntes Raumschiff wurde losgeschickt, stieß am Ziel aber nur auf leeren Raum. Wenn sich dort ein Infektionsherd befunden hatte, so hatte er sich längst verlagert. Und die verstimmten Anhänger der Korpuskeltheoric wiesen sofort darauf hin, daß zwischen den betroffenen Planeten und dem angeblichen Ausgangspunkt der Epidemie eine ganze Anzahl nicht befallener Kolonien lag. Wieso waren diese Planeten verschont geblieben? Suchte sich der Impuls seine Opfer etwa willkürlich aus? Jedenfalls konnte seine Richtung jetzt bestimmt werden. Freiwillige setzten sich ihm aus – und blieben verschont. Den Impuls gab es also gar nicht – und damit war auch die Wellentheorie hinfällig geworden.
Die Zeit verging, und die Angelegenheit wurde immer rätselhafter. Weitere Kolonien gerieten ins Unglück, aber sobald ein Opfer noch innerhalb eines Tages nach Auftreten des ersten Symptoms evakuiert wurde, erholte es sich sofort wieder. Wenn die Kälte wirklich eine ansteckende Krankheit war, warum setzten ihr dann Zeit und Ort so unberechenbare Grenzen? Und wenn es sich um einen Impuls handelte – warum entkamen ihm so viele?
Nach und nach fanden sich die so lange gesuchten Erklärungen, die zu einem Kompromiß führten. Zwar übertrug sich die Kälte tatsächlich in Form eines lichtschnellen Impulses, aber es handelte sich weder um einen einzigen noch um einen an einen bestimmten Ort gebundenen Impuls. Es gab vielmehr zahlreiche solche Strahlen, die ungefähr einen Lichtmonat breit und achtundneunzig Lichtjahre voneinander entfernt waren. Wo immer ein Impuls auf eine Kolonie traf, herrschte die Pandemie, bis er weitergewandert war. Aber innerhalb des Impulses wirkten offenbar bestimmte Infektionspartikel, die nur dem Gesetz des Zufalls unterlagen. Auch die weitere Entwicklung der Krankheit war im übrigen vermutlich vom Vorhandensein des Impulses abhängig und konnte beeinträchtigt werden, wenn man den Patienten sofort aus seiner Einflußsphäre entfernte. All das war für die Instrumente des Menschen nicht erfaßbar – wie der Äther selbst. Der Kranke erfuhr nur durch seinen Tod davon.

Der Ausgangspunkt war ganz einfach der Mittelpunkt der Galaxis. Zwischen der Menschheit und jenem Mittelpunkt existierten noch andere intelligente Lebensformen, die ebenfalls von Abarten der Krankheit heimgesucht wurden, und man erkannte bald, daß alle Forschungsarbeit nutzlos war. Die größte Bandbreite des Kälteimpulses betrug zwanzigtausend Lichtjahre, und seine Quelle war schon vor langer Zeit durch eine inzwischen ausgestorbene Spezies vernichtet worden. Ja, die Kälte hatte künstliche Ursachen; mehr wußte man nicht.

Überall in der Galaxis wurden jetzt Berechnungen angestellt, aus denen man das Wiedererscheinen des Impulses ableitete. Die Reichen retteten sich, indem sie im kritischen Monat auf Urlaub gingen, während die Mehrheit einfach abwartete und die Erkrankten aus dem Strahlenbereich schaffte, soweit man sie rechtzeitig fand. Zahlreiche Fälle wurden zu spät erkannt.

Auch die Erde«, schloß Hastings, »die dicht bevölkerte Erde mit ihren vielen Milliarden, die unmöglich zu evakuieren wären, konnte nur warten, bis der erste Impuls sie traf. Die Zeit ist herangerückt – das Jahr § 400. Ich bin froh, daß ich nicht dort lebe.«

Die Menge zerstreute sich. Hastings hatte die Gefahr bagatellisiert, aber insgeheim fürchteten alle die Krankheit. Denn niemand wußte genau, wo Chthon eigentlich lag.

Morgen schon konnte die Kälte sie befallen.

8

»He, Fünfer, Freund – weißt du, was mir eben mit Granat passiert ist?« Framy platzte fast vor Mitteilungsbedürfnis.

»Ich kann's mir denken.« Aton hörte auf zu schaben und setzte sich.

Framy sprach hastig weiter. »Sie hat mir eine ganze Ration umsonst gegeben. Ich hielt ihr meinen Stein hin, und sie nahm ihn nicht. Reichte mir nur meine Mahlzeit und ging weg, als ob sie träumte. So zerstreut war sie noch nie.«

Aton lehnte sich an die Mauer und rieb sich den Felsstaub von den Armen, während Framy aß. »Sie war nicht zerstreut.«

Framy redete mit vollem Mund. »Aber sie hat den Granatstein nicht ... Du meinst, es war Absicht?«
Aton nickte.
»Sie wär ja verrückt, wenn sie so was täte. Sie haßt mich fast so sehr wie dich.«
»Wirklich?« fragte Aton. Mit dem Haß ist das so eine Sache. Ich hasse die Mignonne ...«
Granat erschien und unterbrach das Gespräch. »Hast du 'n Stein?« fragte sie Aton brummig. Er hob wortlos die Hand. Sie nahm den Stein und ließ das Paket auf den Boden fallen.
Framy glotzte ihr nach, bis sie verschwunden war. »Gott in der Grube! So was hab ich noch nie erlebt! Sie ist ja verliebt in dich, Fünf!«
Aton riß sein Paket auf.
Der kleine Mann konnte es immer noch nicht fassen. »Das wär' doch aber kein Grund, *mir* einen Gefallen zu tun. Ich bin nicht der Typ dafür. Warum gibt sie *dir* das Essen nicht umsonst?«
Aton erklärte es ihm langsam, damit er es auch begriff. Aber Framy wollte ihm nicht glauben. »Du meinst, sie will nicht zeigen, daß sie in dich verliebt ist, und läßt es an mir aus? Weil ich dein Freund bin und sowieso nichts begreife?«
»Du hast's beinahe getroffen.«
»Das verstehe ich einfach nicht – absolut nicht.«

Sie brachten die halb aufgefressene Leiche mit, damit alle sie sehen konnten. Ein Mann war zu weit windabwärts gegangen – allein. Vielleicht hatte er wertvollere Granatsteine gesucht oder einen Ausgang aus den unteren Höhlen. Die Schimäre war über ihn gekommen. Zehn Minuten nach seinem schrillen Schrei waren die Helfer zur Stelle – aber da war er schon zehn Minuten tot. Die Schimäre hatte ihm Bauch und Magen aufgeschlitzt und die Eingeweide herausgerissen, und Augen und Zunge waren verschwunden. Es wurde berichtet, daß am Boden, wo er gelegen hatte und wo Blut geflossen und offenbar aufgeleckt worden war, lange dunkle Streifen geschimmert hätten.
»Ich gehe nie auf die Lange Reise«, sagte Hastings, dem übel geworden war. »Dafür bin ich viel zu zart besaitet.«

Die schwarzhaarige Schönheit blickte ihn schräg von der Seite an. »Ich hab gehört, da unten, windabwärts, auf der Langen Reise, gibt's noch viel schlimmere Sachen«, sagte sie. »Hat sich noch niemand selbst davon überzeugt. Man hört noch das Geheul der Tiermenschen, die früher einmal so waren wie wir, ehe sie erwischt wurden.«
»Und sie leben noch?« fragte Hastings und bereitete damit den Weg für ihre Pointe.
»Nee, aber sie heulen.«
Allgemeines Gelächter setzte ein. Der Witz war schon alt und vielleicht gar nicht mal so unzutreffend.
Da ist die Gelegenheit, dachte Aton. Heraus damit – solange es noch ganz natürlich klingt! Gib dich ganz unwissend – aber sag es offen heraus.
»Ich bin mir nicht sicher, aber ich glaube mal gehört zu haben, daß einer durchgekommen ist«, sagte er.
Framy ging sofort darauf ein. »Da soll wer geflohen sein? Da hat einer die Lange Reise geschafft?«
»Es muß einen Weg nach draußen geben«, sagte Hastings. »Wenn wir ihn nur finden könnten! Irgendwie muß die Schimäre doch hereingekommen sein.«
»Vielleicht sind die Viecher gar nicht hereingekommen«, sagte die Schwarzhaarige. Aton wußte ihren Namen noch nicht. Seit der ersten großen Diskussion hatte sie wiederholt ihr Interesse an ihm bekundet, ohne sich jedoch auf ein offenes Spiel einzulassen. Vielleicht fürchtete sie sich vor Granat – oder sie war einfach schlau. Jedenfalls reizte sie ihn mehr als Granat; sie konnte ihr Haar in einer Weise schütteln, die an die Sinnlichkeit eines Kleides erinnerte. Allzuschnell hatte er hier unten feststellen müssen, daß nichts so geschlechtslos ist wie völlige Nacktheit. »Vielleicht gibt's sie auch gar nicht!« fuhr sie fort. »Wir kriegen ja nie welche zu sehen.«
»Ich hab 'n Salamander gesehen«, setzte Framy an und brach ab.
»Ja, die Salamander«, sagte Hastings. »Das sind auch die einzigen Viecher, die man überleben kann. Darum nennen wir's ja auch Schimäre – weil's dem Wort entspricht: ein imaginäres

Ungeheuer. Aber *das* haben wir, bei Chthon, nicht geträumt!« Er warf einen raschen Blick auf die Leiche.
»Er war Arzt«, sagte Aton nachdenklich, »und völlig verrückt. Aber er war frei.«
Einige Köpfe wandten sich in seine Richtung. Die Unterhaltung stockte.
»Arzt?« schnaufte Hastings.
Mit offener Hand forderte Aton einen Granatstein, und alle lachten. »Vor etwa fünf Jahren, glaube ich. Man hat nie herausgefunden, wie ihm die Flucht gelungen ist. Er mußte in ein Irrenhaus.«
»Bedside!« rief jemand.
»Er hat geschworen, er schafft es ...«
»Es gibt also einen Weg!«
»Bist du ganz sicher?« wandte sich Hastings an Aton. »Weißt du den Namen noch?«
Und ob ich mich an den Namen erinnere, den ich mühsam aus dem Gefängnisbibliothekar herausholen mußte! Ich wußte doch, daß dieses Wort meine Freiheit bedeuten mochte!
»Er hieß nicht Bedside«, sagte er. »Sondern etwa Dr. med. Charles Bedecker. Er verlor natürlich seine Zulassung, als man ihn hier runterschickte.«
»Ja«, fiel Framy ein, »er mußte den Kittel ausziehen.«
»Ich kannte ihn«, sagte Hastings. »Hatte ihn schon fast vergessen. Wir riefen ihn natürlich nie bei seinem richtigen Namen. Er blieb ungefähr einen Monat hier – dann zog er los. Sein Gepäck bestand nur aus seiner Arzttasche und einigen Kleinigkeiten. Er sagte, er werde uns den Weg markieren, falls wir Mumm hätten, ihm zu folgen. Dabei war er nur ein kleiner, friedlicher Mann. Wir wußten, daß er nicht weit kommen würde.«
»Wie konntet ihr ihn gehen lassen?« fragte die Frau. »Wo er doch Arzt war ...«
»Krankheiten gibt's hier nicht«, erklärte Hastings. »Wir sind sterilisiert, vielleicht durch die Hitze, und der Tod tritt meist sehr plötzlich ein. Bedside war auch kein Mann, der sich von seiner Absicht abbringen ließ. Er war klein, aber was er so fertigbrachte ...«

»Das ist nicht verwunderlich«, sagte Aton. »Wußtet ihr nicht, weshalb er hier war?«
Hastings schnitt ihm das Wort ab. »Du erinnerst dich auf einmal recht gut. Aber diese Frage stellen wir hier nie. Das geht uns nichts an.«
»Es gibt also einen Weg«, sagte Framy und kostete das Wort ganz aus.
»Einen Weg in den Irrsinn«, sagte Hastings. »Das ist dasselbe wie der Tod.«
»Aber es ist ein Weg ...«
Das Zauberwort war ausgesprochen. Aton wußte, daß es sich wie der heiße Wind durch die Höhlen ausbreiten würde. Da war nun endlich der konkrete Hinweis auf einen Weg in die Freiheit. Bis sie ihn fanden, gab es keine Ruhe mehr für die Gefangenen.

9

Zehn Mahlzeiten später berief Bossman die Versammlung ein. Da die Essenpakete etwa alle zwölf Stunden ausgegeben wurden, etwa im Takt der Lieferungen durch den Aufzug von oben, waren draußen wohl fünf Tage vergangen. Aton fand die Unterscheidung sinnlos; kurze Zeitspannen wurden nach Mahlzeiten gemessen. Siebenhundert Mahlzeiten ergaben ungefähr ein Jahr.
»Muß was Wichtiges sein«, sagte Framy, als sie zusammenkamen. »Was furchtbar Wichtiges. So einen Alarm hatten wir noch nie.«
Aton überhörte seine Worte; er sah zum erstenmal die ganze Belegschaft der unteren Chthon-Höhlen. Es schienen Hunderte zu sein, wobei die Frauen bei weitem in der Mehrzahl waren. Die meisten kamen von anderen Schürfstellen und waren ihm völlig unbekannt. Große, kleine, struppige, runzlige, schöne, alte Menschen – jeder ein Individuum, jeder von der Gesellschaft und auch von seinen Mitgefangenen verurteilt. Der Inbegriff des Schlechten war hier verwirklicht.
Jeder einzelne hatte etwas Besonderes an sich. Aton war nun schon an einen kleineren Kreis gewöhnt, als stellte dieser alles

dar, was er über die Höhlenwelt wissen konnte. Allerdings hatte er sich die Mitglieder dieser Gruppe nicht selbst ausgesucht, sondern war ihnen zufällig begegnet; und sie waren typisch für das Ganze. Bossman, Granat, Framy, Hastings und die Schwarzhaarige – sie konnten als verbittert und gereizt gelten, gewiß. Aber waren sie tatsächlich schlecht?

Wenn hier das Böse lebt, so habe ich es nicht gesehen, dachte er. In der Mignonne lebt das Böse. Es lebt auch in mir.

Bossman schritt in die Mitte der geräumigen Höhle, die zweischneidige Axt geschultert. Er stellte sich auf einen kleinen Geröllhaufen. Ringsum wurde in der Überschneidung mehrerer uralter riesiger Gänge die Entstehungsgeschichte des ganzen wilden Labyrinths sichtbar. Wie oft war das Felsgestein aufgerissen, ehe dieser Wirrwarr an Tunneln entstand? Sicher so oft, wie menschliche Empfindungen verletzt wurden, als diese Gruppe sich bildete. Der Wind fegte aus mehreren Gängen heran und wirbelte dann und wann kleine Staubfahnen auf, die heulend in die Schlünde anderer Tunnel gesogen wurden. Der Raum atmete den Geist unterirdischer Macht. Er war ein geeigneter Versammlungsplatz.

Bossman forderte mit lauter Stimme Gehör, wie es ihm als Führer gebührte. Sein Ruf hallte durch die Gänge und verschmolz mit dem Pfeifen des Windes. Wieder musterte Aton den Mann abschätzend, diesmal mehr zynisch. Das Geschwätz brach ab.

»Die da oben machen es uns schwer«, sagte Bossman ohne Einleitung. »Sie wollen mehr Steine!«

Lautes Gelächter brach los. »Die Schweinehunde kriegen schon, was sie wollen!« rief jemand höhnisch.

»Sie brauchen nur runterzukommen und sich das Zeug zu holen!« ergänzte eine Frau.

Bossman lachte nicht mit. »Sie meinen es ernst. Sie kürzen unsere Rationen.«

Jetzt wurde ein verärgertes Murren hörbar. »Das können sie doch nicht tun.«

»Doch, sie können es«, sagte Bossman. »Sie tun's auch. Für uns alle kosten zwei Mahlzeiten jetzt drei Steine, damit wir wieder hinkommen.«

»So viele Steine gibt es ja gar nicht!« Aton blickte in die Gesichter ringsum, in denen plötzlich nackte Angst stand. Jetzt drohte der Hunger.
»Warum das alles?« rief Hastings. Einige kicherten grimmig; Hastings hatte sicher als erster unter der angespannten Marktlage zu leiden. »Was bringt die Leute dazu . . .?«
»Verrückt sind sie geworden«, antwortete Bossman. »Sie haben sich in den Kopf gesetzt, wir hätten hier unten einen blauen Granatstein – idiotisch!«
»Tally weiß ganz genau, daß es so was nicht gibt. Was ist mit ihm los?«
»Tally schwört, er hat einen Beweis.«
Framy beugte sich zu Aton hinüber. »Du hast doch hoffentlich niemandem gesagt . . .«
Aton schüttelte den Kopf. »Kein Wort.« Das Böse lebt in mir, dachte er.
»Ich auch nicht. Als der Salamander fort war, bin ich nochmal zu der Stelle gegangen und hab einen der beiden Splitter geholt. Den anderen hat wohl das Ungeheuer aufgefressen. Aber ich mußte daran denken, was du und Hastings gesagt hatten, und ich hab's für mich behalten.«
Bossman sprach weiter: »Tally sagt, sie wollen uns die Schrauben fester anziehen, bis sie den Stein haben. Nach zehn Mahlzeiten sind dann zwei Steine pro . . .«
»Großer Chthon! Sie brächten mich um, wenn sie wüßten, daß ich ein Stück habe«, flüsterte Framy, am ganzen Körper zitternd. »Da muß jemand den anderen Splitter gefunden haben.«
Die Schimäre ist ein unsichtbarer Feind, dachte Aton.
». . . lassen wir uns nicht bieten!« brüllte Bossman gerade. »Mir gefällt das ebensowenig wie euch. Die da oben glauben, sie hätten uns im Griff . . .« Er hielt inne und fuhr leiser fort: »Aber ich habe einen Plan.«
Es wurde ganz still in der Höhle. »Verhandeln werden wir nicht mehr mit den lazahörigen Schwächlingen!« fuhr er fort. »Sie haben schon zu lange die Herren gespielt. Schließlich haben »*wir* die ganze Arbeit getan. Jetzt wird der Spieß umgedreht. *Wir* übernehmen die Führung!«

Er wartete ab, bis die erschrockene Menge wieder zur Ruhe kam. Ein Aufstand! Noch nie war so etwas ernsthaft ins Auge gefaßt worden.

»Zuerst muß der Wächter am Schacht bestochen werden. Wir müssen überlegen, wie wir ihn herumkriegen. Vielleicht findet sich oben oder unten eine Frau ...« Sein Blick blieb an schwarzen Zöpfen hängen, die herausfordernd über die Brust eines Mädchens fielen; es war das hübsche Mädchen, das Aton bereits aufgefallen war. »Vielleicht läßt er sich auf andere Weise bestechen. Wir müssen ein besonderes Komitee gründen. Als nächstes ist dann der Angriff zu planen. Ich stelle mir vor, daß wir zuerst fünf oder sechs tüchtige Männer raufschicken, die uns die Weichlinge vom Hals halten, falls sie vorzeitig Wind von der Sache bekommen. Sobald wir erst mal in aller Stille oben Fuß gefaßt haben, ziehen wir die anderen möglichst schnell im Korb herauf. Unten bleibt niemand. Beim Losmarschieren müssen wir dann zuerst den Kondensator finden. Ohne Wasser müssen sie bald aufgeben. Das nächste Ziel ist der Aufzug; vielleicht versuchen sie ihn zu zerstören, damit wir alle verhungern. Um die Verrückten in den Zellen kümmern wir uns nicht; wenn wir sie in Ruhe lassen, merken sie den Unterschied gar nicht. Sobald wir die Oberhand haben, verfrachten wir die Schlappschwänze nach unten und lassen sie Steine schürfen – und wenn sie keine blauen finden ...«

In einer Atmosphäre wachsender Erregung legte Bossman seine Pläne im Detail fest. Er bewies damit die Eigenschaften, die ihn zum Anführer bestimmten – nicht allein Körperkraft, sondern Schwung, Organisationstalent, der Blick für die Realität, Rücksichtslosigkeit. »Vergeßt eines nicht – unsere Revolte ist gefährlich. Wenn wir losschlagen und es nicht schaffen, hungern sie uns aus. Uns alle. Das bedeutet dann die Lange Reise ...«

»Wenn wir erst an der Macht sind«, sagte Framy vor Aufregung zappelnd, »wißt ihr, was ich dann tue?« Die anderen lauschten aufmerksam, denn sie hatten Spaß daran, große Pläne zu spinnen. Etwa ein Dutzend hatte sich an der Schürfstelle zusammengefunden, ohne sich auf die Arbeit konzentrieren zu können. Der Tag der Revolte nahte; dabei war der größte Unsicherheitsfaktor der Erfolg des Bestechungskomitees.

»Ich packe den alten Springer bei seinem weißen Ziegenbart und drehe ihm den Kopf herum, bis er mir sein Spiel beibringt.«
»Vielleicht hättest du bei seinem Lehrmädchen mehr Glück«, scherzte jemand. »Die brächte dir bestimmt noch was bei.«
»Nein.« Framy blieb fest. »Der alte Springer – und niemand anders. Wir stellen die Figuren auf und spielen vor versammelter Mannschaft, und wenn ich ihn schlage, weiß ganz Chthon, daß ich gescheit bin und nie etwas Böses getan habe.«
Die anderen waren höflich genug, nicht zu lachen. Auch sie hegten ihre geheimen Wünsche, von denen viele, bei Licht betrachtet, töricht geklungen hätten.
Jetzt schaltete sich Hastings ein. »Ich fürchte, ich passe nicht mehr durch das Loch«, murmelte er und lachte mit den anderen. Das Loch war einen Meter im Durchmesser. »Aber wenn beim Hochhieven das Seil nicht reißt und die Decke nicht einbricht, na, dann ...«
»Dann«, warf jemand ein, »landet er bestimmt sofort am Kondensator!«
»Um abzunehmen.«
»Mutter Schlauch wird ihr Vergnügen daran haben.«
»Vergnügen? Woran?«
Hastings wartete geduldig, bis die Zwischenrufe verstummten. »Na, dann geh' ich in Lazas Höhle. Ich hab' schnelle Hände, wie ihr wißt« – sie wußten es –, »und wenn sie mit dem Steinmesser auf mich los will, reiße ich es ihr einfach aus der Hand, und dann ...«
Die anderen beugten sich vor.
»Dann ...«
»Nur weiter, Hasty!«
»Dann gebe ich ihr, was sie schon ewig will – aber so, daß sie's nie vergißt!«
»Und das wäre, Hasty?«
»Dafür würd' ich sogar Eintritt zahlen, Hasty!«
»Keine Sorge, das mußt du ohnehin«, warf ein anderer ein. »Ein Granat pro Runde.« Das Gelächter verstärkte sich.
Framy wandte sich an Aton. »Und wie steht's mit dir, Fünfer? Was machst du?«

Aton blickte sich um. Er hatte von Hastings eine nette Pointe erwartet und fragte sich, was daraus geworden war. Er hatte seine Geschichte recht ungeschickt zu Ende gebracht und damit alle enttäuscht.
Granat stand schweigend im Hintergrund. Anscheinend sah auch sie der Revolte mit Bangen entgegen. Er empfand das Bedürfnis, ihr weh zu tun.
»Tally hat ein Mädchen, Silly Selene«, sagte er. »Kennt ihr die? Sie hatte es mal auf mich abgesehen, aber ich war anderweitig beschäftigt. Diesmal liegen die Dinge wohl anders.« Die anderen rückten näher heran. »Schön war sie, o ja. So eine Schönheit habt ihr bestimmt noch nie gesehen. Ein vollkommenes Geschöpf. Wenn sie verliebt ist, nimmt ihr Haar einen lebendigen Schimmer an, ihre Augen werden schwarzgrün wie das tiefe Meer. Gleich der Hvee erblüht sie nur, wenn ...« Er bemerkte die verwunderten Blicke. Was war los? Verwirrte sie das Phantasiebild eines einfachen Höhlenmädchen so sehr? Er zuckte die Achseln; es war ihm gleich, was sie dachten. Der Aufstand war sowieso ein Fehlschlag. »Schließlich fand ich sie. Sie hatte sich als menschliches Wesen ausgegeben, aber nachdem ich sie durchschaut hatte, mußte sie sich vor den Menschen verbergen. Ich brachte sie auf einen Asteroiden ...«
»Sie war nicht menschlich?« fragte Framy, der verwirrt die Stirn gerunzelt hatte. »Silly?«
»Ich nehme an, sie stammt vom Menschen ab – genetische Veränderung. Jedenfalls sah sie überaus menschlich aus. Die Sage schreibt ihr seltsame Kräfte zu, von denen einige tatsächlich ... vorhanden sind. Sie kann nicht unsterblich sein, aber ich glaube, sie ist halbtelepathisch.«
»Sie kann Gedanken lesen?«
»Ich weiß es nicht. Das würde manches erklären, ihr Verhalten aber noch widersprüchlicher machen. Sie zwang mir Entsetzliches auf. Ich liebte sie, solange ich sie suchte, aber als ich sie dann gefunden hatte, haßte ich sie. Sie zerstörte mich. Ich wagte ihr nicht die Hvee zu geben ...«
»Die kleine grüne Blume, die die Leute dort tragen? Ich hab nie eine gesehen.«

»Schließlich verließ ich sie und kehrte heim. Ich sagte Aurelius, ich würde die Tochter Viers nur heiraten, wenn ich von – von Malicia geheilt werden könnte. Er starb fast vor Freude, denn er war vom Meltau fast dahingerafft und wollte noch unbedingt bis zu meiner Rückkehr durchhalten. Er schickte mich auf einen berühmten Erholungsplaneten.«
Atons Blick fiel auf Granat, die ihm aufmerksam zuhörte. Er hatte sie ganz vergessen. Vorübergehend geriet er in Zweifel. Habe ich ein Recht, diese Frau zu quälen? Schulde ich ihr nicht wenigstens eine Warnung? Malicia, Malicia – du hast ein Ungeheuer aus mir gemacht. Du zwingst mich, deinem Namen gerecht zu werden, und es gibt keinen Ausweg.
Aber Granat sah eher nachdenklich als verstört aus, und die anderen gaben keinen Laut von sich. Was war geschehen?
Lärm übertönte das Geräusch des Windes. Männer kamen angelaufen. »Es ist soweit! Es ist soweit! Sie haben den Wächter bestochen! Wir müssen uns versammeln! Es ist soweit! Der Aufstand beginnt!«

In den Gängen zur Ankunftshöhle herrschte unterdrückte Erregung. Alle Blicke hingen an dem winzigen Loch in der Decke, zehn Meter über dem Fußboden. Dort oben gähnte die einzige bekannte Verbindungsöffnung zwischen den beiden Welten. Überall sonst war das Gestein fest und dick; ohne schwere Maschinen konnte man nichts dagegen ausrichten.
Die oberen Höhlen waren zwar völlig abgetrennt, aber es gab eine schwache Stelle – den Wächter der ›Nacht‹-Schicht. Aton wußte nicht, was man ihm hatte versprechen müssen, aber auf Bossmans Wort konnte man sich verlassen, und der Mann hatte nach dem Ende der Revolte nichts zu befürchten. Er brauchte nur das Seil hinabzulassen und beiseite zu treten.
Langsam, ganz langsam knirschte die schwere Steinplatte zur Seite. Das dunkle Loch strahlte einladend auf, ein grüner Schimmer – das Tor zum Erfolg. Kein Gesicht ließ sich sehen, kein Laut kam von oben, außer dem allzu lauten Geräusch des Felsbrockens.

Eine kurze Verzögerung – dann erschien das Seil, entrollte sich, schwang ohne Korb hin und her. Dicht über dem Boden kam das zerfetzte Ende einladend zum Stillstand.
Bossman brummte zufrieden. Die ausgewählte Invasionstruppe näherte sich dem Seil. Aton war der zweite in der Reihe. Man mußte vor allem rasch und leise klettern können und für den bevorstehenden Kampf noch genügend Kraft übrigbehalten.
Der erste Mann, der nur klein war und etwas hinkte, aber ungeheuer starke Arme hatte, trat vor und zog am Seil. Es gab ein wenig nach, trug aber sein Gewicht; es war oben befestigt. Wie das Ziepen am Zopf eines jungen Mädchens, dachte Aton.
Der Mann griff zu und hangelte sich geschickt hinauf. Aton sah, daß Bossman den Vorgang aufmerksam beobachtete und den Kopf schüttelte. Bist du besorgt, Krell-Bauer? dachte er. Denkst du auch an Tallys Klugheit?
Der Mann kletterte rasch, zog sich mit beiden Händen hinauf und hakte gelegentlich zum Verschnaufen ein Bein um das Seil. Schließlich packte er den Rand des Loches mit den Händen, spannte die Muskeln und schob Kopf und Schultern hindurch. Aton hielt das Seil, machte jedoch keine Anstalten, selbst loszuklettern.
Von oben kam ein erstickter Schrei. Der Mann schlug wild mit den Beinen um sich; er zappelte und ließ im Augenblick, da er es geschafft zu haben schien, das Seil los. Er glitt durch das Loch und schlug schwer auf dem Boden auf.
Bossman eilte sofort zu ihm, aber es war zu spät. Seine Kehle war säuberlich durchgeschnitten.
Das Seil erschlaffte. Ein zweiter Körper stürzte herab.
Es war der bestochene Wächter. Man hatte ihm das Seil um den Hals geschlungen, wo es auch verankert gewesen war, als der erste Rebell hinaufkletterte; sein Gewicht hatte den Verräter erwürgt.
Der Aufstand war für Tally nicht überraschend gekommen.
Ihr hättet wissen müssen, dachte Aton, daß Tally so etwas ahnen mußte. Daß er weder ein Sadist noch ein Dummkopf ist und seine Gründe dafür hatte, uns unter Druck zu setzen, und daß er auf die Folgen gefaßt war. Ihr werdet langsam darauf kom-

men, daß euch jemand verraten haben muß, und ihr werdet diesen Verräter in euren eigenen Reihen vermuten. Da ihr nun wißt, daß Tallys Scharfsinn ungebrochen ist, ahnt ihr auch, daß er wirklich einen Beweis für die Existenz des blauen Granatsteins hat. Ihr werdet Männer und Frauen unablässig befragen und durchsuchen – und ganz unten, in Framys Wasserschlauch, findet ihr den blauen Splitter.
Framy wird die ganze Geschichte vom Fund und Verlust des Steins hinausschreien. Er wird mich anflehen, seine Geschichte zu bestätigen, aber ich werde behaupten, daß ich in der fraglichen Zeit mit Granat zusammen war. Sie wird meine Aussage unterstützen, weil sie sich sagt, daß sie sonst verdächtig erscheint, und weil sie außerdem die Schwarzhaarige eifersüchtig machen will. Obwohl Framy als großer Lügner bekannt ist, werdet ihr ihm erlauben, euch zu der Stelle zu führen, wo er angeblich den Granatstein gefunden hat – und dort wird nichts zu sehen sein, und er wird nicht wissen, wie nahe er der Bestätigung ist.
»Ich hab's nicht getan«, wird er schließlich schreien. »Man hat mich hereingelegt! Man hat mich hereingelegt!« Aber das habt ihr ja von ihm schon öfter gehört.
Die Leute von oben werden jedoch nicht nachgeben. Sie wollen unbedingt selbst sehen, wo der erste Splitter gefunden wurde, wollen sich selbst überzeugen, ob es wirklich keine blaue Schürfstelle gibt. Und weil ihr Tally hereinlegen wolltet, wird er euch dann aushungern, um die unteren Höhlen für eine Expedition von oben sicher zu machen. Und so werden wir schließlich die Lange Reise antreten.
O gewiß, das werden wir!

§ 399

7 Idyllia: sonniger Planet der Ruhe. Palmen und Fichten wuchsen dicht zusammen; auf dieser Welt lag ein Hauch genetischer Veränderung über der Natur und brachte sie zum Lächeln. Blaue Seen funkelten neben grauen Bergen; flauschige weiße Wolken warfen ihre Schatten auf kleine Dörfer.
Aton unterzog sich mechanisch den Anmeldeformalitäten; seine Gedanken weilten bei der Frau, die er hier vergessen wollte. Das angebotene Schulungsprogramm interessierte ihn ebensowenig wie der Glanz eines künstlichen Paradieses, so daß er sich schließlich in einer entlegenen Villa wiederfand, in einer von Blumengärten und labyrinthischen Hecken umgebenen Hütte, ohne genau zu wissen, wie es dazu gekommen war.
Wunderschöner Planet, dachte er bitter. Aber nicht so schön wie Malicia. Malicia ... dein Name hätte mich warnen sollen. Aber ich stellte mich blind für alles außer deiner Schönheit. Ich verschloß meine Ohren den Worten des Vaters. Ich verrannte mich in eine Kindheitserinnerung. Und als ich dich fand ...
Er besichtigte die Gärten. Aton, der sich nie als Naturfreund hervorgetan hatte, außer in der besonderen Kunst des Hveeanbaus, hatte das Gefühl, daß sein Aufenthalt hier nicht gerade glücklich begann. Aber das machte nichts; auch der beste Anfang hätte seine zerstörerische Leidenschaft für die Mignonne kaum abschwächen können.
Mignonne. Als ich dich endlich fand nach der Captain-Maskerade, nach dem Intermezzo bei den Xests ... Kein Wunder, daß jene liebenswerten Außerirdischen verwirrt waren. Sie sahen, daß du wirklich die Mignonne warst, ein seltsamer Abkömmling des Menschlichen, während ich ihnen meine Ahnungslosigkeit darzulegen versuchte. Sie zeigten mir die Wahrheit, so gut sie es vermochten, und ich nahm dich mit in ein entlegenes Rotel und erriet dort das Ungeheuerliche, das Böse deines Wesens.
Sich selbst überlassen in dieser Ferienkolonie, stellte er fest, daß das Leben weiterging. Müßig wanderte er durch die Gärten,

löste das einfache Rätsel der Hecken und wandte sich schließlich der hellen Hütte zu. Die untergehende Sonne zeichnete sich rund hinter den ziehenden Wölkchen ab. Ein Geruch nach Essen lag in der Luft.

Erst jetzt, da ich völlig am Ende war, hörte ich auf dich, Aurelius. Aber du botest mir keine Lösung, du sandtest mich nur hierher, nach Idyllia, um auszuruhen, um zu vergessen. Um Malicia zu vergessen.

Endlich trat Aton in die Hütte, betrachtete die altmodischen Stiche mit Pflanzenmotiven an den Flurwänden, den Boden aus künstlicher Fichte und die antiken Drehknöpfe an den Türen, die tatsächlich in Angeln hingen. Hier müßte Wordsworth wohnen, dachte er. Ein Feuer flackerte fröhlich im Kamin des großen Zimmers; die Schatten verzierter Kaminböcke zuckten über den rauhen Steinfußboden. Angenehme Geräusche kamen aus der Küche. Es war noch jemand im Haus.

Er ging durch den Torbogen. Torbogen? Also war das Haus doch nicht nur als historische Nachahmung gedacht. Dann erblickte er sie: zierlich, blond, tüchtig. »Was tust du hier?« fragte er. Was kümmert's dich, Aton?

Strahlend drehte sie sich um: »Ich bin hier zu Hause.«

»Aber das soll hier *mein* Haus sein!« sagte er gereizt.

»Ja.« Sie kam auf ihn zu und zeigte ihm ihr linkes Handgelenk mit dem Silberband. »Auf Idyllia ist es üblich, den Gästen Sklaven zur Verfügung zu stellen. Für die Dauer Ihres Aufenthaltes gehöre ich jetzt zu Ihnen, und ich heiße Sie im Namen des Planeten willkommen.« Sie machte einen kleinen Knicks.

Aton blieb unbewegt. »Ja, davon war wohl die Rede. Aber ich dachte, das wäre eine Art Hausmeister – ein männlicher Diener.«

»Die sind unseren weiblichen Gästen vorbehalten.«

»Oh.« Das ist allzu dreist, Idyllia.

Sie faßte seinen Arm und führte ihn mit sanfter Bestimmtheit, die das Vorrecht der Sklaven ist, zurück ans Feuer und ließ ihn Platz nehmen zum Essen. Aton fand sich mit gemischten Gefühlen in die Situation. Nie zuvor hatte ihn eine Frau so umhegt, und er war zuerst recht unsicher. Aber dann stellte er sich ziemlich schnell auf die neue Annehmlichkeit ein.

»Wie redet man eine weibliche Sklavin an?« fragte er.
»Mit ihrem Namen«, erwiderte sie schnippisch. »Coquina.«
Aton wühlte in dem soliden Grundwissen, das ihm seine Lehrer mitgegeben hatten.
»Der Korallen-Baustein? Ist das dein Element – die Härte und Schärfe der . . .?«
»Auf der Erde gab es einmal winzige Muscheln«, sagte sie. »Ihre Schalen waren so bunt, daß sich die Sammler sehr für sie interessierten. Man nannte sie . . .«
»Ah ja. Und was würde die hübsche Muschel einem bedrückten Herzen heute abend empfehlen?« fragte er. Und er dachte: Sie möchte sich gefällig zeigen – warum willst du sie unbedingt ärgern?
»Heute abend gibt es Tanz«, sagte sie und überhörte offenbar seine Anspielung. »Wenn es Ihnen Spaß macht . . .«
»Nichts macht mir Spaß, Coquina.« Aber er lächelte.
Das Tanzvergnügen war recht farbenprächtig. Es fand in einer warmen braunen Scheune statt; in den Winkeln hielt sich der Heuduft, und Schwalbennester klebten an den Dachbalken. Bunte Stoffähnchen schmückten das roh behauene Holz, und aus der großen Presse floß süffiger Apfelwein. Menschen gingen ein und aus, von umsichtigen Sklaven geführt, und lächelten angestrengt. Aton hatte das Gefühl, daß hinter den fröhlichen Masken noch allzuoft die seelische Pein lauerte.
Aber er trank vom Apfelwein und fand ihn stark. Obgleich er frisch schmeckte, wirkte er prickelnd und verwirrend – vielleicht hatte man die natürliche Gärung künstlich verstärkt oder die verarbeiteten Äpfel genetisch verändert. Sogleich stellte er sich winzige Apfelbäume mit Riesenfrüchten vor, von denen jede die Aufschrift ›80 Volumprozent‹ trug. Plötzlich nahm er seine Umgebung mit ungewöhnlicher Klarheit auf, und er sah, daß trotz der Traurigkeit hier und da Lachen aufklang.
»Auf zum Tanz!« Zwei bärtige Typen sorgten für die Musik, der eine spielte die Fiedel, der andere ein prächtiges, dreireihiges Akkordeon. Fröhlichkeit füllte lärmend den Raum. Paare lösten sich aus dem Gewoge am Rande, wirbelten auf die Tanzfläche und bildeten Vierergruppen. Die Frauen ließen ihre wei-

ten Röcke schwingen und hakten sich bei ihren feierlich dreinschauenden Herren unter.

Aton wandte sich an Coquina. »Wie besorgt man sich eine Tanzpartnerin?« Die Musik schwoll an; gelenkige Finger glitten schneller über die weißen und schwarzen Akkordeontasten, drückten die Register und zogen die Bälge.

»Man geht auf eine der sitzenden Damen zu, verneigt sich galant und bittet sie um das Vergnügen, mit ihr tanzen zu dürfen.«

»Und wie trifft man seine Wahl?« fragte er und deutete auf die stattliche Reihe von Frauen. Weiße Petticoats bauschten sich auf übereinandergeschlagene Schenkeln und warfen interessante Schatten.

Coquina zog eine Braue hoch. »Ich bin zwar nicht darin geübt, den Geschmack der männlichen Kundschaft zu beurteilen, aber ich habe gehört, daß die dritte Dame von rechts auf gewisse Männer sehr anziehend wirkt und ausgezeichnet tanzt ...«

Aton musterte die Frau, die vergnügt mit ihrer Nachbarin plauderte, sich dann vorbeugte, ihren Schuh betastete und über einen Scherz lachte. Ihr Ausschnitt zeigte einen hübschen Brustansatz, und sie hatte kleine Füße. Das Haar fiel ihr lang und offen herab.

»Nein!« sagte er, und seine Antwort fiel überraschend heftig aus. »Rotes Haar kommt nicht in Frage!«

Coquina machte ihn bereitwillig auf eine andere Frau aufmerksam, deren Haar braun und nicht zu lang war. Sie stand mit einem Glas Apfelwein in der Hand etwas abseits und wippte leicht im Takt der Musik auf den Zehenspitzen. Am Ende des Refrains ließ sie sich fest auf beide Absätze nieder, und Brüste und Gesäß wippten verführerisch.

»Nein – sie hat grüne Augen.« Es war eine düstere Erinnerung, und das Elend überkam ihn erneut, vom Alkohol noch gesteigert.

Coquina musterte ihn; sie wußte nicht, ob er sich etwa über sie lustig machte. Sie hatte blaue Augen. »Komm«, sagte er, unfähig, ihr seine Stimmung zu erklären, »meine Sklavin ist mir noch am liebsten.«

Und so tanzten sie. Das Mädchen bewegte sich leichtfüßig dahin; sie ließ sich gut führen, und für eine Weile war er nicht ganz so bedrückt. Sie tanzten, schwangen herum, drehten sich, und Coquinas Röcke flogen verführerisch – aber die Last tanzte mit. Die Reihen trennten sich und formten sich neu; Männer schritten auf ihre Partnerinnen in der Mitte zu, verneigten sich, traten zurück, rückten wieder vor, machten einen Zwischentritt und wandten sich zum großen Wechselkarussell. Rechte Hand an rechter Hand, linke Hand an der linken, so begegneten ihnen die Mädchen im Takt der Musik mit einer kleinen Hüftschwenkung und glitten lächelnd an ihnen vorbei. Welch aufleuchtender Blick! Welch Wunder macht solche Bewegung aus der Routine-Figur! Welch kapriziöses Vergnügen – durch Ironie erhöht; es besteht nur aus Lächeln und Bewegung und ist ohne Liebe; interessant, aber leer.

Malicia, o Malicia, warum hast du mich verraten?

Es war Mitternacht, als Aton ermattet zu Bett ging. Die Vision war stärker geworden und bedrängte ihn schmerzvoll. Sie zerriß seine Seele und beherrschte ihn trotz der Müdigkeit: Gesicht und Körper Malicias, lächelnd, zerstörerisch und zugleich lieblicher und schrecklicher als alle gespenstischen Trugbilder. Flammen huschten über ihr Haar, und er begehrte sie.

»Coquina!« rief er, und sie kam, ein wenig zögernd, im Nachtgewand. »Ich kann heute nicht schlafen. Unterhältst du dich mit mir?«

»Ich verstehe«, sagte sie.

»Ich frage mich . . .« Er betrachtete sie in ihrer Unschuld. Während des Sprechens verblaßte die entsetzliche Vision. »Warst du jemals verliebt, Coquina?«

»Nein.«

»Die Leute stellen sich die Liebe als romantisch vor, als herrlich, als wunderbar. Sie soll den Menschen beflügeln und ihn stark und gut machen. Kennst du das Buch LAE?« Sie nickte leicht. »Aber ach, sie irren sich. Die Liebe ist die furchtbarste Waffe der Menschheit. Sie kann einen Menschen erdrücken, ihn auswringen, bis sein Blut über die steinharte Wirklichkeit spritzt, bis er einschrumpft und nur noch eine ausgetrocknete Hülle ist.

Wenn du das Böse suchst, mußt du mit der Liebe beginnen ... Aber ich sollte mit einer Frau nicht so sprechen.«

»Ich bin Sklavin«, sagte sie.

Wieder betrachtete er sie nachdenklich. »Du bezeichnest dich als Sklavin. Aber wie sehr bist du das? Steckt in dir nicht auch ein bißchen Frau? Wenn du dich beim Tanzen bewegst, hübsche Muschel ... Wenn ich dir befehlen würde, dich hier nackt vor mir auszuziehen ...?«

»Idyllia muß sein Eigentum schützen«, sagte sie. »Ich ziehe mich nicht aus.«

Aton lächelte. »Das war auch nur ein Beispiel, ein hypothetischer Fall. Du hast nicht viel von einer Sklavin an dir. Aber sag mir, Coquina, kann man dich kaufen? Könnte ich dich erwerben und dich mitnehmen, wohin ich wollte?«

»Sklaven sind nicht käuflich. Sie werden den Gästen leihweise überlassen und müssen ihnen innerhalb bestimmter Grenzen dienen.«

»Innerhalb bestimmter Grenzen. Ich sehe, die Muschel hat sich geschlossen«, sagte Aton. »Das ist schade – aber durchaus verständlich. Ich wünschte nur, mehr Frauen wären Sklavinnen und mehr Sklavinnen Frauen ...«

8

Aton besuchte Parties, ging tanzen, sah sich nette Theaterstücke an und flirtete mit nichtssagenden Frauen. Tagsüber schwamm er und nahm an altmodischen Gruppensport-Übungen und Picknicks im Sonnenschein teil; abends kümmerte sich Coquina um ihn und rieb ihm den Rükken mit Öl ein. Bei diesen Gelegenheiten unterhielt er sich mit ihr, was ihm große Erleichterung verschaffte. Zu seiner Überraschung stellte er fest, daß die Erinnerung an Malicia schwächer wurde, wenn er – über Malicia sprach. Er berichtete Coquina alles, was ihm einfiel – mehr als er je einem Menschen darüber erzählt hatte; irgendwie sah er sie nicht mehr als Mensch, sondern nur noch als Sklavin an.

Aber das genügte nicht. In jedem unbewachten Augenblick

kehrte Malicia zurück und weckte unstillbares Verlangen und maßlosen Schmerz. Eine Stunde lang konnte er sich wohl vor ihr verbergen, aber ihr völlig zu entrinnen vermochte er nicht.
»So komme ich nicht weiter«, sagte er schließlich. »Ich muß etwas finden, das mich nicht nur eine kurze Weile richtig in Anspruch nimmt.«
Wie immer hatte Coquina einen Vorschlag parat. »Haben Sie es mal mit Bergsteigen versucht?« fragte sie. »Das ist ein harter Sport, der Sie jeweils mehrere Tage beschäftigt und viel Energie erfordert. Er ist hier ungefährlich und hat seine besonderen Vorzüge.«
»Du willst also sagen, freundliche Muschel, daß das beste Mittel gegen alle Zweifel die Arbeit ist?« fragte Aton. Das ist eine recht viktorianische Einstellung, wie man sie im LAE finden kann. Aber wenn du mir die Therapie empfiehlst, will ich sie versuchen. Bisher hast du mich gut gepflegt.«
»Ich werde für einen Führer sorgen«, sagte sie.
»Du wirst dafür sorgen, daß du selbst der Führer bist«, erwiderte er. »Meinst du etwa, ich lasse dich während meiner Abwesenheit von einem anderen Gast verderben?«
Sie lächelte, und schon am nächsten Nachmittag wanderten sie durch den Wald am Fuße eines Berges in der Nähe. Krummes Farnkraut erhob sich mannshoch zu beiden Seiten, und der duftende rosa Frauenschuh hätte einer leichtfüßigen Dame wohl angestanden. Riesige Boviste spien bei der leichtesten Berührung wie Vulkane ihren rauchigen Dunst aus. Weiter oben mischten sich Wolfsmilch und Zwergmammutbäume. Die Pflanzen Idyllias – große und kleine, blühend und voller Früchte, natürlich gewachsen und genetisch verändert – präsentierten sich zur Begutachtung.
Aton blieb stehen und betrachtete eine lange rote Eidechse, die auf einem Felsblock saß. Sie musterte ihn mit klugem Blick. »Wir laufen uns wieder über den Weg, deine Art und meine«, schien sie zu sagen, und Aton lachte und schlug nach ihr, so daß sie forthuschte und sich in Sicherheit brachte.
Coquina trug trotz ihrer zarten Erscheinung einen vollen Rucksack mit Schlafsack und schritt aus wie ein Mann. Aton wunderte sich über ihre Ausdauer.

Sie schlugen früh das Lager auf, bevor der Hang im Schatten versank, und Coquina bereitete das Abendessen. Aton starrte in das finstere Wasser des Baches, in dem sie sich wuschen, und erspähte einen großen roten Lachs. Er machte Anstalten, ein Aststück von seinem Arm wegzuschnippen, und hielt noch rechtzeitig inne: Es war ein Insekt wie ein sieben Zoll langer Spazierstock, reglos, als sei es tot. Er war versucht, es ins Wasser fallen zu lassen, um zu sehen, ob der Fisch es fraß; aber er merkte, daß Coquina zu ihm herübersah, und schämte sich. Warum dieser Drang, ein unschuldiges Insekt zu quälen? Er setzte es auf ein Blatt und sah zu, wie es vorsichtig fortkroch.

In der Nacht blieben sie von beißenden Insekten verschont. Sie schliefen nebeneinander in gleichen Schlafsäcken auf einem Bett aus duftendem Farnkraut. Beim Schrei einer Eule wachte Aton einmal kurz auf und sah seine Sklavin schlafend neben sich, eine helle Strähne im Gesicht. Ihre Züge waren von klassischer Schönheit, die er zu würdigen wußte, ohne auf störende Gedanken zu kommen. Das war ihm neu.

Sonnig und hell brach der nächste Tag an, und sie zogen weiter. An diesem Wald aus Fichten und Palmen und Laubbäumen hätte man sich in Muße erfreuen können, aber Aton trieb sich eisern an und versuchte seine innere Unruhe mit körperlicher Anstrengung zu bezwingen. Coquina hielt ohne Klage mit ihm Schritt, auch als der Weg steiler wurde.

Bemooste Wurzeln schlängelten sich dick über den gewundenen Pfad. Aton strengte sich noch mehr an und kämpfte sich den Berg hinauf wie ein Besessener, bis seine Beinmuskeln erlahmten und ihm der Kopf schwer wurde. Die Sklavin folgte ihm schweigend; sie fiel nicht zurück.

Mit der Zeit packte Aton die Neugier. Seine Jugend auf Hvee, dessen Schwerkraft um etwa fünfzehn Prozent über der irdischen Norm lag, hatte ihn stark gemacht. Schon Generationen vor seiner Geburt hatten Genetiker im Labor seinen Körper gestählt. Unter normalen Schwerkraftverhältnissen konnte er Leistungen vollbringen, die Uneingeweihte in Erstaunen versetzen mußten, und die Jahre im Weltraum hatten ihn kaum geschwächt. Denn gerade dort draußen zeigte es sich: Kein normaler Mann konnte es an Ausdauer mit einem genetisch Veränderten aufnehmen, und von den Frauen hatte allein die seltsame Mignonne eine ähnliche Kraft bewiesen. Ein Vergnügungsplanet wie Idyllia war sicher nicht der Ort, eine wirklich ausdauernde Frau zu finden.

Als sie am zweiten Abend hoch am Hang kampierten, wo der Wind in kalten Böen wehte, täuschte er eine große Erschöpfung vor. Er warf sich nieder und stellte sich schlafend. Dabei beobachtete er Coquina.

Sie bereitete die Mahlzeit zu, ohne sonderlich müde zu wirken; allerdings hatte sie in ihrem Schwung etwas nachgelassen. Ein Blick in seine Richtung schien sie zu überzeugen, daß er fest schlief; sie rollte ihn in eine bequemere Lage und schob ihm ein Moospolster unter den Kopf. Sie versuchte nicht, ihn zu wecken.

Wieso war das Mädchen so kräftig? Sie hätte schon längst vor Erschöpfung umfallen müssen. Dabei hielt sie nicht nur mit ihm Schritt, sondern verrichtete auch noch die anderen anfallenden Arbeiten. Entstammte auch sie einem genveränderten Geschlecht? Entsprach eine illyrische Sklavin tatsächlich der alten Tugend der Spezies, indem sie die Vorzüge der Ehefrau mit denen eines Arbeitspferdes verband, ohne dem Mann die gleichen Verpflichtungen aufzuerlegen?

Nein, man konnte sie nicht ganz mit einer Ehefrau gleichstellen, obwohl sie eine gute Frau abgeben würde. Aton gab die Verstellung auf, richtete sich auf, streckte sich und rieb sich den imaginären Schlaf aus den Augen. Es hatte keinen Sinn, das Abendbrot zu verpassen. Morgen wollte er feststellen, wie zäh sie wirklich war.

Der Pfad wurde steil und holprig. Aton achtete weder auf das sich ausbreitende Panorama noch auf das scheue Wild – einen Biber, eine Herde Bergziegen, eine Schildkröte –, das die Wanderer beobachtete. Er wählte den schwierigsten Aufstieg und kletterte mit größtem Tempo. Coquina war eine Herausforderung geworden; er wollte jetzt unbedingt wissen, wie weit ihre

Kräfte reichten. Dabei überlegte er gar nicht, mit wem er da in Wettstreit trat; er fand nichts Seltsames an seiner Rivalität mit einer Frau, die ohnehin nur dazu da war, seinem Willen zu gehorchen.

Die Zeit verging, und er geriet in Schweiß. Mit der Zeit schien es, als werde *er* zuerst die Grenze seiner Leistungsfähigkeit erreichen. Das Mädchen sagte nichts und schlug auch keinen anderen Weg vor. Sie verstand sich auf das Bergsteigen; ihre Bewegungen waren knapp und präzise, so daß sie viel weniger Kraft verschwendete als er. Sie scheint schon manchen Gast hier heraufgeführt zu haben, dachte er. Der Gedanke störte ihn.

Schließlich erreichten sie einen überhängenden Felsgrat, der in unregelmäßiger Formation fast fünfzehn Meter hoch vor ihnen aufragte, ehe das Gebüsch wieder die Oberhand gewann. Die Stelle war nicht sehr breit und hätte leicht umgangen werden können – aber Aton dachte gar nicht daran. Eine ideale Gelegenheit. In den Jahren bei der Marine hatte er gelernt, mit dem Seil umzugehen; der Aufstieg hier war zwar nicht leicht, aber durchaus zu schaffen. Für eine Frau jedoch, der es natürlich an der erforderlichen Muskelkraft und Übung fehlte, war der Hang die denkbar härteste Bewährung.

Er warf das Seil um eine flache Felsspitze sechs Meter über sich. Sie war gerade groß genug, daß man darauf stehen konnte, und sollte als Ausgangspunkt für die größere Kletterstrecke dienen. Rasch zog er sich hinauf, wobei er die Füße gegen die fast senkrechte Felswand stemmte. Die vertraute Übung tat ihm wohl.

Er erreichte die Spitze, prüfte das Seil und wartete, daß Coquina ihm folgte. Und sie kletterte los, hangelte sich Hand um Hand herauf und stemmte sich gegen den Hang wie er. Das Bündel auf ihrem Rücken brachte sie offensichtlich aus dem Gleichgewicht und machte es ihr noch schwerer, aber sie sagte nichts.

Dann warf er das Seil zum obersten Felsvorsprung hoch und zog es stramm. Jetzt kam die längere Strecke, mindestens neun Meter, und der Fels ragte so hervor, daß das Seil frei in der Luft baumelte. Für die Beine gab es keinen Halt mehr.

Aton kletterte los. Es war diesmal gar nicht so einfach. Zu spät machte er sich klar, daß zwischen den Raumschiffübungen bei halber Schwerkraft und der Wirklichkeit, die ihn hier mit einem Bündel auf dem Rücken der vollen Schwerkraft aussetzte, ein großer Unterschied bestand. Jetzt fehlten ihm die Kräfte, die er vorher so großzügig vergeudet hatte. Außerdem hätte er das Gepäck getrennt hinaufziehen und ein Sicherheitsseil anbringen müssen, um einen Sturz zu verhindern. Das Ersatzseil hing nutzlos an seinem Gürtel.

Aber das Mädchen beobachtete ihn von unten, und er war stark. Er erreichte den zweiten Vorsprung, zog sich hoch und war froh über die Atempause. Der Felsgrat war sicher und bot auch Platz für ein zweites Seil. Er rollte es auseinander und knüpfte eine Schlinge.

Coquina hatte ihren Aufstieg schon begonnen. Er legte sich flach auf den Boden und ließ nur Kopf und Schulter über die Kante ragen. Dabei stellte er bald fest, daß seine Vermutung richtig gewesen war. Coquina war diese Art des Kletterns nicht gewohnt und hatte keine Ahnung von den kleinen Kunstgriffen, die das Vorankommen am Seil erleichterten. Es war kein Sport für Frauen. Sie schwang jetzt ein wenig nach auswärts, vor einem Hintergrund aus Büschen und Bäumen, der steil unter ihr abfiel, und pendelte dann zurück, so daß sie fast den eingewölbten Felshang berührte. Sie ermüdete rasch, kletterte aber weiter.

Als sie etwa fünf Meter zurückgelegt hatte, wurde sie langsamer und hielt an. Endlich hatte sie ihre Leistungsgrenze erreicht. Aton, der seltsam erleichtert war, wollte ihr gerade zurufen, sie solle sich hinunterlassen und eine andere Route suchen.

Da jedoch bemerkte er, wie erschöpft sie tatsächlich war. Ihre kleinen Hände, die wie leblos an dem Seil hingen, begannen abzugleiten. Das entfernte felsübersäte Gelände drehte sich langsam unter ihrer hinabrutschenden Gestalt; ein Sturz in diese Tiefe bedeutete den sicheren Tod.

Ohne zu überlegen warf Aton seine Schlinge über die Felsspitze und schwang sich hinab. Er handelte aus einem Reflex heraus, wie er es im All gelernt hatte – sofort zugreifen, ohne an die Gefahr zu denken. Er glitt hinab, wobei ihm die Riemen des

Bündels, das er immer noch trug, in den Achseln schnitten. Auf halbem Wege bremste ihn das doppelt gespannte Seil so heftig ab, daß es ihm die Haut von Fingern und Handgelenken schürfte und er fast losgelassen hätte. Morgen würden ihn sicher einige Arm- und Schultermuskeln bitter an das Unternehmen erinnern.

Er hing jetzt etwas unterhalb des Mädchens. Als ihre Hände schließlich nachgaben, streckte er einen Arm aus, faßte sie um die Taille und zog sie ungeschickt herüber. Halb ohnmächtig vor Erschöpfung klammerte sie sich an ihn.

Trotz der Tatsache, daß er jetzt mit nur einer Hand eine doppelte Last bewältigen mußte, die durch das Gewicht der beiden Bündel noch vergrößert wurde, registrierte er doch mit alptraumhafter Deutlichkeit, wie weich und geschmeidig sich ihr Körper anfühlte. Seit dem Tanz am ersten Abend hatte er sie nicht wieder umfaßt, und es überraschte ihn irgendwie, daß sie wirklich in erster Linie eine Frau war.

Dann handelte er wieder rein mechanisch. Er lockerte den Griff und ließ sich langsam am Seil hinab. Seine Handflächen brannten entsetzlich. Schließlich landete er unsanft auf dem unteren Felsvorsprung und setzte Coquina an der breitesten Stelle ab, wo sie bequem liegen konnte. Als er neben ihr kniete, legte sie ihm den Arm um den Nacken und drückte ihn an sich.

»Sie sind stark, so stark«, flüsterte sie mit geschlossenen Augen. »Stärker als ich.« Dann fiel ihre Hand herab, und sie verlor das Bewußtsein.

Ihre Worte versetzten ihn in freudige Erregung. Er wußte, daß sie aufrichtig gemeint waren. Was auch geschehen sein mochte, jetzt war er ein Mann für sie und kein verhätschelter Gast. Vielleicht hatte er gerade das erreichen wollen. Freudig stürzte er sich auf die Arbeiten, die sie zuvor für ihn verrichtet hatte. Er machte es ihr bequem, durchsuchte die Rucksäcke nach etwas Eßbarem und brachte es ihr. Später wickelte er Gaze um seine zerschundene Hand, ließ das Gepäck zum Fuß des Felsens hinab und kletterte selbst hinunter, um in der Nähe ein Lager herzurichten.

Erst als sie beide unten waren, durfte sie seine Hand mit Salbe einreiben und neu bandagieren. Stillschweigend übernahm sie wieder die Führung – was ihm nach wie vor gefiel –, und er stellte in freudigem Erschrecken fest, daß Malicia eine Zeitlang ganz aus seinen Gedanken verschwunden gewesen war und es viel unmittelbarere Dinge gab, die ihn beschäftigten.

9

Das erste, was Coquina an jenem Abend aussprach, während irgendwo eine einsame Grille zirpte, war eine Entschuldigung. »Es tut mir leid, Mister Fünf, daß ich Ihnen nicht folgen konnte. Ich wollte nicht –«
»So darfst du mich nie wieder nennen!« unterbrach er sie. »Ich bin ein Mann, kein Titel – ein törichter Mann, der dich beinahe umgebracht hätte.«
»Ja, Aton«, sagte sie, »aber Idyllia ist keine Welt des Todes.« Sie stand auf. »Ich habe noch zu tun.«
Aton faßte sie am Knöchel und zog sie wieder herab. »Das kannst du morgen machen. Jetzt wirst du dich erst einmal richtig ausruhen, und wenn ich dich festbinden muß. Warum hast du mir nicht gesagt, daß du müde wurdest?«
Sie lächelte kläglich. »Eine Sklavin muß persönliche Dinge hintanstellen. Die Gäste haben meistens genügend eigene Probleme.«
Aton zog sich das Herz zusammen, als er das Wort ›Gäste‹ hörte. Also hatte sich zwischen ihnen sich doch nichts geändert. »Bist du dein ganzes Leben lang hier Sklavin gewesen?«
Wieder ein gezwungenes Lächeln. »Natürlich nicht. Niemand wird zur Sklaverei geboren. Nach den gültigen Bräuchen kann man nur auf eine Art Sklave werden – freiwillig.«
»Freiwillig!«
»Die Arbeit ist gut. Es gibt hier eine lange Warteliste, denn es werden hohe Anforderungen gestellt.«
»Das habe ich bemerkt«, sagte Aton und betrachtete sie wohlgefällig.
Instinktiv hob sie schützend die Hände. »So eine Sklavin bin ich nicht, und ich möchte auch nicht, daß man mich so einschätzt.«

»Verzeih, daß ich ein Mann bin«, antwortete Aton zerknirscht. »Ich schätze dich sehr hoch ein – nach jedem Maßstab, der dir recht ist. Aber bestimmt hast du doch manchmal Schwierigkeiten mit Männern – besonders an so einsamen Orten wie hier?«
»Manchmal«, gab sie zu. »Aber wir sind in Selbstverteidigung geschult.«
Aton dachte an einige Kunstgriffe, die er beherrschte. »Auch gegen Raumfahrer?«
»Besonders gegen Raumfahrer.«
Er lachte. »Das zu glauben verbietet mir mein Stolz, aber ich mag dich so wie du bist.« Sie lachten beide, und es durchlief ihn warm. Aber die ganze Zeit lauerte Malicias Gesicht im Hintergrund, immer noch lebendig.
Er schob den Gedanken fort. »Du bist erstaunlich stark für eine Frau, Coquina. Wo bist du geboren?«
»Ich dürfte es Ihnen nicht sagen ...«
Im nächsten Moment wußte er die Antwort! »Hvee!« rief er. »Keine andere Welt in der Galaxis bringt solche Frauen hervor – nur mein Heimatplanet!« Diese Feststellung steigerte sein Interesse für sie noch mehr, wenn das überhaupt möglich war. »Sag mir, wie deine Familie heißt.«
»Bitte – nein.«
Aton schnippte mit den Fingern. »Vier?« fragte er, und sie nickte gegen ihren Willen. »Das hätte ich wissen müssen. Aurelius hatte immer einen unfehlbaren Blick. Er hat mir geschworen, er habe die beste Heirat arrangiert – und das hat er, o ja, das hat er wirklich. Ich hätte dich bestimmt geliebt.«
Ihr Gesichtsausdruck blieb unverändert, aber er spürte sofort, daß er sie verletzt hatte. »Ich meine die Vergangenheit«, sagte er schwach, aber der Schaden war nicht wieder gutzumachen. »Es war das Lied, das unvollendete Lied. Es trieb mich fort, und ich kam nicht davon los. Jetzt bin ich gefangen wie ein Fisch am Angelhaken, und ich kann nur ahnen, was mir da entgangen ist.«
»Du hast schon davon gesprochen.«
Ja, natürlich – ich habe ihr alles erzählt, ohne zu wissen, mit wem ich sprach. Ich wußte es nicht!

»Wie bist du hierhergekommen?« fragte er, bemüht, seine Verlegenheit zu überspielen.

»Ich hatte den Mann, den ich heiraten sollte, nie gesehen und kannte auch seinen Namen nicht«, sagte sie fast unhörbar. »Aber ich ... ich haßte ihn, als er die Schande über meine Familie brachte. Ungesehen abgewiesen zu werden ... und die Familien wollten die Verbindung nicht lösen. Ich konnte nicht bleiben.«

Aton wollte ihre Hände fassen, aber sie wich zurück. »Ich wußte es nicht. ›Die dritte Tochter des ältesten Vier‹ – das war eine Bezeichnung, keine Person.«

»Auch Sklaven haben eine Vergangenheit«, sagte sie, »aber sie sind ja nicht wichtig.«

»Aber du mußt es doch gewußt haben. Wir sind hier nicht zufällig zusammengekommen.«

»Ich wurde dir zugewiesen. Dein Aussehen und dein Name waren mir unbekannt. Bis du von deiner Vergangenheit sprachst und ich allmählich begriff. Unsere Familien konnten uns nicht offiziell miteinander bekannt machen ...«

»Und du hast kein Wort gesagt. Kein Wort!« Ohne hungrig zu sein, nahm er nervös eine der sich selbst erwärmenden Nahrungspackungen aus seinem Rucksack und begann zu essen. Sie folgte seinem Beispiel, griff jedoch zu einer Kühlpackung. Aton wußte, daß das nur ein Zufall war, setzte aber zu einem neuen Versuch an.

»Vergessen wir, was zwischen uns geschehen ist«, sagte er. »Da wäre zuviel zu überwinden. Zuviel Beschämendes. Wischen wir die Tafel leer und beginnen wir ganz von vorn. Ich möchte dich kennenlernen.« Sie antwortete nicht. »Bitte.«

Sie wich aus. »Eine Sklavin darf nicht ...«

»Verdammte Sklaverei! Du bist die Frau, die ich hätte heiraten sollen, und ich will mehr über dich wissen!«

Sie schüttelte schweigend den Kopf.

Aton sah sie verlegen und erbittert an. Sie war noch nie so widerspenstig gewesen – allerdings hatte er sie bisher auch nicht über sich selbst ausgefragt. Gewiß widersprechen die Umstände jeder Konvention. Es sei denn ...

»Ich hab's«, sagte er. »Du hast mir gesagt, daß Idyllia keine

Todeswelt sei. Das war nicht nur so dahergesagt, wie? Es müßte bedeuten, daß die Kunden die ganze Zeit überwacht werden – und nicht nur von ihren treuen Sklaven. Werden wir auch jetzt beobachtet?«

Sie senkte den Blick.

»Und wenn ich dich dort an der Klippe nicht aufgefangen hätte, wäre irgendeine Vorrichtung aus dem Fels geschnellt, hätte mir eine lange metallene Nase gemacht und dich fortgeschnappt . . .? Antworte!«

»So ähnlich.«

»Und du wirst zum Hundeausführen oder anderen niedrigen Arbeiten degradiert, wenn du etwas verrätst?«

»Manche Hunde sind sehr nett.«

»Na, wenn du auf deiner törichten Einstellung beharrst, dann muß ich wohl noch einmal den Felsen hinaufklettern, hinunterspringen und das Ding zwingen, diesmal *mich* abzufangen, ehe ich unten zerschmettere. Und was wäre dann mit deiner feinen Stellung?«

»Bitte«, flüsterte sie.

»Ich hätte das LAE mitnehmen sollen«, klagte er. »Hätten wir Welt genug und Zeit, wärst Spröde, du . . .«

»Vielleicht bin ich spröde«, sagte Coquina etwas lebhafter, »aber ich bin nicht deine . . .«

Sie lag auf dem Laub, das Haar überall mit Blättern durchsetzt. Aton legte sich neben sie, stützte sich auf einen Ellenbogen auf, löste ihr die Blätter aus dem Haar. »Ich habe mich allzu leichtfertig über die Konvention hinweggesetzt und die große Klugheit der Wahl der Alten nicht zu schätzen gewußt.«

»Nein«, sagte sie, »diese Schmach ist längst vergessen.«

»Ich will sie gänzlich tilgen. Ich habe versprochen, Viers Tochter zu heiraten . . .«

»Nein!« Die Muschel hatte sich geschlossen.

Sie stiegen nun langsamer auf. Wunderbare Ausblicke öffneten sich unter ihnen, während sie mühsam dem Gipfel zustrebten. Aton mußte zugeben, daß er sich lange nicht so wohl gefühlt

hatte. Coquinas heitere Miene und ruhiges Wesen wirkten zusammen mit der landschaftlichen Schönheit und machten das Leben wieder lebenswert.
Er bedauerte es fast, daß sie schließlich den Gipfel erreichten. Am liebsten wäre er ewig so weitergeklettert, ohne anzuhalten, ohne nachzudenken. Ohne sich mit den verwickelten Problemen des Lebens abgeben zu müssen, die am Fuße des Berges lauerten; weitergeklettert, um die würzige Brise einzuatmen und dem Knistern des trockenen Laubes zu lauschen. Malicia war im Augenblick nur ein düsterer Schatten im Vergleich zu der stärkeren lebendigen Vision Coquinas – sie war selbstbewußt, ohne affektiert zu sein, sie verlangte nichts, und ihre kurzen Locken hüpften im Rhythmus ihrer Schritte.
Aton legte impulsiv den Arm um sie. Sie runzelte die Stirn, machte sich aber nicht los. Gemeinsam stiegen sie das letzte Stück zum Gipfel empor.
Aton hatte zwar einen besonders schönen Ausblick erwartet, aber das Panorama, das sich jetzt vor ihm ausbreitete, übertraf doch alle Erwartungen. Der Berg hatte sogar zwei Gipfel; ein mächtiger Einschnitt trennte die beiden Hälften und wurde tausend Meter unter ihnen zu einer engen Schlucht. Die Felswand zu beiden Seiten war steil. Er trat einen Schritt zurück, erschrokken über die Anziehung, die der Abgrund auf ihn ausübte.
»Das waren einst ein Feld und eine Runse«, sagte Coquina, die beunruhigend nahe am Rand stand.
»Eine Runse?«
»Ein Fluß. Und ein Feld ist eine flache, baumlose . . .«
»Ich werde dich nicht mehr unterbrechen«, sagte er.
»Vor langer Zeit erhob sich der Berg aus dem Boden. Aber die Runse war älter und wollte ihm nicht ausweichen. So grub sie sich durch die aufsteigende Felsmasse. Nach einer kleinen Ewigkeit verlor der Berg die Geduld. Er stieg schneller auf, bis der Fluß nicht mehr Schritt halten konnte. Das Wasser gab nach und floß nun doch um den Berg herum. Jetzt liegt das ehemalige Flußbett anderthalb Kilometer über dem Fluß, und der Berg hat zwei Gipfel.«
»An der Stelle des Flusses«, sagte Aton, »hätte ich mich durch das junge Hügelchen hindurchgebohrt.«

»Das hätte dir bald leid getan. Der Fluß hat das nämlich versucht, und am Rand eines Teiches dort unten gibt es auch ein Loch, das in den Berg hineinführt. Aber das Wasser, das auf der einen Seite hineinfließt, kommt nirgendwo wieder heraus. Darum sucht sich der Hauptteil des Flusses lieber ein anderes Bett und bleibt diesem Gebiet fern.«
»Kann ich ihm nicht übelnehmen. Gut, daß du mich gewarnt hast; vielleicht hast du mich vor bösen Schwierigkeiten bewahrt.«
Er stand hinter ihr und sah zu, wie der Wind aus der Felsschlucht ihr Haar zurückwehte und ihren Rock flattern ließ.
»Das Lied ist verstummt«, sagte er.
Coquina drehte sich langsam um und sah ihn an. »Aton.«
Die Muschel ist geöffnet, dachte er. Es bedarf nur eines Hauchs aufrichtiger Liebe.
Ernst nahm er die Hvee aus seinem Haar und steckte sie ihr auf. Sie lächelte schelmisch, und ihre Augen leuchteten. Auf Armeslänge standen sie voneinander entfernt, blickten sich schweigend an und warteten auf die Hvee.
Dann lag sie in seinen Armen und schluchzte an seiner Schulter. »Aton, Aton, halt mich fest. Du bist der erste ...«
Er umschlang sie fest, überwältigt von einem Gefühl, das ganz echt und noch nicht verseucht war.
Sie trat zurück und wurde wieder zur Silhouette vor einem morgendlichen Himmel. Sie strahlte. »So neu«, sagte sie. »So schön. Küß mich, Aton, damit ich wirklich weiß ...«
Er legte ihr die Hände auf die Schultern und zog sie langsam an sich. Als ihr Gesicht näher kam, schien eine Wolke darüber hinzugleiten. Eine schimmernde, eine verschwimmende ... und er sah das Gesicht der Mignonne. Flammendes lebendiges Haar umgab es, wogend in schlangenhafter Pracht. Schwarzgrüne Augen versenkten sich in seinen Blick. Die roten Lippen öffneten sich. »Küß mich, Aton ...«
»Nein!« schrie er, und sein Traum von Freiheit zerstob. Abwehrend streckte er dem Gespenst die Hand entgegen und bedeckte die feuchten Augen. Schaudernd schob er es fort.
Und stand allein auf dem Berg, eingehüllt in die Melodie ...

»Der Liebe Haus
auf Exkrementen ist gebaut.«

WILLIAM BUTLER YEATS
»CRAZY JANE TALKS
WITH THE BISHOP«

INTERLOG

Dies ist nicht unser Volk.
Das Weltall war rein bei seiner Erschaffung;
Strahlend klare Sonnen absorbierten den wirbelnden Staub.
Nebelwolken trieben ewig – bis eine der Gnade verlustig ging.
Unsere Galaxis ist krank:
Von innen her verrottet sie, verfällt, verwest mit fauligem Gestank,
Vom schlimmsten Schrecknis befallen:
Dem Leben.

Und dieser Sumpf gebiert eine unvorstellbare Karikatur des Intellekts,
Die sich der rascheren Vernichtung der Ordnung weiht
Und jeden Partikel infiziert.
Verschiedene Gestalten nimmt sie an; doch sei uns nur die nächste interessant:
Der Mensch.

Dies ist nicht unser Volk.
Der Feind ist der Mensch.
Das Übel ist zu tilgen, unsere Galaxis zu sterilisieren,
Keine Schleimspur darf zurückbleiben.
Aber die Krankheit ist weit fortgeschritten;
Die Infektion ist mächtiger als wir.
Hast bedeutet die Niederlage.
Wir bezwingen unseren Abscheu, wir prüfen und halten uns zurück.
Wir werben die Truppe für des Menschen Untergang aus seinen Reihen an.
Wir erwählen ein Individuum und richten es ab für unser Ziel.
Es ist (wie seinesgleichen sagt)
Nicht ganz normal,
Doch ideal:
Er, Aton.

Aton träumt von der Vereinigung,
Aton sehnt sich nach der Umarmung der Schönheit
Aton will das Böse ermorden . . .
Aton, Aton, Kind der Illusion.
»Schönes und Häßliches sind eng verwandt.«
Deine Kraft entspringt dem Bösen.
Sieh auf deine Ausscheidung,
Beschmier dein Gesicht in Wahrheit,
Vergiß den Ehrgeiz;
Kehr zurück.

Denn dies ist nicht dein Volk –
Und wir sind nicht sein Gott.

IV. Mignon

§ 401

10

Es war hell, blendend hell, selbst im dichten Schatten. Aton hatte vergessen, wieviel natürliche Helligkeit im Freien verschwendet wurde. Der Geruch nach ungezügelter Natur war überall, voll und erregend. Es war Tag, und es war warm – eine Wärme, die nicht vom trockenen Sturm der Höhlen getragen wurde, sondern eine eigene Süße und Pracht hatte.

Freiheit! Der Alptraum lag hinter ihm, das Leid war überstanden. Der Wahnsinn der Höhlen würde in der Vergangenheit versinken, und nur Aton blieb, der die Freiheit gewonnen hatte – der geläuterte, der reine Aton.

Ringsum war offenes Grasland, hier und dort mit Bäumen bestanden. Der Mann, der Chthon besiegt hatte, ohne dabei den Verstand zu verlieren, fiel auf die Knie, nicht um ein Dankgebet zu sprechen, sondern um das neu lebendig gewordene Wunder richtig zu greifen. Seine blassen Finger gruben sich ins weiche Gras, und ein Kribbeln stieg in seinen Armen auf; er hob eine Handvoll an den Mund und kostete das abgerissene Grün, den frischen Verfall.

An der Natur ist nichts Schmutziges, dachte er. Es gibt kein Schrecknis im Universum, das seinen Ursprung nicht im Geist des Menschen hätte.

Er wälzte sich auf dem Boden, überwältigt von der Freude an etwas lang Vertrautem. Er kannte diesen Planeten – es war, als habe es kein düsteres Zwischenspiel gegeben von dem Augenblick an, da er Coquinas Liebe ermordete, bis zum gegenwärtigen wunderbaren Moment; es war, als sei Chthon nicht dazwischengetreten, um jenes Verbrechen zu rächen.

Ich liebte dich, hübsche Muschel. Aber du warst nur meine zweite Liebe, schwächer als die erste. Und so habe ich dich befreit.

Am Nachmittag weckte ihn ein Geräusch aus seinen Träumen; als er ins Freie kam, war es Morgen gewesen. Er horchte auf: das klang nach einem alten Projektilgerät. Ein – Schuß. Als kleiner

Junge hatte er mal so etwas gehört ... Da war jemand unterwegs und – jagte.
Die Assoziationen waren verheißungsvoll. Ein Mann, der solchen altmodischen Neigungen nachging, konnte sich auch ein privates Raumschiff leisten. Wahrscheinlich handelte es sich um einen Exzentriker, einen Einzelgänger.
Aber wenn er sich hier in einem privaten Wildgehege befand, war er vielleicht nicht ganz ungefährdet. Möglicherweise hatte man wilde Raubtiere ausgesetzt. Es war sehr töricht, unvorsichtig zu sein, nur weil er die Freiheit wiedergewonnen hatte.
Am besten überwältigte er den Jäger sofort und nahm sein Raumschiff in Besitz. Damit war das Transportproblem für ihn gelöst, und er konnte starten, ohne sich vor den hiesigen Behörden in acht nehmen zu müssen.
Er ging auf das Geräusch zu und versuchte dabei so leise wie möglich aufzutreten. Aber seine schwielenbedeckten Füße waren an den harten Boden der Höhle gewöhnt und nach den endlosen Märschen durch die Dämmerung noch völlig unempfindlich. Brüchige Zweige gerieten wie von selbst immer wieder unter seine Zehen und zerbrachen knackend. Bestimmt war er kilometerweit zu hören!
Er mußte also auf den Mann warten und hoffte, daß er zufällig in Reichweite geriet.
In Reichweite? Aton hatte keine Waffe und konnte vom Zufall kaum erwarten, daß er den Mann auf Armeslänge heranführte. Er war innerlich noch ganz auf die Welt der Höhlen eingestellt.
Leise suchte er einige Steinstücke zusammen und schichtete sie neben sich zu einem kleinen Häufchen auf. Er stellte sich seitwärts hinter einen roten Baum, dessen Stamm sonst für ihn zu schmal gewesen wäre. Von hier ließ sich auch gut werfen. Es war nur ein Schuß gefallen; demnach hatte der Mann zur Übung geschossen oder sein Ziel verfehlt. Vielleicht war er nervös. Um so besser.
Aton schleuderte seinen größten Stein in hohem Bogen nach links – vom Jäger fort. Das Wurfgeschoß wurde im ersten Teil seiner Flugbahn nicht von Zweigen behindert und fiel erst fünfzehn Meter entfernt geräuschvoll zu Boden. Der Fremde mußte,

wenn er die Ursache des Geräusches erkunden wollte, ganz nahe vorbeikommen. Trotzdem galt es mit dem ersten Stein dann genau zu treffen, denn eine Projektilschußwaffe konnte, wenn sie richtig bedient wurde, ebenso tödlich sein wie ein Messer.

Sein Opfer begann im Herankommen tonlos zu pfeifen. Wollte sich der Dummkopf etwa auf diese Weise an ein Tier heranpirschen? An einen solchen Idioten brauchte er keine Worte zu verschwenden. Am besten brachte er ihn um und verfolgte seine Spur zum Raumschiff zurück. Aton verstand mit allen Standardmodellen umzugehen.

Das Pfeifen wurde lauter. Aton hob den Arm und bog sein Handgelenk zurück. Einen Augenblick lang würde er sich zeigen müssen; es war zu riskant, sich nur nach dem Geräusch zu orientieren.

Das Pfeifen hörte auf. »Ich möchte Sie darauf aufmerksam machen«, sagte eine schnarrende Stimme, »daß mein altmodisches Gewehr einen altmodischen Wärmedetektor hat. Wenn Sie vernünftig sind, verhalten Sie sich entsprechend.«

Der Baum mochte ihm etwas Schutz bieten. Der Jäger wagte sich gewiß nicht zu nahe heran und gewann auch nichts, wenn er ihn umkreiste. Aber ebensowenig konnte Aton hoffen, seinerseits den Gegner zu überwältigen, da er den Vorteil des Überraschungsangriffes bereits eingebüßt hatte. Er mußte verhandeln.

»Ich bin vernünftig«, rief er. »Frieden.«

»Ich schieße nicht, solange ich das für klug halte«, sagte der andere. »Ich bin ohnehin kein sehr guter Schütze und würde Sie wahrscheinlich in den Magen und nicht ins Herz treffen.« Die Warnung war deutlich: der Mann würde ihn eher zum Krüppel schießen als töten.

Aton ging auf die Warnung ein und legte seine Steine aus der Hand, bevor er ins Blickfeld des anderen trat. Er hatte durchaus nicht den Wunsch, mit diesem ›schlechten‹ Schützen aneinanderzugeraten. Der Jäger war nicht so dumm, wie er angenommen hatte.

Der Fremde war untersetzt, hager und nicht mehr jung. Kleine, sehr klare Augen blickten ihn aus einem fahlen, zerfurchten Gesicht an. Auch seine Hände waren gelb und das Fleisch zwischen den Sehnen eingefallen, die Nägel rissig und zu lang. Doch das altmodische Gewehr ruhte sicher und fest in seinen Händen und blieb unverwandt auf Atons Körpermitte gerichtet. Hier hatte er es nicht mit einem verweichlichten Sportler zu tun.

Der Jäger unterzog Aton einer ähnlichen Musterung. »Zurück zur Natur – dann aber gleich richtig«, sagte er schließlich. Plötzlich erinnerte sich Aton: Hier draußen trugen die Menschen Kleidung, und er war nackt aus der Höhle gekommen. Das Haar hing ihm lang und schmutzig herab; im verfilzten Bart über Kinn und Brust klebten Grashalme. Seine Haut war totenfahl, außer an den Stellen, wo eine Schmutzkruste sie bedeckte.

»Sie sehen aus wie ein Flüchtling«, fuhr der Mann fort. »Ich hab mich schon gefragt, warum Sie nicht mit mir sprechen, sondern mich gleich törichterweise überfallen wollten. Immerhin bin ich bewaffnet. Vielleicht sollte ich Sie gleich umlegen, ehe Sie die Situation umkehren.«

Der Mann spielte mit seiner Beute. Er konnte nicht ahnen, in welcher Lage sich Aton wirklich befand, da in der freien Galaxis niemand wußte, wo Chthon eigentlich lag. Niemand außer Aton. Wüßte auch der Mann Bescheid, hätte er Aton sicher sofort erschossen.

Oder etwa nicht? Er beobachtete Aton jetzt, und seine erschrekkend geschickten Hände fuhren über den glänzenden Gewehrkolben. Ahnte er, daß Chthon hier einen Fluchtweg bot? Kannte er jene unschuldige Höhle, die in die Eingeweide des Planeten führte, und fehlte ihm vielleicht nur noch der letzte Beweis, jener Beweis, den zu erlangen ihn das Leben gekostet hätte, bevor er wieder an die Planetenoberfläche gelangte? Jagte er etwa nicht nach wilden Tieren, sondern nur nach jenem einen Wesen, das ihm den Schlüssel zu unvorstellbarem Reichtum geben und ihn sicher in das Innere Chthons hinabgleiten konnte?

Mit welcher unendlichen Geduld hatte er Jahr für Jahr diesen Wald durchstreift, auf der Suche nach – Aton?

Der Mann mußte sterben.

»Na, Sie scheinen zu begreifen«, sagte der Jäger. »Sie und ich gehen jetzt zur Höhle, und Sie beweisen mir an Ort und Stelle, daß Sie von unten kommen – oder Sie sterben. Muß ich Ihnen erst noch zeigen, daß ich Sie notfalls auch zwingen könnte?«

»Nichts könnten Sie«, erwiderte Aton, der sich nicht mehr die Mühe machte zu leugnen, was der andere anscheinend bereits wußte. »Sie können mir nicht trauen, und da unten wären Sie mir ausgeliefert.«

Der andere lächelte, daß es selbst Aton kalt überlief. »Sie kennen mich noch nicht.«

Bisher hatte Aton nur einmal im Kampf eine Niederlage erlitten, und Angst hatte er selten empfunden, aber vor diesem Mann fürchtete er sich. Er streckte eine Hand in den Mund und spuckte einen Granatstein aus.

Der andere kniff anerkennend die Augen zusammen. »Vielleicht überlege ich mir die Sache angesichts dieses Arguments noch mal. Haben Sie mehr davon?«

Aton nickte.

»Im Wald versteckt?«

Erneutes Nicken.

»Ihre Steine bringen uns vielleicht näher, da ich nur deswegen hier bin. Wissen Sie, was ein kodiertes Schiff ist?«

Aton wußte es. Ein kodiertes Schiff konnte nur von seinem eingetragenen Eigentümer bedient werden. Alle Geräte waren automatisch gesperrt, wenn sich nicht der Kode-Inhaber an ihnen zu schaffen machte. Für Aton war das Schiff also völlig nutzlos.

»Ich möchte mehr als die paar Steine, die Sie vielleicht mit rausgebracht haben«, sagte der Mann. »Ich möchte das ganze Bergwerk. Im Augenblick aber brauchte ich nur den Beweis, daß Sie mich hinführen können, und den haben Sie mir gegeben. Wir beide werden Partner sein, ziemlich wohlhabende Partner – eines Tages.«

»Wie soll ich Sie nennen, Partner?« fragte Aton. Das kleine Raumschiff war gestartet, und der Planet Chthon, ein umwölkter Ball, blieb langsam zurück. Durch den Anblick auf dem Bildschirm wurde Aton an den scheinbaren Widerspruch erinnert, nach einem Start zuerst auf Fluchtgeschwindigkeit zu gehen, um das Tempo dann – sobald man sich vom Planeten gelöst hatte – auf die galaktische Norm zu reduzieren. Aber das war notwendig, um den §-Antrieb in Gang zu bringen. Vor drei Stunden noch waren sie in bezug auf die Normbewegung dieses Teils der Galaxis nur zwei Stundenkilometer schnell geflogen – und hatten dabei das Gefühl gehabt, in den frei kreisenden Planeten zurückzufallen. Jetzt war ihre Geschwindigkeit tausendmal größer und würde bald alles übertreffen, was mit einem chemischen Antrieb erreichbar war. Der §-Antrieb konnte natürlich nicht auf der Oberfläche eines Planeten eingesetzt werden, da seine Ausgangsgeschwindigkeit ungleichmäßig und falsch war.

Die Augen des Mannes trübten sich nach Atons Frage und ließen vermuten, daß er polarisierte Kontaktlinsen trug. »So reicht's schon«, sagte er.

»›Partner‹? Wie Sie wünschen. Ich bin Aton Fünf. Sie müssen verstehen, daß keine Macht der Welt mich nach Chthon zurückbringt, bevor meine Probleme hier draußen geregelt sind. Beweisen Sie mir, daß Sie mir helfen können, ehe Sie sich darauf verlassen, daß ich Ihnen behilflich bin.« Er wird mich für einen hochtrabenden Lümmel halten – aber das Prinzip gegenseitigen Mißtrauens ist zu unsicher, dachte er.

»Einverstanden. Wenn Sie erst wissen, was ich zu bieten habe, sind Sie bestimmt sehr darauf erpicht, mitzumachen. Wir haben jedoch Zeit, und ich stehe zu Ihrer Verfügung.« Trotz der freundlichen Worte vermochte Aton das Geheimnis des Mannes nicht zu ergründen. Er interessierte sich nicht für den Reichtum Chthons und hatte auch keine Absicht, jemals dorthin zurückzukehren; andererseits konnte er es nicht riskieren, Partner zu töten oder zu verlassen, ehe er mehr über die Fähigkeiten des Mannes wußte. Inzwischen war es wohl das beste, die Verhandlungen auf harmloser Basis fortzusetzen.

»Ich kaufe Ihnen einen Planeten ab«, sagte Aton; er meinte damit, daß er für genauere Informationen über Lage und Verkehrsverbindungen zu dieser Welt einen weiteren Granatstein bot.

Partner holte den Sektor-Index – einen Band, der etwa den gleichen Umfang und die gleiche Beschaffenheit hatte wie Atons verlorengegangenes LAE. »Das hier enthält den größten Teil des

menschlichen Sektors – zwei Millionen Sterne oder so. Für öffentlich zugängliche Informationen erhebe ich keine Gebühren.«
Aton nahm das Buch, ließ es jedoch ungeöffnet. »Damit kann ich nichts anfangen.«
»Kennen Sie die galaktischen Koordinaten nicht? Ich dachte, Sie wären Raumfahrer. Das System stammt aus der Zeit vor §. Ist jahrhundertealt. Aber notfalls gibt es immer noch die Karten.«
»Ich kenne das System. Aber ich glaube nicht, daß der gesuchte Planet überhaupt verzeichnet ist.«
»Natürlich nicht. Das sind hier nur Sterne. Sie müssen den Ephemeriden-Untersektor für die Planetenbahnen nachschlagen. Aber warum sich damit abplagen? Wenn Sie ins System einfliegen, gibt man Ihnen die Informationen durch.«
»Es handelt sich um einen verbotenen Planeten«, sagte Aton düster.
Partner starrte ihn wieder an, und als sich jetzt seine Linsen anpaßten, waren seine Augen einen Augenblick farblos. »Das ist allerdings ein Problem. Dann wissen Sie ja auch, wohin wir zuerst fliegen müssen.«
Aton wußte es.

11

Die Erde: Heimat der Menschheit und ihrer Legenden seit einer Zeit, die zehntausendmal länger ist als die Zeit seit dem menschlichen Vorstoß ins All. Die Erde, die in jedem Sternjahr hundert Millionen Menschen in den Weltraum hinausstieß, ohne daß ihre Bevölkerung abnahm – bis die Kältekatastrophe *de facto* eine Quarantäne über die Mutterwelt verhängte. Damals geschah viel in einem Monat: Vierzig Prozent aller Menschen starben, und man mußte schließlich Wasserstoffbomben einsetzen, um die gewaltigen Berge von Toten zu verbrennen, die die kurze Belagerung aufhäufte. Trotz allem lebten noch mehr Menschen auf der Erde als im ganzen übrigen Imperium zusammen, und wie zuvor wogte auf Ländern und Meeren und in der Atmosphäre ein dichter Teppich lebenden Fleisches.

Nicht einmal die Kälte konnte dieses Problem lösen.
Aber die Erde besaß Macht. Sie war die unbestrittene Königin eines Raumabschnitts, der sich in Milliarden von Parseks messen ließ – nicht auf Grund ihrer militärischen, wirtschaftlichen oder moralischen Stärke, sondern auf Grund ihres überragenden Wissens. Ihre Technologie dominierte die rustikalen Vorstellungen der Koloniewelten. Ihr aufgehäuftes Wissen war so gründlich und umfassend, daß allein die Speicherung und Katalogisierung der Daten einen kleinen Kontinent in Anspruch nahm – die Sektor-Bibliothek.
Computer ordneten und sortierten den unvorstellbaren Komplex und lieferten innerhalb von wenigen Augenblicken jede erdenkliche Information. Man brauchte nur in eine Kabine zu gehen und seine Wünsche zu äußern.
Problematisch war es, wenn die gesuchte Information verboten war.
Für Notfälle gab es dann noch die Archive mit ihren riesigen Massen gedruckter Dokumentationen, die von tausend Suchenden kaum einen interessierten und doch nach altem Brauch und gegen die zunehmenden öffentlichen Proteste erhalten blieben. Irgendwann einmal würde der verstärkte Druck von seiten der Bevölkerung dazu führen, daß dieses ungeheure Überbleibsel verschwand. Vorläufig existierte es aber noch. Beflissene Greise hielten die Archive großzügig in Ordnung, und man brauchte nur ein Interesse anzumelden, um eingelassen zu werden. Die Erde war schließlich frei und förderte das Recht des einzelnen auf Wissen und Forschung, soweit ihn Intelligenz und Energie brachten. Und das Wissen war vorhanden, lückenlos – wenn der Suchende es nur finden konnte. Gerade die Menge der Regale hatte ihre Vorteile: die Archive waren so umfangreich, daß man sie unmöglich laufend durchsehen konnte. Demnach war eine Zensur und Anpassung nicht denkbar.
Die Archive umfaßten mehrere Kubikkilometer. Noch nie hatte Aton einen Raum von solchen Dimensionen gesehen: zweihundert lange niedrige Gänge, an den Seiten vom Boden bis zur Decke von dicken Bänden gesäumt. Die Buchkorridore waren so lang, daß die Wände in der Ferne zusammenzustoßen schienen.

In regelmäßigen Abständen waren sie von Quergängen unterbrochen, die sich ihrerseits abschnittsweise in der Ferne verliefen und dort scheinbar verengten.
Aton kam es vor, als sehe er die leichte Krümmung des Planeten im Fußboden, als fänden die Gänge schließlich am Horizont ihr Ende.
Angesichts dieser Weiträumigkeit verlor selbst Chthon an Wirkung. Die Werke der Natur werden doch immer wieder von den Werken des Menschen übertroffen, dachte er.
Aber wo sollte er anfangen? Jeder Band war ungefähr so groß wie das LAE und umfaßte somit vierzig Millionen gedruckte Wörter. Die Regale waren bis auf wenige Lücken vollgestellt: Auf dreißig Zentimeter kamen drei Bücher; an jeder Wand zogen sich sechs Bretter hin, und der Gang hatte zwei Wände. Jeder Abschnitt von drei Metern umfaßte also dreihundertsechzig Bücher – über vierzig Milliarden Wörter.
Aton las nicht besonders schnell, weder das Galaktische noch das Englische. An einem Tag angestrengten Lesens konnte er bestenfalls einen winzigen Abschnitt eines einzigen Bandes durchsehen. Er würde Jahrzehnte brauchen, um nur das zu erfassen, was er jetzt überblickte – wie sehr er sich auch beeilte. Wenn er jedoch allzu flüchtig vorging, lief er Gefahr, einen wichtigen Hinweis zu übersehen.
Er begann zu begreifen, warum die Archive jedem zugänglich waren. Nur durch einen unglaublichen Zufall konnte hier jemand auf gefährliche Informationen stoßen – und dann war noch zweifelhaft, ob er sie überhaupt als solche erkannte. Die Bibliothek war praktisch nur mit Hilfe des Computers richtig zu nutzen.
Partner, der ihm nicht von der Seite wich, hatte ihn eine Weile beobachtet. »Haben Sie noch nie eine Bibliothek gesehen?«
»Das hatte ich bisher angenommen.« Aber da hatte es Bibliothekare gegeben, die sich die Wünsche des Kunden anhörten, fortstürmten und irgendwie einen Stapel Bücher heranschafften. So etwas hatte er noch nicht erlebt.
»Dann befolgen Sie meinen Rat. Man kommt nicht zum Lesen hierher, ebensowenig wie Sie ins All fliegen, um sich mal ein

Vakuum anzusehen. Sie stellen Koordinaten ein, bestimmen Ihren Kurs (im Augenblick spreche ich vom Weltraum) und lassen alles beiseite, was Sie nicht interessiert. Sie finden Ihren Planeten hier nicht durch blindes Drauflossuchen, ebensowenig wie Sie ihn im Weltraum fänden, wenn Sie mit Unterlichtgeschwindigkeit herumkreuzten und aus einer Sichtluke starrten.
Zuerst einmal brauchen Sie eine Kartei, eine Bibliothekskartei. Sie müssen die Abteilung der Bibliothek bestimmen, in der sich das Gesuchte befindet – und dann das Buch. Im Augenblick scheinen Sie nicht einmal zu wissen, wo Sie sind. Bisher hatte ich angenommen, Sie wüßten, was Sie wollen. Nehmen Sie mal ein Buch heraus und sehen Sie es sich an.«
Aton gehorchte verwirrt. »Es ist eine Analyse des Ödipuskomplexes«, sagte er, »eine Sammlung von Aufsätzen darüber.« Er hielt inne. »Himmel – das Buch ist ja voller verschiedener Interpretationen. Vierzig Millionen . . .«
»Und wahrscheinlich versteht nicht einer der Autoren wirklich etwas davon«, antwortete Partner überraschend heftig. »Wir jedenfalls nicht. Sie lassen sich von Ihren ziellos umherirrenden Füßen einfach in irgendeinen Gang und zu einem Buch führen, das mit Ihrem Problem nicht das geringste zu tun hat. Was haben Sie sich eigentlich dabei gedacht?«
»Ja, das war wohl wirklich dumm«, sagte Aton zerstreut. Er stellte das Buch zurück, seine Hand schien es nur widerstrebend loszulassen.
Ein melodischer Akkord ertönte und ließ ihn zusammenfahren. Zwischen den Regalen begann eine bunte Lampe zu blinken.
»Passen Sie doch auf!« herrschte Partner ihn an. »Das ist nicht der richtige Platz!«
Aton zog das Buch rasch zurück und fand die richtige Lücke. Der Alarm verstummte, aber schon näherten sich schwere Schritte. Mühsames Atmen wurde hörbar.
»Was ist denn jetzt schon wieder los?« fragte Partner.
Aton faßte sich. »Etwas – etwas Schreckliches, eben jetzt! Eine Erinnerung.« Sein Gesicht gewann wieder Farbe. »Ich bin . . . wohl nicht mehr ganz . . .« Er zitterte am ganzen Körper.
Ein fetter, bärtiger Mann bog um die Ecke. Er trug eine Dienst-

mütze der Sektor-Bibliothek mit der Nummer 14. »Haben wir Schwierigkeiten, meine Herren?« Sein Akzent kam Aton merkwürdig vor, bis er begriff, daß es sich um das alte Erd-Englisch handelte, eine Sprache, mit der dieser Mann aufgewachsen war.
»Ein Irrtum«, erwiderte Partner. »Tut uns leid, daß wir Sie gestört haben.«
Der Wärter blieb; er hatte offenbar nicht die Absicht, die beiden nachlässigen Kunden unbewacht weitersuchen zu lassen. Er war alt; Runzeln überzogen die runden Hügel seiner Wangen, und seine blassen Handrücken glichen Landschaften. »Kann ich Ihnen helfen?«
»Ja«, sagte Aton. »Ich suche einen Planeten.«
»In einer Bibliothek?«
Aton lächelte pflichtgemäß. »Er heißt Mignon.« Ob der Mann auf den Namen reagieren würde?
Aufseher 14 zog nachdenklich seinen glatten Bart in die Höhe. »Minion. Das müßte einer der Blumenplaneten sein.«
»Das glaube ich nicht«, antwortete Aton und empfand einen neuen Respekt vor dem Mann. Es gab tatsächlich einen Planeten namens Minion; er hatte ihn in den Ephemeriden gesehen, als er nach dem anderen Planeten suchte. Die übrigen Planeten dieses Systems waren nach Blumen benannt.
»Aha – jetzt weiß ich, warum der Name mir bekannt vorkam. Wußten Sie, daß unsere Standard-Schrifttype Mignon heißt? Die Sieben-Punkt-Schrift, ungefähr zehn Zeilen auf zweieinhalb Zentimeter?«
Aton schüttelte den Kopf. »Es handelt sich um einen Planeten, einen bewohnten Planeten. Leider kenne ich den Namen seiner Sonne nicht.«
»Wir finden ihn. Die Kartei, die Enzyklopädie, die Ephemeriden – oh, keine Angst, wir finden ihn schon!« Gedämpfte Erregung und Zuversicht sprachen aus den Worten des Aufsehers, als hätte er den Fragesteller schon vergessen. Das Problem war zu einer persönlichen Herausforderung geworden und würde ihm keine Ruhe lassen, bis er es gelöst hatte. Aton lächelte über die Einfachheit des Mannes. »Aber ein verbotener Planet, nicht wahr?« Atons Gesicht verdüsterte sich wieder angesichts dieses Scharfblicks.

»Möglich. Aber ich hatte wirklich schon von ihm gehört, ich konnte ihn nur nicht in den offiziellen Listen finden ...«

»Ja. Und Sie konnten es sich nicht leisten, den Computer zu benutzen, weil er alle zweifelhaften Anfragen registriert. Wir hatten solche Fälle schon öfter. Aber machen Sie sich keine Sorgen. Das Archivpersonal ist – im allgemeinen – harmlos und vertrauenswürdig.«

Wollte der Mann ein Schweigegeld? Oder versuchte er zusätzliche Einzelheiten in Erfahrung zu bringen, um seine Neugier zu stillen? Was war sein Preis? Aton und Partner folgten ihm beunruhigt durch endlose Gänge.

Bald wurden die Korridore etwas breiter. An einer Wand zog sich eine Reihe von Kabinen hin, die jeweils mit Tisch und Bank ausgestattet waren. Nummer 14 führte sie in eine Kabine und zog los, um Material zusammenzusuchen.

Aton sah Partner an. »Können wir ihm trauen?« fragte sein Blick. »Wir müssen«, gab Partners Miene zu verstehen.

Nummer 14 kam mit einem Armvoll Bücher und einem kleinen Kasten zurück und legte alles auf den Tisch. »Sie wollen also einen verbotenen Planeten ausfindig machen – keine Sorge, diese Kabinen sind – irrtümlicherweise – abhörsicher«, sagte er vergnügt. »Die Sonne muß auf jeden Fall irgendwo verzeichnet sein, denn man kann einen Stern nicht dadurch verbergen, daß man ihn ignoriert. Aber es dürfte kaum Hinweise darauf geben, daß sie nun zum gesuchten Planeten gehört. Hier haben Sie die Kartei aller Planeten im Erd-Sektor. Wenn die Sonne, die wir suchen, darin enthalten ist – und das müssen wir einfach annehmen, denn es gibt hunderttausend Sektoren in der Galaxis, und die meisten sind uns völlig fremd –, dann können wir gewiß sein, daß auch der Planet aufgeführt ist. Die Unterlagen sagen nichts darüber aus, ob der Planet bewohnbar ist, aber das läßt sich unschwer feststellen: früher haben nämlich die Forscher allen bewohnbaren Planeten Namen gegeben und die übrigen nur beziffert. Wenn sie allerdings ein besonderes Interesse für ein Planetensystem hegten, benannten sie alle. Wichtig ist, daß *alle* bewohnten Planeten Namen haben, wenn auch nicht alle benannten Planeten bewohnbar sind. Sind Sie mir bis hierhin gefolgt?«

Aton und Partner nickten. Wie hatten sie diesen Mann jemals für unwissend oder naiv halten können?
»Na, immerhin suche ich schon mein ganzes Leben hier unten Informationen heraus«, erwiderte 14 auf die unausgesprochene Frage. »Ein guter Bibliothekar findet Sachen, bei denen sogar der Computer streikt.« Er lächelte, um zu zeigen, daß er etwas übertrieben hatte, und machte sich an den Karten zu schaffen. Das Gerät leuchtete auf, und zugleich fiel Licht auf eine Wand der Kabine. »Ich führe Ihnen jetzt eine Sektorenkarte vor«, sagte er. »Sie kennen natürlich die Symbole – die weiße Kennzeichnung der vorderen Sterne, die Verschiebung zum Roten hin für die entfernteren. Kennen Sie auch den Witz von dem farbenblinden Navigator? Schade. Sie verstehen, daß auf einer so umfassenden Karte nur die definitiv festgelegten Navigationszeichen gezeigt werden können. Gleich kommen wir auch zu den Teilkarten.« Er berührte eine Scheibe, und es erschien ein kompliziertes Netzwerk an der Wand, das die Sterne in merkwürdigen Mustern miteinander verknüpfte. Aton fühlte sich schmerzlich an das Gemälde der Xests erinnert. Vielleicht lag hier der Ursprung ihrer Kunst.
»Das ist ein Aufbild mit den alten Forschungsrouten«, sagte 14. »Den meisten Leuten geht nicht ein, daß alle bewohnten Planeten erst einmal entdeckt werden müssen, ehe sie tatsächlich bewohnt sind. Wir haben alle Unterlagen über die ganz frühen Expeditionen hier. Jetzt können wir uns sicher eine annähernde Vorstellung von der Lage Ihres Planeten machen, wenn Sie mir ein paar Fragen beantworten. Ist er besiedelt?«
»Ja«, sagte Aton, fasziniert von der Schnelligkeit, mit der die Suche jetzt voranging. »Seit ein paar Jahrhunderten, glaube ich.«
»Gut. Damit wären die jüngeren Kolonien ausgeschlossen, die ohnehin zahlreicher sind als die alten Siedlungen.« Das Aufbild veränderte sich, und die meisten Linien und Muster verschwanden. »Wir setzen die Grenze auf § 100 fest – und schon ist alles viel einfacher, wie Sie sehen. Nach dieser Vorlage läßt sich unsere Liste auf einige tausend Planeten beschränken. Kennen Sie irgendwelche Navigationsdaten?«

»Nein, er könnte überall liegen.«

»Er kann nur da sein, wo er tatsächlich ist. Sind die Bewohner genetisch verändert worden?«

»Müssen sie wohl. Zumindest die Frauen stehen im Ruf ...«

»Aha. Damit wird die Zahl noch kleiner. Wissen Sie zufällig, warum er verboten ist?«

»Ich kenne nur die Sage. Es heißt, die Frauen seien Sirenen, die ewig leben, und – eine zu lieben, bedeute den Tod!«

»Aha«, sagte 14 beunruhigend aufmerksam. »Sie lieben eine dieser Sirenen. Ich wünsche um Ihretwillen, daß die Sage sich nicht bewahrheitet. Eine normale Frau ist schon schlimm genug. Wir müssen also annehmen, daß ein genetischer Eingriff den Bewohnern Langlebigkeit gewährt hat. Und die könnte natürlich ein Grund für das Verbot sein. Die Erde ist auch jetzt noch überbevölkert, und es besteht daher seit langem die Vorschrift, daß die Kolonisation durch Auswanderung vom Heimatplaneten zu erfolgen hat. Ein natürlicher Bevölkerungszuwachs durch Langlebigkeit wird abgelehnt.«

»Die Erde kann doch nicht vorschreiben ...«, begann Partner. Er hatte die Karte schweigend betrachtet.

Nummer 14 zuckte die Achseln. »Wenn Sie meinen. Jedenfalls ist der Planet aus dem Verkehr gezogen. Und damit wird unser Feld noch kleiner, denn Langlebigkeit gab es erst fünfzig Jahre nach §-Beginn. Zwanzig weitere Jahre mußten vergehen, bis sie richtig entwickelt war – sie hatte üble Nebenwirkungen, Sie verstehen –, und wiederum zehn Jahre später trat das Kolonisationsgesetz in Kraft. Oder wie sie es nennen wollen, da ja Ihrer Meinung nach die Erde keine Vorschriften machen kann.«

»Zehn Jahre«, sagte Partner. »Von § 70 bis § 80.«

Das Aufbild veränderte sich erneut, vergrößerte sich und zeigte jetzt anstelle der Navigationsrouten die leuchtenden Symbole einzelner Kolonien. »In jener Periode gab es nur wenige genetisch veränderte Kolonien – etwa hundert, wie Sie selbst sehen. Wir könnten sie alle in der Kartei nachschlagen, wenn wir sicher wären, daß alle Planeten darin verzeichnet sind. Aber Planeten sind leider keine so entscheidenden Navigationspunkte wie Sterne. Ich glaube, wir würden nur unsere Zeit verschwenden.«

»Gibt es denn kein Kolonieverzeichnis?«
»Nicht für verbotene Siedlungen. Die sind einfach nicht erwähnt, zumindest nicht namentlich und nicht in den aktuellen Bänden. Wir haben nicht genug Platz, um die jährlichen Veröffentlichungen aufzubewahren. In den älteren Bänden, die vor dem Verbot erschienen, war Ihr Planet zwar aufgeführt, aber sie sind schon vor Jahrhunderten weggeworfen worden. Vielleicht könnten wir ihn durch Ausschaltung der übrigen bestimmen, aber wenn die Liste mehr als einen verbotenen Planeten enthält, wüßten wir immer noch nicht sicher, welcher der Ihre ist.«
Partner blätterte in der Kartei. »Geben Sie mir mal die Sektor-Enzyklopädie, den Band über ›Punkt‹«, sagte er.
»›Punkt‹? Wie Sie wünschen«, antwortete 14, »aber in der Enzyklopädie stehen keine Sterne.«
Einen Augenblick später beugten sie sich über den Text. »›Punkt, Jonathan R., Raumforscher, § 41–154‹«, las Partner vor. »Das müßte er sein.«
»Der Entdecker von ›Punkt‹, einer der Sterne auf unserer Liste«, sagte 14. »Wahrscheinlich sein erstes ›bewohnbares‹ System, da er ihm seinen Namen gegeben hat. Aber was bringt Sie darauf ...?«
»Ihrem Rat folgend bin ich die Frage auf Umwegen angegangen. Ihre konventionelle Methode bringt uns nicht ganz bis ans Ziel. Wie Sie selbst sagen, wäre es ganz einfach gewesen, einen verbotenen Planeten wie einen unbewohnten zu numerieren oder ihn ganz zu übergehen, so daß man seine Indentität nicht nachweisen kann. Der Schlüssel zu unserem Problem liegt in einem Homonym.« Er fand die gesuchte Stelle und las vor: »›Punkt: alte Maßeinheit für Schriftgrade, Höhe 0,376 Millimeter ...‹«
»Ich verstehe nicht ...«
»Nehmen Sie Ihre Karte zur Hand und lesen Sie die Namen der benannten Planeten des Punkt-Sonnensystems vor.«
14 schlug verwirrt das Buch auf. »Die ersten beiden sind unbenannte Feuerbälle; dann Exzelsior, Diamant, Perl – na, die kenne ich doch! Das sind Schriftgrade!«
»Weiter!«
»Perl, Nonpareille, Petit, Borgis, Korpus. Das ist alles.«

Partners Augen leuchteten. »Sind Sie sicher, daß da nicht einer fehlt?«
»Aber ja, der Schriftgrad, den wir hier verwenden ...«
»Mignon!« rief Aton. »Sieben-Punkt!«
»Der siebente Planet«, flüsterte Partner.
»Man muß doch immer das Selbstbewußtsein eines Forschers mit einkalkulieren«, sagte Partner. »Und seinen Humor. Jonathan R. Punkt hatte wahrscheinlich einen Privatvertrag über die Besiedlung der ersten guten Welten, die er entdeckte, und er ahnte, daß es Schwierigkeiten geben würde, wenn sich die Erde einmischte. Auf keinen Fall sollte eine Nichtigkeit wie ein Verbot einen *seiner* Planeten ausschalten.«

12

In seiner Unschuld erinnerte Mignon ihn an Hvee: die gleichen flachen grünen Berge, die gleiche industrielose Landschaft. Das Raumschiff, das auf einer abgelegenen Lichtung gelandet war, schien dem Planeten etwas von seiner Unberührtheit zu nehmen.
Aton lief querfeldein, bis er auf einen staubigen Weg stieß; beim Anflug war zu erkennen gewesen, daß er zum nächsten Dorf führte. Partner erlaubte ihm, allein loszuziehen; von einem verbotenen Planeten kam er ohnehin nur auf gleiche Weise wieder fort, wie er angekommen war. Mignon war natürlich eine rückständige Welt; ihre Bewohner wußten sicher von der galaktischen Technologie, durften aber nicht selbst daran teilhaben. Ein hartes Los.
Jetzt tauchten die ersten primitiven Hütten auf. Sie waren aus Lehm und Stroh gebaut, sahen jedoch behaglich aus, und der typische ländliche Geruch hielt sich in Grenzen. Demnach achteten die Einheimischen auf Sauberkeit. Die Leute auf der Straße wirkten ganz normal und beachteten den Fremden nicht. Die genetische Veränderung schien keine unangenehmen Folgen gehabt zu haben – zumindest keine sichtbaren. Die Männer waren klein, trugen finstere Gesichter zur Schau und waren mit kurzen Tüchern bekleidet; die Frauen waren groß und trugen Schleier und Togen, die sie vollständig verhüllten.

Ein Paar kam auf ihn zu. Der Mann, der einen Kopf kleiner war als seine Begleiterin, schien sich in seinem Leinengewand und mit dem säuberlich gestutzten Bart durchaus wohl zu fühlen. Die Frau hingegen schwankte unter der Last eines riesigen Pakets, das – zusammen mit den weiten Falten ihrer Toga – sie jeden Augenblick zu Fall zu bringen drohte.

Aton trat zur Seite, um die beiden vorbeizulassen. Er hatte den Eindruck, daß unter den schweren Gewändern der Frau eine unerträgliche Hitze herrschen mußte, und sie taumelte auch tatsächlich im Gehen. Ihr Fuß stieß an einen Stein auf dem holprigen Weg, sie stolperte, und das schwere Paket in ihren Armen streifte ihren Gefährten, als sie das Gleichgewicht zu halten versuchte.

Der kleine Mann sagte etwas in einem Dialekt, den Aton nicht verstand – aber es war leicht herauszuhören, daß er grobe Schimpfworte äußerte. Wütend fuhr er herum und versetzte der Frau einen heftigen Schlag. Sie stürzte, das Paket entfiel ihren Armen und rollte den Weg hinunter vor Atons Füße.

Als sie sich langsam aufrichtete, fluchte der Mann noch einmal und trat heftig nach ihr. So etwas Niederträchtiges hatte Aton noch nicht erlebt. Ohne einen Laut von sich zu geben, hastete die Frau auf Händen und Knien herüber, um das Paket aufzuheben. Dann richtete sie sich mühsam auf, während der Mann von der anderen Straßenseite einen endlosen Strom ätzender Schimpfworte über sie ergoß.

Sie gingen weiter, ohne von Aton Kenntnis zu nehmen.

Während er nun durch das Dorf wanderte, stellte er fest, daß nirgendwo ein Mann an der Arbeit war. Nur die Frauen arbeiteten – und zwar schwer.

Ein alter Mann lehnte allein an einem Baum am Rande eines Platzes in der Dorfmitte. An ihn wandte sich Aton in der galaktischen Zeichensprache. »Wo kann hier ein Fremder übernachten?«

Der Alte mustere ihn. Er gestikulierte umständlich: »Haben Sie eine Frau?« Das Zeichen, das er verwendete, bedeutete eigentlich ›weibliche Leibeigene‹.

Aton dachte an Malicia. »Nein.«

»Dann haben Sie Glück. Sie können heute nacht Pink Rocks Haus und Frau haben.«
Aton zögerte. In der Galaxis herrschten sehr unterschiedliche Sitten, aber es war doch besser, eine Situation voll zu erfassen, ehe man sich auf etwas einließ. »Zieht Pink Rock weg?«
Der Mann wies auf den Dorfplatz. Jetzt erst sah Aton einen Mann, der an einem großen aufragenden Stein gefesselt war; vor ihm auf einem Tisch lagen unheimliche Instrumente.
»Hinrichtung? Ein Verbrecher?«
»Nein.«
»Ein Opfer?«
»Nein.«
»Warum ist er dann gefesselt?«
»Er war unvorsichtig.«
»?« (Zeichen für Verwunderung).
»Er hat sich in seine Frau verliebt.«
(Verwunderung). »Und dafür wird er gefoltert?«
Der Alte starrte ihn an. »Das ist doch eine Gnade.«
Aton wartete die Riten nicht ab, die an dem unvorsichtigen Pink Rock vollzogen wurden. Statt dessen versprach er, nach der Zeremonie wiederzukommen, und streifte in der Nähe umher, um dem Geheimnis dieses Volkes auf die Spur zu kommen. Zwar galten die Menschen hier nach Gesetz und Legende als Ungeheuer, aber worin bestand das Schrecknis, vor dem sich die Galaxis fürchtete? Warum die strenge Unterdrückung von Handel und Verkehr? Was er bisher gesehen hatte, war nur eine unglaublich patriarchalische Gesellschaftsordnung, in der die Frauen derart als Sklaven galten, daß es schon ein Verbrechen war, eine zu lieben.
Aber der Zweifel blieb. Da die Frauen Mignons in Schleier und Gewänder gehüllt waren – er konnte sie sich nicht als ›Mignonnes‹ vorstellen –, vermochte er ihre Gesichter nicht zu erkennen. Dennoch hatten sie etwas an sich, das ihm bestürzend vertraut erschien.
Er zuckte die Achseln. Natürlich gab es da etwas Vertrautes. Malicia war hier geboren.
Am Dorfbrunnen füllte eine Frau allein einen großen ledernen

Eimer. Sie schloß ihn mit einem Seil, das um den Rand lief, hing ihn sich über die Schulter und ging unter dem Gewicht schwankend fort.
Aton trat ihr in den Weg und erbot sich, ihr den Eimer abzunehmen. Er tat es nicht aus Ritterlichkeit, sondern weil er darin eine Möglichkeit sah, mehr von ihr zu erfahren. Sie wich zurück.
»Aber ich will Ihnen doch nur helfen«, gab er der Frau durch Zeichen zu verstehen. Er bückte sich, streckte die Hand nach dem Eimer aus und packte die Schnur, aber die Frau beugte sich so rasch zurück, daß sich ein Zipfel ihres Schleiers verfing. Das Tuch glitt ihr vom Gesicht.
Aton starrte sie an. Es war Malicia.
Er ließ sie gehen. Sein Verstand sagte ihm, daß Malicia nicht auf dem Planeten sein konnte. Selbst wenn sie tatsächlich hier war, schien es unmöglich, daß er ihr einfach so über den Weg lief – und nach jenem Versuch vor langer Zeit, den er fast aus seiner Erinnerung verdrängt hatte, würde sie ihn nicht noch einmal an einem Brunnen verführen. Er dachte auch an die täuschende Veränderung im Gesicht der Tochter Viers und an das Bild, das er später in einer riesigen Gasschlucht Chthons gesehen hatte. Offenbar konnte er seinen Augen nicht immer trauen.
Aber wenn das hier keine Fieberphantasie, keine Vision war ...
Eine zweite Frau kam den Pfad herab. Er ging auf sie zu, bot ihr seine Hilfe an und zerrte ihr ungeschickt den Schleier vom Gesicht. Wieder Malicias Züge. Nein – die Augen waren nicht so tief, das Haar weniger flammend. Es war eine welke Malicia. Was mochte das bedeuten?
Bis jetzt hatte er versucht, bei den Einheimischen keinen Anstoß zu erregen, aber jetzt durfte er nicht mehr zögern. Er mußte es wissen. Wer war hier verrückt – der Planet oder er?
Zwei Frauen gingen zusammen die Straße entlang, die unvermeidliche Last auf den Schultern. Aton hielt sie an und riß ihnen in qualvoller Vorahnung die Schleier ab.
Gleiche Gesichter wandten sich ihm zu, beide vom gleichen, lang herabfallenden Flammenhaar umspielt. Grüne Augen blickten ihn an. Zwillingsspiegelbilder seiner Liebe.

»Wer seid ihr?« schrie er laut und machte seine Zeichen.
Ein Doppellächeln von vernichtender Schönheit antwortete ihm.
»Ich bin Pein«, bedeutete die eine ihm in der Zeichensprache, und die andere: »Mein Name ist Horror.«
Endlich begriff Aton.

Abend – der Auftrag der Barmherzigkeit war erfüllt. Der ausgeweidete Leichnam hing reglos am Stein, und der Gestank nach brennenden Eingeweiden ließ langsam nach. Pink Rocks leere Augenhöhlen blickten auf die ringsum versammelten Freunde, die im weichen Gras des Platzes saßen und jetzt ruhten nach dem Dienst, den sie ihm erwiesen hatten.
Aton stand am Rande des Platzes; instinktiv wußte er, daß bei dem Ritual kein Sadismus im Spiel gewesen war. Pink Rock war nicht verurteilt und gestraft worden – man hatte ihn nur von seinen unreinen Gefühlen befreien müssen. Es konnte kein Zweifel bestehen, daß man ihm seine Liebe auf blutige Weise restlos ausgetrieben hatte, ehe er starb. Jetzt schlugen die schönen Mignonnes ihre Schleier zurück und stimmten, lieblicher als jeder Menschenchor hätte singen können, ihre Hymne der Erfüllung an. Aton war bis ins Innerste aufgewühlt. Seit seiner Kindheit hatte er solches Entzücken nicht mehr empfunden – und doch spürte er darunter eine unbehagliche, fremde Bitterkeit.
Die Männer Mignons saßen abseits, wuschen sich die Hände und blickten mürrisch vor sich hin. Ich verstehe euch, dachte Aton. Ihr habt aus einer Notwendigkeit heraus gehandelt – ärgerlich darüber, daß man euer Geschick in Anspruch nahm, ärgerlich auf eure schönen Frauen, ärgerlich auf eure Gesellschaft. Ihr seid stets verärgert.
Schließlich hüllten sich die Mignonnes wieder in ihre Schleier und traten zu ihren Herren. Die finsteren Blicke und Flüche verloren sich in der Dunkelheit. Kein Wunder, daß die Frauen froh waren, wenn sie ihren Planeten bei erster Gelegenheit verlassen und normalen Männern dienen konnten. Und doch hatte Malicia wohl kaum aus so einfachen Beweggründen gehandelt.

Eine Frau stand schweigend vor dem Leichnam; sie schien zu beten. Aton näherte sich ihr von hinten und faßte ihren Arm. Sie war Pink Rocks Witwe.
Sie führte ihn in eine Hütte am Dorfrand und trat höflich zur Seite, damit er als erster über die Schwelle ging. Sie fügte sich gleichmütig in die neue Situation. Vorher hatte sie einen Mann gehabt, der sie liebte; jetzt hatte sie einen, der sie nicht liebte. Das war alles.
Im dunklen Inneren roch es nach frischem Heu. Nachdem sich Atons Augen angepaßt hatten, erblickte er einen Raum, der größer war, als er erwartet hatte, ein sauberes, ordentliches Heim. Im Hintergrund lag eine weiche Grasmatratze am Boden, breit genug für zwei Personen. Auf einem niedrigen Tisch daneben befanden sich mehrere mit leichten Fasern gefüllte Kissen, eine Kerze und eine Peitsche.
»Hunger«, gestikulierte er energisch, woraufhin sie fades Brot und fades Wasser brachte. Er spuckte es ärgerlich aus, und sie ging, um etwas anderes zu holen. »Müde«, bedeutete er ihr dann, und sie zog ihn sanft aus und führte ihn zur Matratze. Als er sich hingelegt hatte, rückte sie die Füße zurecht und schob ihm geschickt ein Kissen unter den Kopf.
Die Mignonne war gehorsam; die Mignonne war stark.
Aton fühlte sich in schrecklicher Weise an eine ähnliche Szene erinnert; er wollte nicht daran denken, konnte sich des Gedankens aber nicht erwehren. Schon einmal hatte er sich mit einer Frau, einer Mignonne, in einem Zimmer befunden. Schon einmal hatte er sich vor einer Mignonne ausgezogen.
»Sag mir deinen Namen.« Er mußte die Erinnerung unterdrücken.
»Miseria«, signalisierte sie. Er hörte »Malicia«. Wieder hatte er die kuppelförmige Unterkunft auf dem Asteroiden vor Augen – das Zimmer des Raum-Hotels – oder Rotels. Damals hatten sie den Raumtransport vertäut und waren direkt vom Raumschiff durch die Schleuse in das prunkvoll eingerichtete Privatzimmer umgestiegen. Er hatte sofort seinen hautengen Schutzanzug abgestreift und im trüben Licht nackt vor ihr gestanden. Malicia war still und unbeteiligt gewesen und hatte kaum noch

etwas von dem sprühenden Geschöpf an sich gehabt, das sie kurz zuvor im Außenposten der Xests gewesen war. Sie hatte sich nicht ausgezogen.

»Möchtest du meinen Namen wissen?« Leere Worte; ein Nichts in der hereinbrechenden Nacht. Aber irgendwie mußte er die furchtbare Erinnerung auslöschen.

Miseria antwortete: »Wenn es dem Herrn gefällt, ihn mir zu sagen.«

»Verdammt!« schrie er, blickte auf den Schleier und sah die leere Maske des Raumanzugs, die ihre Schönheit vor ihm verbarg.

»Du servile Hülle! Hast du denn gar keinen eigenen Willen?«

Er hatte laut gesprochen und die Zeichen in seiner Erregung völlig vergessen; er wußte, daß ihn niemand verstehen konnte. Miseria antwortete mit einem glückstrahlenden Lächeln, das er sogar durch den dunklen Schleier erkannte.

Gereizt und beunruhigt riß er ihr das Tuch vom Gesicht. Hatte man ihn etwa in eine Falle gelockt und ...

Ihr Haar war stumpf, ihre Augen grau. Sie ähnelte mehr dem Captain als der Nymphe. Sie lächelte immer noch – mechanisch.

Ich bin ein Dummkopf, dachte er. Wenn sie meine Worte verstanden hätte, würde sie nicht lächeln. Sie ist ein richtiges Eingeborenenmädchen, dazu erzogen, auf Grobheit mit einem verzeihenden Lächeln zu reagieren.

Doch der Mann, der sie liebte, war zu Tode gefoltert worden.

»Du kannst mich ›Steinernes Herz‹ nennen«, sagte er, den erkennbaren Bräuchen folgend. Er war immer noch ärgerlich – wie vielleicht auch die anderen Männer ärgerlich waren – über die Frau, über das System, das sie darstellte, über die Ungeheuerlichkeit und das düstere Geheimnis dieses Systems. Ärgerlich über die schrecklichen Erinnerungen, die diese Situation in ihm heraufbeschwor, weil sie einer anderen so furchtbar ähnlich war.

»Warum bist du nicht hübsch?« Jetzt war er bewußt unfreundlich, und seine Wut richtete sich gegen ihn selbst. Mußte denn Wut immer wieder neue Wut hervorbringen?

Sie lächelte nur.

»Zieh dich aus«, befahl er. Er konnte sie jetzt kaum noch erkennen. »Zünde zuerst die Kerze an. Ich will dich *sehen.*« Sie gehorchte langsam.
Sie hatte einen herrlichen Körper. Das lange Haar floß über ihre Schultern und die steinern wirkenden Brüste, und sein Blick folgte dem Stoff des Raumanzugs, der von der schmalen Taille und den schwellenden Hüften und Schenkeln glitt. Allein mit ihr, ganz allein, zum erstenmal ...
Aber das ist ja meine Erinnerung! dachte er. *Ich sehe Miseria vor mir – nicht Malicia! Nicht Malicia. Nicht ...*
Nicht, nicht den Gesetzen irgendeines Planeten unterworfen, sondern hier, in der unantastbaren Abgeschlossenheit des Rotels, der vorübergehenden Mietunterkunft Jungverheirateter und wohlhabender Raumfahrer. Eine luxuriöse Zuflucht, ein prächtiger, endlich von seinen Fesseln befreiter Körper.
Miseria!
Ich liebe dich, Malicia, und du bist mein.
Miseria.
Warum antwortest du nicht, Malicia?
Erinnerung ...
Warum schweigst du?
Malicia ...
Warum hast du dich zurückgezogen! Bist du krank? Malicia, Malicia ...
Aber sie strotzte vor Gesundheit, ihr Haar brannte unendlich, ihre Augen waren tiefer denn je; natürlich, normal – außer daß sie ihn nicht wahrzunehmen schienen.
Sprich mit mir!
Sie wollte nicht. Welch unbekannte Hand hatte in der Stunde des Triumphs einen Bann über sie geworfen, so daß sie verstummte? Befand sie sich in posthypnotischem Zustand, hatte ein unbekannter Feind, der Atons Vernichtung wollte, ihr ein Gebot auferlegt? Mußte er sie jetzt wie ein schlafendes Dornröschen mit einem einzigen, hinreißenden Kuß erlösen?
Er küßte sie, aber sie kam nicht zu sich. Ihre Lippen reagierten nicht.
Oder bedurfte es eines größeren Einsatzes? Sollte er sie lieben?

Ohne daß er ihr die Hvee gegeben hatte?
Er hob sie auf; einen Arm unter ihren Schultern, den anderen unter ihren Knien, so trug er den schlaffen Körper zur Couch und legte ihn nieder.
Miseria! Zusammenfahrend riß Aton sich los und kehrte in die Gegenwart zurück. Miseria lag auf dem Strohsack, nackt und lieblich und bereit für die Zärtlichkeit seiner Hände. Er hatte geglaubt, seine Malicia sei einzigartig, aber hier nun hatte er eine Doppelgängerin, eine von Dutzenden im Dorf, eine von Hunderten, Tausenden auf dem Planeten. Er hatte die Standardeigenschaften dieser Gattung fälschlich für Schönheit gehalten und sich ein ganzes Leben lang getäuscht.
Miseria lächelte wieder und regte sich wollüstig. Wie seltsam, daß diese Frau, die er nicht begehrte, so bereitwillig auf seine gleichgültige Berührung reagierte, während Malicia ...
Malicia ... hatte sie das Gedächtnis verloren? Aber sie schien weder betrübt noch berunruhigt oder verwirrt. Sie sah ihn, erkannte ihn – aber er war für sie ein Möbelstück, kein Mann. Sie war nicht betäubt und stieß auch nicht mit ihm zusammen, wenn sie durchs Zimmer ging.
Konnte ihre Liebe zu ihm erloschen sein? Oder hatte sie niemals existiert? Ihr glänzendes Haar und die unergründlich tiefen Augen widerlegten beides. Ihre Liebe war stark. Sie mußte ihm gelten; die Mignonne erstrahlte nicht neben dem falschen Mann. Wenn sie ihn nicht liebte, wäre sie nicht mit ihm gekommen.
Sie war Raumcaptain gewesen und überaus tüchtig. Sie würde niemals etwas tun, ohne ihre Gründe dafür zu haben. Es mußte also eine Erklärung geben. Wußte sie etwas, das ihm unbekannt war? Etwas, das sie ihm nicht sagen durfte?
In seiner Vorstellung sah er eines der üblichen Fernsehspiele für Kinder: Hinter der Tür lauert ein Verbrecher mit einer Strahlpistole in der Hand, der gleich die Heldin rauben und schänden wird. Im Eingang steht ihr Geliebter, muskulös, gutaussehend, klug. Wenn sie ihre Bedrängnis kundgibt, muß ihr Geliebter als erster sterben. Darum muß sie schweigen und versuchen, ihm ein Zeichen zu geben, das der verborgene Eindringling nicht versteht. Wenn es ihr gelingt, sich ihm verständlich zu machen, und sei es noch so vage, sind beide gerettet.

Malicia lag nackt da, unglaublich schön; ein Arm hing herab, ihre Beine waren leicht gespreizt. Sie atmete regelmäßig, und ihre Augen waren geschlossen.
Wo steckte der Schurke? An der Luftschleuse hatte sich das unbeschädigte Siegel des Eigentümers befunden, so daß es hier keinen Dritten geben konnte – nicht auf einem so abgelegenen luftlosen Asteroiden, nicht in einem Raum, der erst bei ihrem Eintritt unter Druck gesetzt wurde. Ein verstecktes Mithörgerät war ebenso unmöglich wie eine sonstige technische Einrichtung, die zur Bedrohung werden konnte. Die Eigentümer verkauften vor allen Dingen Diskretion. *Sie sind unter sich in einem Rotel,* lautete die Reklame der Gesellschaft, und sie verfügte über die Mittel, um ihr Prestige zu wahren.
Malicia rührte sich nicht. Nein, das Geheimnis lag tiefer ... und er konnte sich nicht dazu überwinden, an einer Puppe den Liebesakt zu vollziehen. Er war verwirrt.
Aber da stockte der Strom seiner Erinnerungen. Das Gedächtnis verweigerte den Dienst. Erleichtert wandte er sich wieder Miseria zu.
Ihr Haar wirkte jetzt heller im Kerzenlicht. Wenn er die Anzeichen richtig deutete, begann diese Frau ihn bereits zu lieben – und er hatte sie bisher nur gereizt. Plötzlich empfand er Reue und aufrichtiges Mitgefühl.
Miseria schauderte zurück.
Sie reagierte, obwohl er weder Zeichen gegeben noch gesprochen hatte! Die Mignonne war also telepathisch! Schon einmal hatte er das vermutet – warum war es ihm entfallen? Sie konnte seine Gedanken lesen oder zumindest seine Gefühle und reagierte darauf – nicht auf seine Worte.
Aton nahm seine geistigen Kräfte zusammen und richtete eine Woge stärkster Haß- und Wutgefühle auf sie.
Ihre Züge hellten sich auf. Sie sprang auf, faßte ihn bei den Schultern, drückte sich an ihn und küßte ihn leidenschaftlich.
Ihre Gefühle waren invertiert! Sein Haß war ihre Liebe!
Nun klärte sich das Bild: die Grobheit des kleinen Mannes auf der Straße, die Reaktion der Frauen auf die Wut der Männer. Und Malicia – sie war stets besonders zärtlich gewesen, wenn er

ärgerlich oder unglücklich war, und kalt, sobald er zärtlich wurde. Kein Wunder, daß er nie mit ihr zurechtgekommen war!

Miseria drückte sich an ihn, und ihr Haar wurde mit jedem Augenblick leuchtender. Er schlug sie. Sie wurde zurückgeworfen und lächelte entzückt. Brutal packte er ihre flammenden Haare, zerrte sie an sich und überflutete sie mit seinem Haß. Sie kam seinem grausamen Kuß entgegen. Fest biß er sie in die weiche Unterlippe, damit sie blutete; aber sie stöhnte nur vor Lust und blutete nicht.

Aton legte ihr einen Arm um die Schultern und hielt sie ganz fest. Dann rief er sich das Bild wogender Hveefelder ins Gedächtnis, eine Vision der überfließenden Liebe dieser Blumen, die selbstlos darauf warteten, für ein anderes Wesen dazusein.

Miseria wand und wehrte sich, ihr Gesicht war eine schmerzverzerrte Maske. »Ja«, sagte er, »das tut dir weh, nicht wahr? Aber wieviel schmerzlicher müßte es sein, wenn ich dich liebte, dich und nicht die Hvees?« Ein erstickter Schrei entrang sich ihrer Kehle.

Er hielt sie fest, obgleich sie sehr stark war. »Verstehst du nicht. Miseria – ich bin grausamer zu dir, als du dir überhaupt vorstellen kannst. Ich weiß, daß es dir weh tut, der Liebe so nahe zu sein – darum füge ich dir durch meine Liebe den größten Schmerz zu. Und du mußt die Liebe des Mannes, der den größten Schmerz zufügt, freudvoll erwidern.«

Sie gab die Gegenwehr auf und starrte verwirrt zu ihm auf. Die gesprochenen Worte verstand sie nicht, um so mehr aber die vernichtenden Gefühle, auf denen sie bauten.

»Ich will gnädig mit dir sein«, fuhr er fort, ließ sie aber nicht los. »Ich will dich schonen, so wie mich meine Geliebte nicht verschonte. Weil ich deine Gefühle nicht so direkt aufnehmen kann, wie du meine spürst. Weil du das Paradoxe deines Wesens nicht verstehst. Weil ich weiß, daß du es ehrlich meinst, und weil ich begreife, warum du jetzt Witwe bist. Weil ich dich in der kurzen Zeit, die mir gegeben ist, glücklich machen will. Ich werde dich belohnen, indem ich all die Wut über das, was deine Schwester aus mir gemacht hat, an dir auslasse.

Ich werde dich töten, Miseria.«
Er nahm ihren Kopf in seine starken Hände, packte mit den Fingern ihre Ohren und drückte zu. Sie lächelte. Ihre Muskeln spannten sich, als er ihr den Kopf verrenkte und versuchte, ihr langsam das Genick zu brechen. Sie gab sich dem Genuß ganz hin. Wie eine Puppe war sie: schlaff, biegsam und aus einem unvorstellbar harten Stoff. Schließlich packte ihn die Wut. Er rammte ihren Kopf gegen die Matratze, als wolle er ihn mit brutaler Gewalt abreißen.
Nach langer Zeit jedoch mußte er sich erschöpft eingestehen, daß eine Mignonne mit bloßen Händen nicht umzubringen war. Sie war ein Geschöpf der Strafe; sie war dafür geschaffen und genoß jede Sekunde.
Aton hielt niedergeschlagen inne; ihr warmer Körper schmiegte sich an ihn, und sie streichelte und liebte ihn. Er hatte nicht auslöschen können, was ihn erfüllte.
Konnte ein Messer das scheinbar so zarte Fleisch durchbohren? Er fürchtete sich, es zu erproben. Die Peitsche hatte auch nach heftigem Gebrauch keine Spuren auf ihrem Körper hinterlassen.
Aber es gab noch andere Geheimnisse. Alle Mignonnes schienen aus dem gleichen Holz geschnitzt; sie sprachen ausnahmslos auf die sadistische, umgekehrte Liebe an, während die Männer normal zu sein schienen. Aber er hatte noch keine alten Frauen gesehen. Ob sie alle jung waren?
»Wie alt kannst du werden, Miseria?« Er benutzte die Zeichensprache.
Sie bemühte sich, ihm zu antworten. »Es gibt keine Grenze ...«
»Ihr seid unsterblich?«
»Nein.«
»Wie sterbt ihr dann?«
»Durch den Schmerz; wenn er zu stark wird, tötet er uns.«
Und unsere Liebe ist euer Schmerz, dachte er. Solange ein Mann euch haßt, lebt ihr und werdet immer schöner, und euer Haar brennt. Ist er aber gut zu euch und liebt euch, bedeutet das euren Tod.
Und doch war Pink Rock gestorben – nicht seine Frau.

»Weißt du, was Liebe bedeutet?«
»O ja. Sie ist mein Wesen. Ich liebe ...«
»Hast du Pink Rock geliebt?«
»Ja, zu Anfang war er gut. Aber wir bekamen keinen Sohn. Da wurde er ganz verdreht und tat mir weh. Ich hätte wohl seine Liebe wieder wecken können, wenn sie ihn mir nicht genommen hätten.«
Natürlich. Die Mignonne war zäh. Sie gab sich nicht verloren in weiblicher Hilflosigkeit. Wenn ein Mann ihr ›weh zu tun‹ begann, versuchte sie ihren Schmerz zu lindern, indem sie seine ursprünglichen Gefühle weckte. Sie tat alles, was in ihrer ansehnlichen Macht lag, damit sie – nach männlicher Definition – haßte. Das konnten die Männer Mignons nicht dulden. Die Kluft zwischen Liebe und Haß mochte oft schmal erscheinen, konnte aber auch erschreckend breit sein – breit wie der Abgrund Chthons. Denn wer wußte schon, wie das furchtbare Gefühl sich äußerte, bevor es sich auf das beabsichtigte Objekt richtete?
Die Männer Mignons waren weise. Sie begriffen das Chaos hinter der sorglosen Fackel unbeherrschter Gefühle. So vollzogen sie den notwendigen und barmherzigen Schritt und löschten die Fackel aus, bevor die Mignonne handeln konnte. Sie waren auf ihre Weise gut, denn sie versuchten dem Manne vor seinem Tode den natürlichen Haß zurückzugeben, damit er ihn in seine Geisterwelt mithinübernahm.
Die Zivilisation der übrigen Galaxis war nicht so weise. Für sie hatte der Tod nichts Barmherziges. Sie erkannte zwar die Gefahr der Liebe einer Mignonne, verfrachtete das Opfer jedoch lieber in das ewige Gefängnis Chthon, als die Hinrichtung direkt zu vollziehen.
Aber auch Chthon konnte das Unheil jener Liebe nicht bezwingen. Wie viele waren dort wohl schon gestorben?
Warum war Malicia in die Galaxis gekommen? Und wie? Warum erwählte sie sich ausgerechnet Aton? Warum hatte sie seine junge Liebe herausgefordert, eine Liebe, die ihr von Anfang an Qual bereitet haben mußte. Ohne ihn wäre sie doch besser gefahren – zumal sie eine gute Position bei der Handelsraumfahrt hatte, zumal auf ihrer Heimatwelt die Männer das Problem der Mignonne kannten.

Sein Verstand wußte die Antwort, wollte sie dem Bewußtsein aber nicht preisgeben. Sie hatte ihm gesagt, damals im ...
»Miseria – war Pink Rocks Liebe stärker als meine, bevor er sich veränderte?«
»Nein, Steinernes Herz. Deine Liebe ist die stärkste. Stärker als die jedes anderen Mannes.«
Weil ich aus der Galaxis stamme. Weil ich einer Spezies angehöre, die nicht auf die Mignonne eingestellt ist. Welch seltenes Ereignis, wenn eine Frau dieses Planeten in die Galaxis ausbricht, wo jeder Mann sich seiner Gefühle mit naiver Kraft hingibt, und wo, ohne daß er die telepathischen Bande bemerkt, jede vage Regung der Wut oder des Schmerzes seine Einbildungskraft entzündet.
Ja, mein Gefühl ist stark. Die empfindliche Hvee reagierte schon in meiner Kindheit darauf, und Malicia begriff diese Fähigkeit – und hinter ihr noch etwas –, als sie in jener idyllischen Welt den kleinen Jungen traf. Sie brachte ihr Opfer, warf ihr feines Netz über den Jungen und schickte ihn fort, ehe ihr das aufkeimende Gefühl unerträglich wurde. Sie wußte, daß meine Liebe nicht für sie war, damals noch nicht, obgleich sie eine große Versuchung für sie bedeutete. Ich war ein harmloser Flirt, eine flüchtige Vorahnung, noch nicht reif zum Pflücken.
Bis ich sie aufspürte, nach der fruchtlosen Suche von Enttäuschung und so heftig geplagt, daß sie nicht widerstehen konnte. Sie wollte mich heimlich genießen, ganz nahe, doch verkleidet. Aber dann durchschaute das Gemälde der Xests den Captain und enthüllte mir die Mignonne ...
... und verdammte uns beide.
»Komm, Miseria«, sagte er, »ich will dir eine Liebe zeigen, wie du sie dir noch nicht erträumt hast.«

§ 400

10 Neunundneunzig Männer und hundertzweiundvierzig Frauen traten die entsetzliche Lange Reise an. Sie waren nicht kühn und mutig, gingen nicht mit unerbittlicher Entschlossenheit ihrem Schicksal entgegen; vielmehr waren sie ängstlich und verzweifelt, getrieben von der Gewißheit, daß hinter ihnen Hunger und Leid drohten.

Der Aufstand der unteren Höhlen war verraten worden, und alle mußten für den Fehlschlag zahlen. Von den oberen Höhlen kam keine Nahrung mehr. Tallys Leute verfügten über große Reserven, die sie für einen solchen Notfall gehortet hatten – sie brauchten nicht nachzugeben.

Mit dem blauen Granatstück Framys hätte man vielleicht Zeit gewinnen können, wenn seine Existenz früher bekannt gewesen wäre. Jetzt aber hätte der Splitter nur den sicheren Tod bedeutet, weil er bewies, daß sie geleugnet hatten, was die Anführer der oberen Höhlen bereits wußten. So hatte die Revolte eigentlich überhaupt keine Chance gehabt; sie lieferte nur einen bequemen Vorwand, die gesamte Bevölkerung der unteren Höhlen auszurotten.

Man begann die Reise mit einem gewissen Fatalismus. Niemand bezweifelte, daß die meisten bald sterben würden, und zwar nicht auf saubere Art.

Die Sage von Doc Bedside hielt sie aufrecht. Vor fünf Jahren war er windabwärts aufgebrochen, das selbstgeschnürte Bündel mit der Marschausrüstung am sehnigen Körper festgeschnallt, einen scharfen Stein in der Hand. Er war im Land der Schimäre verschwunden, und man hatte nie wieder von ihm gehört – bis Aton die Bestätigung brachte, daß er durchgekommen war. Bedside hatte unterwegs den Verstand verloren – aber konnte der Wahnsinn auch zweihunderteinundvierzig erfahrene und gewarnte Wanderer überwältigen? Sie folgten Bedsides Spur, suchten nach seinen Zeichen, sofern es sie gab; für sie, die Nachfolgenden, mußte das Unternehmen leichter sein.

Aber das war natürlich ein Irrtum.

Aton schritt zehn Stunden lang – soweit er die Zeit schätzen konnte – an der Spitze des Zuges durch die weiträumigen Höhlen und Gänge, die stetig bergan führten. Die Wände wichen mit der Zeit zurück, die Decke wurde höher; entsprechend schwächte sich auch der Wind ab und wurde kühler. Die Reise war beinahe angenehm. Bis auf das völlige Fehlen von Nahrungsmitteln eigneten sich die Höhlen hier viel besser zum Wohnen als die bekannten Bezirke.

Etwa sechs Stunden lang rasteten sie mit knurrendem Magen. Niemand stand Wache. Sie blieben stets zusammen, und die schrecklichen Höhlentiere wagten sich an so große Gruppen nicht heran. Fast wünschten sie sich den Angriff herbei, denn zusammen gelang es ihnen vielleicht sogar, die Schimäre zu fangen und zu bezwingen, und sie hatte gewiß Fleisch am Körper. Der Hunger würde die Reise sehr schnell beenden, wenn sie nicht bald etwas Eßbares fanden. Bedside mußte sich doch auch irgendwie ernährt haben.

Während des dritten Marsches brachen bereits die ersten vor Erschöpfung und Hunger zusammen. Sie wurden methodisch geschlachtet und verzehrt.

Aton stand im zurückweichenden Kreis, während es Bossman vormachte: Er trennte die noch warmen Glieder mit der Axt ab, und andere zogen sie vom Rumpf des ersten Leichnams fort. Blut spritzte auf, bedeckte die Klinge, ergoß sich über den Steinboden und verdickte sich, während es träge auf dem Weg zurückfloß, den sie gekommen waren. Hastings machte Feuer aus einigen alten, trockenen, nutzlosen Wasserschläuchen. Rauch und Gestank waren ekelerregend, und das Fleisch brannte an und tropfte, wurde aber nicht recht gar. Künftig mußte man es roh zubereiten.

Bossman machte sich weiter nützlich; er zerhackte die Glieder in kleinere Stücke und öffnete den Rumpf. Messer und Steine der anderen vollendeten dann die Arbeit. »Wer hungrig ist, soll essen«, sagte er.

Noch aßen nicht viele. Die restlichen Stücke wurden, soweit sie noch brauchbar waren, in Schläuche gewickelt und mürrischen Trägern übergeben; Bossman hielt nichts von Verschwendung.

Knochen und sonstigen Abfall überließ man der Schimäre. Auf späteren Märschen gaben immer mehr Leute nach und aßen mit; sie würgten die rohen Bissen mühsam hinunter, fanden sie aber besser als den Hungertod.
Bald ›aßen‹ alle überlebenden Mitglieder der Gruppe. Wer seine Skrupel nicht hatte überwinden können, verhungerte.
Skrupel waren nichts für die Lange Reise.
Während des vierten Marsches begannen die Überfälle. Nachzügler schrien auf, und man fand ihre Leichen, aus denen die Eingeweide herausgerissen waren. Eine Säuberungsmannschaft stellte die eßbaren Stücke sicher. Der Haupttrupp blieb jedoch verschont; die Schimäre zeigte sich nicht.
In der vierten Schlafperiode fand Bossman eine Verwendung für den Verräter. Er band Framy an einen Felsvorsprung unweit ihrer Lagerstätte. »Schrei los, wenn du die Schimäre siehst«, riet er ihm. »Du kannst natürlich auch schlafen.«
Aton lauschte.
». . . ich weiß, daß ich unrecht getan habe. Ich habe immerzu gelogen. Aton, der war schlau, er log nur, wenn es darauf ankam. Er wußte wohl, daß wir beide eingesperrt würden, wenn sie davon erfuhren. Möchte nur wissen, wer das andere blaue Stück gefunden hat? Irgend jemand hat es aufgehoben und durch den Schacht hinaufgeschmuggelt. Aber ich glaube, ich zahle jetzt vor allem für die vielen kleinen Lügen. Weil ich für die großen nicht einstehen kann – sie sind ein Teil von mir. Ich weiß, daß ich büßen muß, aber das kann ich nur so, wie er es mir gezeigt hat – indem ich es nämlich an jemand anders auslasse, wie Granat. Ich muß bestraft werden für die Lüge, die ich nicht geäußert habe, und vielleicht büße ich damit für die, die ich ausgesprochen habe und nicht wieder zurücknehmen kann.
Wer ist da? Ich höre dich, du kannst dich vor mir nicht verstecken, ich höre dich genau. Versuch nicht, mich zu täuschen. Ich höre . . . deine Schritte . . . deinen schnaufenden Atem und das Peitschen deines Schwanzes . . .«
Auf die erstickten Schreie liefen die Leute von der Hauptgruppe herbei und standen schaudernd vor dem, was von Framy übriggeblieben war. Blut troff aus den leeren Augenhöhlen, aus einem

Mund, in dem einst eine Zunge gewesen war, und zwischen den zerschundenen Beinen hervor.
Bossman musterte den Körper, in dem noch Leben war, schwang die Axt und durchschnitt mit einem Schlag die Halsstränge. »Wollte es ihm nur ein bißchen leichter machen«, sagte er, wie um seine Schwäche zu entschuldigen.
Ein anderer löste die Leiche vom Felsen. »Vielleicht unterscheidet uns gerade das von der Schimäre«, sagte er, »wir töten, *ehe* wir uns die leckeren Stücke nehmen.«
Wirklich? fragte sich Aton. Tun wir das wirklich?

Zu Beginn des sechsten Marsches, etwa hundertundfünfzig Kilometer vom Ausgangspunkt entfernt, stießen sie auf den Fluß. Das klare Wasser schoß quer durch die Windhöhle und hatte sich ein eigenes schmales, aber tiefes Bett gegraben. Es war der erste Fluß, den sie auf Chthon zu Gesicht bekamen – ein wunderbarer Anblick.
»Die Lose«, sagte Bossman. »Wenn wir es trinken können . . .«
Die gesammelten Granatsteine wurden hervorgeholt und gemischt. Hastings übernahm das Vorzeigen. Er steckte die Hände in den mit Steinen gefüllten Schlauch und zog sie zu Fäusten geballt wieder hervor, während Bossman die anderen in einer Reihe Aufstellung nehmen ließ. Hastings hielt der ersten, einer störrischen Frau, die Fäuste unter die Nase. Sie schlug auf seine Linke, die sich öffnete: ein gewöhnlicher roter Granatstein lag darin. Sie nahm ihn, schnippte ihn verächtlich wieder in den Schlauch und ging davon.
Hastings steckte die leere Hand in den Schlauch und brachte sie geschlossen wieder zum Vorschein. Der nächste nahm dieselbe Faust; wieder ein roter Granatstein. Der Mann trat erleichtert ab.
Aton war der dritte in der Reihe. Er entschied sich für dieselbe Hand – und fand darin den verhängnisvollen blauen Granatstein.
»Einen hätten wir«, sagte Bossman. »Nehmen wir lieber noch einen, damit es keine Zweifel gibt.«

Eine Frau trat aus der Reihe und kam nach vorn. Es war Granat. »Ich mach's«, sagte sie. »Warum soll ich nicht gleich aufrücken?« Bossman runzelte die Stirn, erhob aber keine Einwände.

Die Reihe löste sich auf. Bei der nächsten Krise fand sie sich wieder zusammen, wobei der Mann hinter Aton die Spitze bildete – und so weiter, bis jeder mindestens einmal gezogen hatte. Danach fing man wieder von vorn an. Die Granatsteine wurden fortgeschafft.

Bossman deutete auf den Fluß. »Nun trinkt«, sagte er. »Aber richtig. Und füllt eure Wasserschläuche.« Dann wandte er sich an die anderen: »Bleibt beim Kondensator. Wir sind noch nicht sicher.«

Diese Warnung war eigentlich überflüssig. Das Wasser mochte giftig sein oder winzige Wassertiere enthalten, die alles lebendige Fleisch vernichteten. Oder größere, die nur darauf warteten, daß der erste Unvorsichtige ins Wasser stieg. Chthon war keine unschuldige Welt.

Aton und Granat tranken. Das Wasser war nicht kalt, aber es schmeckte frisch und süß im Vergleich zu der Flüssigkeit, die sie aus der Luft gewannen. Wenn die beiden am Leben blieben, wußten die anderen, daß das Flußwasser trinkbar war.

»Wenn wir am Fluß entlangziehen«, erklärte Hastings, »benötigen wir den Kondensator vielleicht gar nicht mehr. Und auch nicht die Schläuche.«

Bossman sah ihn an. »Wohin wollen wir denn? Flußaufwärts oder -abwärts?«

Hastings breitete die Hände aus. »Ich verstehe, was du meinst.«

»Ich aber nicht«, fiel Atons schwarzhaarige Freundin ein. »Wir gehen natürlich flußaufwärts, da haben wir Wasser und gewinnen weiter an Höhe, was gibt's da noch zu überlegen?«

»Wenn wir flußaufwärts marschieren«, erwiderte Hastings ruhig, »stoßen wir vielleicht nur auf eine Schicht porösen Gesteins, aus dem die Feuchtigkeit heraussickert und -tropft, bis sich ein Fluß bildet.«

»Also flußabwärts«, sagte sie in gespielter Gleichgültigkeit.

»Was glaubst du, wie schnell wir die Oberfläche erreichen, wenn wir da runtergehen?«

Sie sah ihn mißtrauisch an. »Du dicker Dummkopf! *Irgendwohin* müssen wir doch gehen.«
»Wir folgen den Höhlen«, sagte Bossman und beendete damit den Streit. »Sie führen nach oben, und der Wind beweist, daß sie irgendwo enden.«
Die Gruppe, die schon merklich kleiner geworden war, überquerte vorsichtig den Fluß und zog weiter. Die Tunnel führten weiter nach oben und verbreiterten sich, der Schimmer an den Wänden nahm ab, und die Schatten wuchsen. Vor- und Nachhut der Kolonne wurden immer häufiger von unsichtbaren Raubtieren überfallen. Aton und Granat gingen in der Mitte nebeneinanderher, ein wenig isoliert von den anderen, die ihnen Platz machten. Das war kein Zufall: der Wassertest war sinnlos, wenn sie jetzt der Schimäre zum Opfer fielen. Sie waren durch ihre Position in der Gruppe geschützt; unabhängig davon scheuten die anderen jedoch vor einer näheren Berührung zurück, bevor eine gewisse Zeit verstrichen war, denn einer vom Wasser hervorgerufenen Krankheit hatten die Gefangenen kaum natürliche Abwehrkräfte entgegenzusetzen.
»Du schimpfst ja kaum noch auf mich, Granat«, bemerkte Aton.
»Es ist sinnlos, Aton. Ich habe verloren.«
»Warum hast du für mich ausgesagt?« fragte er neckend.
Sie schloß die Augen und suchte ihren Weg nach dem Geräusch der vielen Füße; eine Fähigkeit, die inzwischen alle erworben hatten. Die Frage bedurfte keiner Antwort, aber sie spürte, was er wirklich gemeint hatte. »Weil du so bist wie *er.*« Das war eine erste Anspielung auf ihr Leben vor Chthon. »Nicht im Aussehen, aber in deinem steinernen Herzen. Männer wie du, Dämonen wie du, kennen kein Mitleid, sie haben nur ihr Ziel vor Augen.«
»Und du hast ihn geliebt und ihn umgebracht, weil er deine Liebe nicht erwiderte«, sagte Aton. »Und jetzt liebst du mich.«
»Ich habe mich dagegen gewehrt. Ich habe dich gleich bei unserer ersten Begegnung richtig eingeschätzt.«
Oh, Malicia, Malicia, verhöhnst du mich auch so, wie ich diese einsame Frau verhöhne? Warum muß ich ihr weh tun?

»Weißt du nicht, daß ich dir nie gehören werde? Ich werde dich nie küssen. Ich werde dich niemals lieben.«

»Ich weiß«, sagte sie.

»Bringst du mich dann auch um?«

Sie ging weiter, unfähig zu sprechen.

»Oder diesmal dich selbst?«

Die Rache war bitter; er legte keinen Wert mehr darauf, Granat war nur eine Figur in seinem Spiel gewesen, weiter nichts. Sie hatte ihm ein Alibi verschafft, hatte bestätigt, daß er mit dem blauen Granatstein nichts zu tun gehabt hatte, indem sie behauptete, sie hätte in der fraglichen Zeit mit ihm zusammengelegen. Es war eine angenehmere Erinnerung als die Wahrheit: daß er sie nämlich vergewaltigt und dabei ihre Unzulänglichkeit festgestellt hatte. Jetzt trug sie mit ihm die Schuld an Framys Tod, und sie wußte es.

»Es gibt keinen Ausweg«, sagte er, und seine Worte waren nicht nur an das Mädchen gerichtet. »Ich habe versucht, ihr zu entkommen, aber über Lichtjahre hinweg streckte sie ihre Hand nach mir aus.« Warum vertraute er dieser Frau seine Geheimnisse an? Hatte er Granat wirklich um der Rachen willen an sich gefesselt oder nur, weil er einen Hintergrund brauchte, ein Eigentum, auch auf Chthon? Verstand er denn überhaupt seine eigenen Beweggründe?

11

Nach zwei weiteren Märschen erreichten sie wirklich geräumige Höhlen. Die Decke verschwand in luftiger Finsternis, und die Gänge verbreiterten sich auf dreißig Meter. Der Wind war zu einem leisen Flüstern geworden, und die Luft kühlte ab, was auf Chthon überaus verwirrend war. Erwartungsvoll hielten die Wanderer Ausschau: die Höhlen mußten bald zu Ende sein. Der stete Aufstieg hatte sie gewiß bis dicht unter die Oberfläche des Planeten gebracht.

Plötzlich wichen die Wände zurück. Sie standen am Ende des Ganges, vor einem riesigen Abgrund, der so breit war, daß sich die gegenüberliegende Seite in der Dunkelheit verlor, und so

tief, daß das Aufprallgeräusch der hinabgeworfenen Kieselsteine nicht nach oben drang.
Sie drängten sich furchtsam am Rand des Abgrunds zusammen, zweihundert Männer und Frauen. Zu beiden Seiten endete der Gang; es führte kein Weg um die Schlucht.
»Fackel anzünden!« befahl Bossman barsch.
Einer der wenigen Kienspäne wurde angezündet und flackerte in ungewohnter Helligkeit. Bossman trat an den Rand der Schlucht, hob das Licht und blickte hinab.
»So dürfte es nicht brennen«, murmelte jemand, »das ist zu grell.«
»Woher willst du das wissen?« sagte ein anderer. »Du hast doch seit Jahren kein richtiges Licht mehr gesehen, wie?«
Als die Fackel aufflammte, wurde die Decke über dem Abgrund sichtbar. Sie war näher, als Aton gedacht hatte, keine zwanzig Meter über ihnen – eine ungeheure Masse porösen Gesteins, die einer Unterwasserlandschaft glich. Dampf strömte daraus nach unten. Der Ausblick wirkte irgendwie unheilvoll; welcher Dampf war schon schwerer als Luft? Der gegenüberliegende Rand der Schlucht blieb jedoch unsichtbar, und die Tiefen, in die der Nebel hinabsank, ließen sich nicht ermessen.
Bossman brüllte etwas, und es dauerte zehn Sekunden, bis das Echo zurückklang.
»Es gibt nur eine Möglichkeit, die Tiefe festzustellen«, meinte ein Mann.
Bossman lächelte.
»Nein!« rief Hastings und versuchte ihn schwerfällig aufzuhalten. Aber es war zu spät. Bossman hatte die Fackel schon in die Schlucht geworfen.
Hastings starrte ihr erschrocken nach. »Das ist Gas da unten, du Dummkopf«, sagte er. »Das brennt doch wie nichts.«
Die Gruppe sah fasziniert zu, wie der flackernde Stab hinabwirbelte. Im Fallen wurde er heller und erleuchtete die steil abfallende Cañonwand unter ihnen. Bald erglühte er unnatürlich grell und verwandelte sich in eine kleine Nova. Schließlich wurde sein Licht von unten reflektiert, von einer weißlichen Wolke, die den Boden der Schlucht verdeckte. Der Steilhang zu ihren Füßen wies keine besonderen Merkmale auf.

Die Fackel berührte die Wolke und ließ urplötzlich neues Licht entstehen, das mehrmals lautlos aufflackerte und erlosch wie ein Wetterleuchten. Wieder der Blitz, der die ganze Pracht Chthons in seinem Neonglanz enthüllte.
Aton spähte hinab und erblickte im fernen Feuer Malicias Gesicht; es flammte auf und erlosch in schnellem Wechsel und lächelte verführerisch. »Küß mich«, sagte das stumme Bild. »Hier ist die andere Hälfte des Liedes.«
Kräftige Hände zogen ihn zurück. »So bös' willst du sicher nicht sterben«, sagte Granat.
Schließlich erlosch das Feuer, und der Abgrund lag wieder im Dunkeln.
»Nicht konzentriert genug«, sagte Hastings, dem der kalte Schweiß im Gesicht stand. »Gelobt sei Chthon, daß du uns nicht alle zur Hölle gejagt hast. Siehst du denn nicht, was das ist?«
Bossman wehrte sich nicht gegen den Vorwurf. »Was denn?«
»Der Feuerzyklus«, erwiderte Hastings. Verständnislos starrten ihn die anderen an. »Schaut's euch an – dort tropft Dampf von der Decke herab, eine Art natürliches Gas. Es sammelt sich in einem Becken am Grunde. Wahrscheinlich gibt es dort viele Ritzen und Spalten, die das Gemisch in die Flammen hineinsaugen – kilometerlange Höhlen, wie unsere Gänge hier, aber viel tiefer. Das Ganze ist ein riesiges Lötrohr (falls ihr euch an die primitive Bezeichnung noch erinnert), das am anderen Ende Feuer und überhitzte Luft ausstößt und so die Höhlen anheizt. Indem die Luft nun weiterzieht und sich ausbreitet, kühlt sie ab, bis sie wieder hier ankommt, die vollgesogenen Formationen da oben durchdringt und so neuen Brennstoff auflädt.«
»Nicht zu glauben«, sagte Bossman verblüfft.
Aton begriff, was der geschlossene Kreislauf bedeutete: Wasserdampf, Sauerstoff, Brennstoffe – alles sickerte durch das poröse Gestein, ohne daß sich ein offener Ausweg bot. Hier gab es also kein Entkommen, selbst wenn sie irgendwie die große Schlucht überquerten. Der Luftzug hatte keinen Anfang und kein Ende, und sie waren immer noch in der Falle.
Die Gruppe schlief. Männer und Frauen lagen kreuz und quer am Boden und sammelten Kraft und Mut für den Rückmarsch

zum Fluß. Am ›Morgen‹ würde man alle, die nicht mehr mitmarschieren konnten oder wollten, schlachten und zubereiten; das war schon zur Routine geworden, ohne daß man bisher für die Verrichtung dieses letzten Dienstes Lose hatte ziehen müssen. Einige Freiwillige hielten windaufwärts Ausschau nach der Schimäre, obwohl ihr der erdrückende Fatalismus viel von ihrem Schrecken genommen hatte. Wenn sie kam, würde der erste Schrei eine wilde Jagd einleiten – auf ihr Fleisch.

Granat konnte nicht schlafen. Reglos und schweigend stand sie am Abgrund und blickte hinab. Durch die langen Märsche hatte sie an Fülle verloren. Bald war sie sicher dürr – aber im Augenblick hatte sie die richtige Figur.

Aton trat von hinten an sie heran. »Ich könnte dich jetzt hinabstoßen.« Hörte es denn niemals auf?

»Ich glaube fast, das Wasser war trinkbar«, sagte sie.

»Dreh dich um.«

Granat gehorchte trotzig lächelnd. Aton legte ihr eine Hand auf das Schlüsselbein, so daß seine Finger ihren Hals und seine Handwurzel ihren Brustansatz berührten. Dann begann er langsam zu schieben. »Dein Körper stürzt in den Nebel hinein«, sagte er, »und überschlägt sich immer wieder, bis er mit einem Geräusch aufprallt, das menschliche Ohren nicht mehr vernehmen können; dann liegt er dort, den Felsen und Gasen vermählt, bis er verwest und sich in Nahrung für die Opferflamme auflöst. Ein Scheiterhaufen für Granat. Das würde dir gefallen, wie?«

»Wir haben beide davon getrunken, und es ist nichts geschehen. Das Wasser muß trinkbar sein.«

»Vielleicht schlafe ich auch zuerst mit dir«, fuhr er nachdenklich fort. »Anschließend müßtest du sterben. Alles, was ich berühre, muß sterben.«

»Ja.«

Er verstärkte den Druck, aber Granat wich ihm nicht aus. »Der Abgrund ist tief hinter dir«, sagte er, »tief wie ein Brunnen.«

»Ich habe nie so richtig herausbekommen, wie sie gereist ist«, fuhr Aton fort, während seine Hand hinabglitt, sich an ihre Brust drückte und sie zugleich am Rande des Abgrundes in der Schwebe hielt. »Ich verließ sie auf dem Asteroiden, eingeschlossen im Rotel, und nahm den Raumtransporter, so daß sie entweder dort bleiben oder Fremden ihre Identität und Herkunft enthüllen mußte. Ich flog nach Hause und dann nach Idyllia, aber irgendwie hat sie mich nie verlassen ... und schließlich fand ich sie auf Hvee wieder. Sie war im Wald mit ihrem Lied – dem Lied, das sie nie vollendete. Da wußte ich dann, daß ich sie umbringen mußte.«

Granat stand mit bloßen Fersen jetzt dicht am Abgrund.

»Aber in der Nähe des Hofes gab es weder Berge noch Klippen. Es sollte auf diese eine Art stattfinden, verstehst du? Ich führte sie an den schmalen, tiefen Waldbrunnen. Der Sturz sollte sie umbringen, wie er meine zweite Liebe umbrachte, wie er die Muschel zerbrach.«

Er trat ganz dicht an sie heran und legte ihr die Hände auf die Schultern. »Weil der Tod die Liebe zur Illusion werden ließ. ›Küß mich, Aton‹, sagte sie dort auf dem Berg, dort am Brunnen. Und dann ertönte das Lied.« Er schüttelte sie. »Sag es.«

Granat hatte die Augen geschlossen. »Küß mich, Aton.« Der Tod war ihr jetzt so nahe wie seine Lippen.

»Das Verbrechen, das in mir keimte, mußte Wirklichkeit werden. Ich berührte ihre Lippen.« Er küßte sie vorsichtig. »Und dann schleuderte ich sie ...«

Ihre Füße verloren den Halt, als Aton das Mädchen mit brutaler Kraft hinaushob. Sie schwang über dem Abgrund herum, sank herab und fiel und landete neben ihm auf dem Boden.

Er strich ihr über das Haar. »Und sie sagte: ›Ich wußte, daß du es nicht fertigbringst, Aton – nicht in Wirklichkeit.‹ Und ich konnte es tatsächlich nicht. Und die Liebe ließ den Tod zur Illusion werden.«

Er hielt sie ganz fest, ohne sich zu rühren, ohne ein Wort zu sprechen. »Dich umgibt kein Lied, Granat«, sagte er, »aber wenn ich dich eines Tages liebte, würde auch das Lied kommen und du müßtest sterben, denn mich beherrscht allein die Mignonne.«

»Die Mignonne«, flüsterte Granat.

Er hielt sie in den Armen und spürte ihre Angst. »Und mein Planet, meine Heimat, meine Hvee-Welt – sie verschacherte mich nach Chthon, weil ich sie liebte. Jetzt kehre ich zurück.«

»Wir werden alle sterben, Aton.«
»Mir bleibt keine andere Wahl, verstehst du«, sagte er, küßte sie noch einmal auf Gesicht und Brust und ließ sie allein.

12

Die Lange Reise, dachte Aton, hat uns aus der Welt der stürmischen Winde herausgeführt, von der wir erst jetzt wissen, wie angenehm sie war. Sie hat uns die Welt des Glutherzens offenbart, in der die fruchtbaren Gase ihre inneren Kräfte im großen System verschleudern – der Erde vergleichbar –, unablässig und mitleidlos, um kurz aufzuflammen und zu verglühen, um endlich ermattet zurückzukehren und erneut ausgestoßen zu werden. Und nun erleben wir das letzte ihrer mächtigen Elemente, die Welt des Wassers.
Er stand am Flußufer, blickte ins Wasser und träumte. Sie hatten den Fluß einmal verschmäht; würde er jetzt an ihnen Rache üben wie eine Frau?
Einige Kilometer unten hatte sich die Gruppe versammelt und rastete, während zwei Männer den Pfad auskundschafteten – der eine flußaufwärts, der andere flußabwärts. Beide hinterließen ihre Wegzeichen; die übrigen folgten später dem, der nicht zurückkehrte. Das war nur logisch: wer würde schon, wenn er erst mal die Freiheit erlangt hatte, wieder in die Höhlen zurückkehren? Wer würde riskieren, einen verheißungsvollen Pfad durch vorzeitige Umkehr zu verlieren? Nur bei einem Fehlschlag konnten ihm die Kameraden wieder willkommen sein.
So strebte Aton allein am Ufer entlang der Quelle des Flusses zu, denn der Fluchttrieb in ihm war stärker als bei allen anderen. Er war bewaffnet, trug ein Bündel mit nahrhaftem rotem Fleisch und hatte ein Vorbild. Denn vielleicht auch Bedside hatte diesen Weg eingeschlagen; Bedside, der entkommen war. Irgendwo mußte sein Zeichen sein.
Hier am Wasser war der Schimmer der Wände wieder heller. Aton bückte sich, tauchte seine Finger in die klare Flüssigkeit und fuhr über den schimmernden Grat, auf dem er ging. Der

Pfad war eben und ein wenig glitschig. Die flüchtige Berührung hinterließ einige dunkle Flecken auf dem Gestein, als hätte er dort die leuchtenden Pflanzen zerquetscht, die sich vom Felsgestein ernährten. Der grüne Schimmer drang auch durch das Wasser herauf und erstrahlte in surrealistischer Schönheit.

An einem Flußufer verlief eine schmale Vertiefung, eine Art Pfad von etwa fünfzig Zentimetern Breite, der sich an die steile Wand klammerte. Aton hielt sich an diesen Weg, da er sonst bis zur Hüfte im reißenden Strom hätte waten und seine nackten Füße allem aussetzen müssen, was dort unten lauerte.

Er nahm zwar den Weg, blieb aber wachsam. Noch nie hatte Chthon Chancen geboten, auf die man ohne Risiko eingehen konnte. Irgend etwas benutzte sicher diesen Weg, und das Wesen war ihm bestimmt nicht freundlich gesonnen. Er schritt rasch aus, weniger weil ihn die Zeit drängte – obwohl es bis zur Oberfläche möglicherweise noch weit war –, als um die Tiere zu verwirren, die ihm etwa nachschlichen oder vor ihm in der Dunkelheit lauerten.

Ein Kilometer, anderthalb – nichts geschah. Kein tückisches Höhlentier versperrte ihm den Weg. Kein Abgrund tat sich plötzlich vor ihm auf. Der Pfad führte weiter, fest und eben, und das Wasser floß ruhig nebenher. Endlich wichen die Wände zurück, und der Fluß trat über sein Marmorbett und zierte eine chaotische Landschaft. Der Pfad blieb und wand sich stetig über und um steinerne Barrieren und Geröll hinweg.

Die Höhlen zeigten sich in ihrer ganzen Vielgestaltigkeit. Stalaktiten tauchten auf, große steinerne Eiszapfen, die auf den Boden zielten und denen Stalagmiten wie die Zähne von Ungeheuern entgegenwuchsen. Der Fluß bildete kurze Schnellen und ruhige Teiche, und überall waren die Felsen in angenehmen Farben poliert. Das milde Licht, das sich sowohl im Wasser als auch im schimmernden Gestein spiegelte, verlieh der Szene etwas Überirdisches, Märchenhaftes.

Aton ging langsam weiter, bezaubert von der unbekannten Umgebung wie von einer schönen, unbekannten Frau. In den Höhlen herrschte Stille; es ging kein Wind, was doch irgendwie beunruhigend wirkte. Die aufeinanderfolgenden Räume erweiterten und verengten sich in schlangenartigen Windungen und waren mit schlüpfrigen Steinen gepflastert und mit Tapeten aus Mineralen behangen. Ganze Säulenwälder senkten sich gebieterisch herab und teilten sich nur für die gewundenen Flußläufe und den ebenen Pfad, auf dem Aton ging.

Das alles schien verdächtig. Es war nicht die todbringende Unterwelt, die er kannte. Wo waren die Salamander, die Schimäre? Wo war das Wesen, dem der Pfad gehörte? Wo der blutige Zahn, die gefährliche Klaue?

Da rührte sich etwas! Aton packte seinen Steinbrocken fester und schlich weiter, denn wenn das fremde Tier nicht floh, so pirschte es sich bald an ihn heran. Hinter den steinernen Vorhängen sah er es flüchtig: einen riesigen behaarten grauen Körper.

Behaart? In den Höhlen?

War das ein Zeichen, daß er sich dem Ausgang näherte?

Wieder sah er die Kreatur, die nun doch kein Fell hatte. Eine gewaltige Echse kratzte mit starken Nagezähnen am Gestein – und fraß den grünen Schimmer: ein Felsschaber, kein Fleischfresser; wahrscheinlich war das Tier harmlos. Die Schimäre mußte ein anderes Opfer gehabt haben, ehe sie den Menschen entdeckte.

Aton näherte sich von hinten und suchte nach einer verletzlichen Stelle unter den lederartigen Schuppen. Die Kreatur war groß; auf den Hinterpfoten richtete sie sich fast mannshoch auf und stützte die Vorderpfoten gegen den Fels. Sie drehte sich nicht um; entweder konnte sie ihn nicht hören oder hielt ihn für ungefährlich.

Er zielte mit seiner behelfsmäßigen Klinge unter die rechte Vorderpfote, wo die Schuppen am dünnsten waren. Sie traf auf weiches Fleisch und riß eine tiefe Wunde. Das Nagetier brach geräuschlos zusammen und tastete mit der anderen Vorderpfote verständnislos nach dem Schmerz und versuchte ihn zu stillen. Aber es riß die Wunde nur noch weiter auf. Aton verfolgte schweratmend die Szene. Schließlich schnitt er dem noch lebenden Tier die Augen heraus und ließ es im eigenen gerinnenden Blut zappelnd auf dem grünen Stein zurück.

Die Wände verengten sich, und Fluß und Pfad fanden wieder zusammen. Jetzt bemerkte er Wesen im Wasser, gummiartige weiße Flossenwesen ohne Augen, die am Grund von einer Seite zur anderen schossen. Endlich fand sich Leben im Wasser.
Kilometerweit passierte nichts – bis plötzlich der Gang endete. Das Wasser stürzte aus einem hohen, senkrechten Tunnel herab, sammelte sich unruhig in einem runden Teich und floß dann hinaus in das Flußbett, dem er bisher gefolgt war. Der Pfad umging diesen kleinen Teich, bog ab und bohrte sich einen runden Gang durch den Fels.
Aton spähte in den scharf geschnittenen kleinen Tunnel, ohne etwas zu erkennen. Dann legte er sein Ohr an die Felswand und hörte ein leises Pochen, ein Herzklopfen. Am anderen Ende lauerte etwas. Etwas Großes.
Er blickte in den Teich und sah tief unten eine seltsame kugelförmige Qualle von vielleicht einem Meter Durchmesser, die in einem Strudel unter dem Wasserfall schaukelte. Als er schließlich den Kopf hob, bemerkte er Licht über sich – Tageslicht.
Die Wand des Schachts war uneben. Die durchtrennten Gesteinsschichten wehrten sich in konzentrischen Kreisen gegen die weitere Auswaschung und streckten sich der schimmernden Säule des herabstürzenden Wassers hier und da einige Zentimeter entgegen. Eine Seite war vergleichsweise glatt, als habe das Wasser sie aus einer plötzlichen Laune heraus putzen wollen; durchweg herrschte jetzt aber zwischen Wasserfall und Wand ein Abstand von dreißig Zentimetern.
Aton schnallte seinen Wasserschlauch ab, der angesichts der Umstände eine sinnlose Last war, legte ihn mit den übrigen Vorräten beiseite und bereitete sich auf die schwierigste Kletterei seines Lebens vor.
Der Durchmesser des Schachts betrug unten etwa einen Meter und schien sich nach oben hin zu vergrößern. Aton stemmte den Rücken gegen die glatte Seite, breitete die Arme in Schulterhöhe im Halbkreis aus und hob einen Fuß um die vernichtende Wassersäule in der Mitte, um einen Halt auf der anderen Seite zu finden. Dann hob er auch den anderen Fuß und begann zu klettern, wobei er das Wasser zwischen seinen gespreizten Schen-

keln hindurchströmen ließ. Mit den Armen schob er sich immer höher, während er mit den Füßen auf der anderen Seite schrittweise nachfaßte; so kam er jedesmal um fünf oder zehn Zentimeter weiter.

Zuerst war der Aufstieg gar nicht so schwer; aber der Weg war lang.

Er beschloß, sich nicht zu schonen, da selbst die Ruhestellung noch kräftezehrend war. Wenn er sein Ziel schnell erreichte, konnte er dort ausruhen, solange er wollte. Schaffte er es nicht sofort, ließ ihn die Müdigkeit vielleicht überhaupt scheitern.

Er beschleunigte das Tempo und schob sich mühsam in wiegendem Rhythmus nach oben, was manchmal weh tat, und seine Beinmuskeln strafften und entspannten und strafften sich regelmäßig. Zuerst ermatteten ihm die Arme; er ließ sie an den Ellenbogen herunterhängen und wand sich nur noch weiter, so daß er sich die Haut an den Gelenken aufschürfte. Aber er achtete nicht darauf.

Erschöpfung hüllte ihn ein, doch er gab nicht nach. Er blickte starr in das scheinbar unbewegliche Zentrum der Wassersäule dicht vor ihm und ließ sich von der ungeahnten Tiefe fesseln. Am liebsten hätte er die Mauer einen kurzen Augenblick losgelassen und jene vollendete Form umschlungen, um sanft an ihr bis zum Boden hinunterzugleiten und dabei die reine Oberfläche zu küssen. Plötzlich verspürte er Durst, einen stärkeren, qualvolleren Durst als jemals zuvor in seinem Leben; die kühlen Tropfen auf seinem Gesicht folterten Zunge und Kehle.

Aber er wußte, daß ein einziger Schluck das Ende bedeutete. Er sehnte sich nach dem Todeskelch, den Luft und Feuer ihm vorenthielten und der ihm nie so köstlich nah gewesen war wie hier.

Tod. Warum hatte er das Nagetier getötet? Es war eine rein sadistische Tat gewesen, und er hatte sie genossen. Warum? Warum wollte er sterben? Was war mit ihm los?

Im Wasserspiegel vor ihm blitzten die Augen Malicias auf und deuteten eine Antwort an, die er nicht zu erfassen wagte. Sie war im Feuer; sie war im Wasser. Die Gefangenen Chthons hatten recht, wenn sie Aton fürchteten. Er war in das Böse verliebt.

Aber die Macht dieses Bildes trieb ihn an. Bisher hatte er den Gegenstand seines Entsetzens nicht töten können; die Bande der Kindheit waren noch zu stark gewesen. Aber nach den Prüfungen Chthons brachte er diese Kraft auf und konnte das Nötige tun.

Zuerst wollte er das Geheimnis der Mignonne ergründen und auf ihre Heimatwelt fliegen, von der ihm Hastings für einen Extrastein erzählt hatte. Mignon – ein verbotener Planet, dessen Koordinaten wegen seiner gefährlichen Bewohner ebenso geheim waren wie die Koordinaten Chthons. Malicias Volk war sicher menschlich, aber die genetische Veränderung bewirkte oft seltsame Dinge in der Hülle des menschlichen Körpers, so daß er der Hauptlinie der Spezies manchmal mehr entfremdet war als viele außerirdische Rassen. Hastings hatte behauptet, er wisse nicht, was es mit den Bewohnern eigentlich auf sich habe, und dann war er plötzlich fortgegangen, als störten ihn Atons Fragen. Danach hatte er nicht mehr mit ihm geredet und auch die anderen nicht, außer Bossman im gewohnten barschen Ton – und Granat.

Dabei stammte er selbst gar nicht von Mignon. Er wollte ja nur etwas darüber erfahren. Was mochten die rauhen Gefangenen in ihm sehen, das sie so abschreckte?

Warum hatte er das Nagetier getötet? Vor allem mußte Malicia sterben. Die Mignonne war sein Feind und niemand sonst. Abgesehen von dieser Notwendigkeit aber war er völlig frei.

»Und in der Zelle seiner selbst ist man sich fast gewiß der eignen Freiheit«, hatte der alte Dichter Auden im LAE gesagt, dessen Weisheiten ihm noch gegenwärtig waren und das Granat jetzt hütete. *Fast* gewiß!

In mühseliger Arbeit hatte er das Ende des Tunnels beinahe erreicht. Die endlosen Gänge warteten fünfundzwanzig Meter unter ihm und mochten wohl umsonst warten. Zwei Meter weiter oben fiel das Tageslicht in den Schacht; Licht, das sich mit dem fließenden Wasser mischte. Der grüne Schimmer war verschwunden, denn er hielt der Sonne nicht stand; es war sehr hell – heller, als ihm je ein Tag auf einer bewohnbaren Welt erschienen war.

Stand er der Helligkeit der Freiheit hilflos gegenüber? Er wartete, starrte hinaus und zwang seine Augen, sich zu gewöhnen, bevor er weiterkroch.

Sein Kopf tauchte über dem Rand auf, und er sah wenige Meter vor sich die Oberfläche des Planeten. Die Höhle öffnete sich auf eine glänzende Wasserfläche, Wasser, das neben ihm hinabgesogen wurde. Auf dem See spiegelte sich von fern ein Baum – eine Palme. Der Geruch der freien Natur wogte üppig herein.

Aus dem Wasser ragten die Stalagmiten des Menschen zum Gewölbe auf: Stahlgitter. Ein perfektes Gefängnis. Das Geräusch des Wasserfalls übertönte jeden Hilferuf, falls sich überhaupt ein Mensch in der Nähe aufhielt, der ihn hätte hören können, und falls dieser Mensch nicht ein Gefängniswärter war. Die Stahlstangen selbst waren sicher gegen jeden Angriff gefeit. Der Versuch, sie aufzubiegen oder loszureißen, mußte unweigerlich ein Alarmzeichen auslösen. Da sie innerhalb der Höhle angebracht waren, ließen sich auch keine optischen Zeichen geben, und das hereinströmende Wasser konnte keine Botschaften hinaustragen.

Fast gewiß.

Das war nicht der Weg zur Freiheit. Es war eine Lehre des Tantalus.

Aton wußte hinterher nicht, wie er den Abstieg bewältigt hatte. Er fand sich auf dem schmalen Pfad wieder; Schultern und Schenkel schmerzten ihm, und er hatte Hautabschürfungen überall am Rücken und an den Fußsohlen. Ein Wort ging ihm durch den Kopf, durch die widerhallenden Tunnel seines Hirns. Er sammelte sich, und es kehrte zurück. Runse.

Und plötzlich wußte er mit einer Gewißheit, die jeden bloßen Zufall ausschloß, wie Chthons Oberfläche wirklich aussah, erkannte das poetische Gleichnis darin und die Ironie der ihm vorenthaltenen Wiedergeburt. Was sollte wohl anderes über der Hölle liegen als der Himmel? Es war recht, ja es war recht, sagte er sich, daß ihm hier unten verwehrt wurde, was er oben verworfen hatte. Die Zelle seiner selbst war noch nicht bereit für die Freiheit.

Er tauchte eine Hand in das kühle Wasser und benetzte sein angespanntes Gesicht. Er kannte das Wasser, den Fluß, diese Runse, die auf der einen Seite im Berg verschwand – und auf der anderen nicht wieder herauskam.

V. Mignonne

§ 402

13

Die Mignonne fragte nicht, wie er die Freiheit gewonnen hatte. Es war ganz natürlich, daß seine Methoden ebenso zum Erfolg führten wie die ihren. Zusammen gingen sie durch den Wald von Hvee, der seit jeher ihr Treffpunkt gewesen war, und die dickrindigen Bäume ringsum nahmen das Spiel ihrer Gefühle freudig auf.
Die Waldnymphe schritt im Glanz dahin; ihr flammendes Haar hob sich von einem pastellgrünen Kleid ab. Leicht huschten ihre Füße über die dürren Überreste vergangener Jahre, und ihre Zauberfinger umschlossen seine Hand.
Vor langer Zeit schon hatte sie gesagt – und er hatte sich damit abgefunden –, daß keine andere Frau sich mit ihr messen könne. Der Nachhall des unvollendeten Liedes umschwebte sie, berauschend, quälend, die Essenz, die Quintessenz ...
»Und hast du eine Frau gehabt auf Chthon?« fragte sie spielerisch, denn sie wußte, daß neben ihr jede Sterbliche nur eine Randfigur sein konnte.
Aton versuchte sich zu erinnern, sich eine andere Frau vorzustellen, irgendeine; aber in Malicias Gegenwart war das unmöglich. »Ich kann mich nicht erinnern.«
»Du hast dich verändert«, sagte sie. »Du hast dich verändert, Aton, und das ist das Werk eines Weibes. Erzähl mir.«
»Ich hatte eine Mignonne.«
Ihre Finger verkrampften sich. Nie zuvor hatte er Überraschung an ihr wahrgenommen. Sie schwieg.
»Ja«, sagte er, »ich weiß. Aber sie hatte das Lied nicht.« Das war alles; jede Erklärung, jeder lange Monolog erübrigte sich. Miseria war nach einer einzigen seltsamen Liebesnacht vergessen. Seine Liebe meinte weder die Gestalt noch das Wesen der Mignonne, sondern einzig und allein das Traumwesen seiner Kindheit; es verkörperte die Musik und den Zauber seiner Jugend. »O, daß in unsrer Asche ...«
Der Wald lichtete sich; eine Asphaltstraße teilte ihn. Heiße

schwarze Wellen stiegen auf. Am Horizont startete ein Raumtransporter darüber hin und flog dem Rendezvous mit einem um den Planeten kreisenden Besucher entgegen. Es war ein Reich der Forschung und des Handels, der Marine und der Transportflotten. Und die Mignonne schien gleichsam in Uniform neben ihm herzuschreiten, schön, tüchtig, streng, rücksichtslos – ganz Frau.

»Ist es aus mit dem Weltraum, Captain?«

»Es ist aus, Maschinist.«

»Du hättest weitermachen können, als ich nach Chthon ging.«

Sie schüttelte energisch den Kopf. »Die arglosen Xests wußten Bescheid, und die Nachricht verbreitete sich rasch im All. Für die Mignonne bedeutet es den Tod, sich frei und erkannt unter den Menschen zu bewegen. Und ...«

»Und ...?«

Sie schwieg, und das war Antwort genug. Das Rotel ...

Sie überquerten die schwarze Hitze, betraten ein Hvee-Feld seines Vaters und wanderten zwischen den jungen Pflanzen hindurch, die sich – wie er – verlangend nach einem Wesen reckten, das sie lieben konnten. Über ihnen verschwand der Himmel hinter aufziehenden Kumuluswolken; ein Sommersturm nahte.

Vom Wald zum Raumschiff: Aton rief sich seine erste Reise ins Gedächtnis, auf der er und seine Hvee nach Liebe suchten. Er und die Pflanze hatten dabei festgestellt, daß die Liebe in ihrer eigentlichen Gestalt furchtbar war – ein Drachen, den man, hatte man ihn erst am Schwanz gepackt, so leicht nicht wieder loslassen konnte.

Warum war sie an jenem ersten Tag seines neuen Lebensjahres zu ihm gekommen, obwohl sie doch unter allen Männern im All hätte wählen können? War sie ein Zufall, diese geschickt herbeigeführte Begegnung, da sie ihm die Melodie vorgesungen, ihm die Hvee gegeben, ihn geküßt und sein Herz für immer an ihres gebunden hatte?

Warum hatte sie sich dann vor ihm verborgen, als seine Liebe entflammt war? Warum hatte sie sich als Captain maskiert, obgleich sie seine Qualen kennen mußte? Nach dem Erlebnis mit Miseria wußte er die Antwort – jetzt. Aber auch das erklärte nicht ganz den Vorfall im Rotel – jenen Vorfall, der ihm das grundlegend Schlechte in ihrem Wesen offenbarte und ihn so verhängnisvoll zur Flucht trieb. Nicht schlecht im Gefühl, nein. Dann hatte sie sich völlig passiv verhalten ...

Dann ...

Plötzlich öffnete sich eine Tür in seiner Erinnerung, und er begriff, was er fast drei Jahre lang verdrängt hatte. Wenn – wenn die Mignonne schlecht war, war er es auch.

»Du verteidigst das einheimische Mädchen, das meinen Vater verließ!« rief er aus – jetzt wie damals im Rotel.

Jetzt wie damals schwieg die Mignonne.

»Wann bist du zur Raumfahrt gekommen?« fragte er. Sie hatten das Hvee-Feld verlassen und saßen in dem alten Gartenschuppen – ein Spitzdach, das auf vier mächtigen, verwitterten Balken ruhte. Der Hauch des herannahenden Sturmes wehte durch den offenen Raum und jagte ihnen Kälteschauer über die Haut.

Aber damals, als Aton mit zögernden Schritten auf die Wahrheit zuging, vor der sein Verstand zurückschreckte, war der Schauer der Gefühle in seiner Seele viel stärker gewesen. Beide hatten in einem Raum ähnlich diesem, jeder auf seine Weise, angesichts eines unverständlichen Widerstandes um Verständnis gerungen. Aton hatte den Konflikt zwischen zwei Kulturen in seinen ganzen Ausmaßen damals zum erstenmal kennengelernt.

»Ich weiß die Antwort«, fuhr Aton fort. »Ich weiß, wann du ins All gegangen bist. Es stand in der Schiffliste der *Jocasta*. Du bist Anfang § 375 als Deckswart in die Handelsflotte eingetreten. Fünf Jahre später hast du dich trotz günstigerer Angebote anderer Schiffe als Mitglied des Beratungsteams zur *Jocasta* versetzen lassen, und du hast dafür gesorgt, daß sie im nächsten Jahr Hvee anflog.

Aber das Entscheidende ist dabei, daß dein Eintritt in die Handelsflotte nur wenige Monate nach meiner Geburt geschah. Warum du gerade dieses eine Raumschiff mit seinem besonderen Flugplan wolltest, lange bevor du die Befehlsgewalt darüber erhieltest, ist nicht so wichtig wie deine weitere Vorgeschichte. Wo warst du vor § 375? Wie nanntest du dich da? Darüber stand nichts in der Schiffliste.«

Malicia rührte sich nicht, weder jetzt im Schuppen noch damals im Rotel.
»Du warst auf Hvee«, sagte Aton, und sie widersprach ihm nicht. »Du kanntest Aurelius, nachdem seine Frau – die Tochter Zehns – gestorben war. Du wußtest von mir. Und – du kanntest das eingeborene Mädchen, das er heiratete. Das Mädchen von Mignon. Du kanntest es gut.«
Sie saß still da und sah ihn wie gebannt an.
»Ja«, sagte er unter Aufbietung all seiner Kräfte, »du selbst warst dieses Mädchen.«
Sie saßen nebeneinander und bedachten diesen Sachverhalt, den sie beide gewußt, aber nie ausgesprochen hatten.
»Du bist das Mädchen, das meinen Vater verließ. Die Stiefmutter, die ich töten wollte.«
O Malicia, ich hätte dir verzeihen können, als ich dich erst besser kannte. Aber das ist nicht das Böse, nach dem ich gesucht habe. Das ist nicht das Grauen, das mich von deiner Seite trieb.
»Die Tochter Zehns starb zwei Jahre vor meiner Geburt«, sagte Aton und gestand sich damit zum ersten – und zweiten – Mal in seinem Leben die Wahrheit ein. »Ihr Baby kam tot zur Welt. Ich habe nie eine Stiefmutter gehabt.«
Endlich brach sie das Schweigen. »Ja, Aton – ja, ich bin deine Mutter.«

Im kühler werdenden Schatten des offenen Schuppens blickten sie über das Hvee-Feld. Im Augenblick arbeitete niemand dort, aber die Pflanzen waren gesund. Irgend jemand sorgte mit großer Liebe für sie, nachdem Aurelius es nicht mehr konnte, und in seinem Herzen erkannte Aton diese Hand.
»Warum hast du es mir nicht gleich zu Anfang gesagt?« fragte Aton. »Vor dem – Rotel?« Und er wußte die Antwort schon, ehe die Frage ganz ausgesprochen war; damals eine einfache Antwort, die heute komplexer geworden war. Sie war seine Mutter. Wie konnte sie dem Mann, der sich für ihren Geliebten hielt, die Wahrheit gestehen, was konnte sie ihm sagen, der ihre Liebe so entsetzlich mißverstanden hatte? Und wie konnte sie ihn andererseits aufgeben, ihren Sohn?

Sie hätte natürlich bei der ersten Begegnung im Wald versuchen können, ihm die Wahrheit zu sagen – und er, zu jung, um die komplizierten Zusammenhänge zu erfassen, wäre sicher zu Aurelius gelaufen und hätte alles zerstört. Sein Vater wollte sie unbedingt wiederhaben, und er war nicht ohne Macht. Sobald er wußte . . .

Bei der zweiten Begegnung im Wald war Aton alt genug gewesen, um in der wunderbaren Frau etwas von dem zu erkennen, was sein Vater in ihr gesehen hatte. Auch Aton war, wie die Ereignisse gezeigt hatten, nicht ganz machtlos.

So hatte er im Rotel unaufrichtig geurteilt, aus einem geheimen Zwang heraus, sich hinter der Fassade des Verstandes zu verbergen. Er hatte Malicia damals nicht recht begriffen und zugleich geahnt, daß er sie nicht begriff, und seine scheinbare Zufriedenheit hatte ihn sehr gestört.

Jetzt erkannte er den zweiten, tieferen Grund, der mit der gesellschaftlichen Konvention nichts zu tun hatte. Für die Mignonne war Lust Schmerz, und Schmerz war Lust. Sie hatte sich einem Fremden – Aurelius – zugewandt, der von Kummer und Selbsthaß zerrissen war, weil sein Kind im Leben und Sterben seine Liebste getötet hatte. Die Mignonne hatte Aurelius geliebt, weil sein ungeheures Schuldbewußtsein und das Gefühl, einen Verrat begangen zu haben, unwiderstehlich auf sie wirkten. Er trauerte zwar um die Tochter Zehns, doch zugleich fand er Malicia anziehend – und indem er sich auf das härteste dafür verurteilte, eroberte er Malicia und richtete sich selbst zugrunde, ohne es zu wissen.

Sie hatte in die Heiratszeremonie seiner Kultur eingewilligt, die einem emotional telepathischen Wesen wenig bedeutete – und nur die Übergabe der Hvee unterblieb, denn sein Schuldgefühl verbot ihm diese aufrichtige Geste. Sie war mit ihm gegangen, auch entzückt von seiner Sorge um den Verstoß gegen das Verbot. Damals hatten beide nicht gewußt, warum das Verbot bestand.

Auf Hvee hatte sie ein Kind von ihm empfangen. Als sie einander näher kennenlernten, ließ seine Qual nach, und mit der Zeit begann er sie ohne Schuldgefühl zu lieben. Da erst begriff sie die

Gefahr, in der sie schwebten – aber es war zu spät. Sie brachte sein Kind zur Welt und verließ ihn, denn ein längeres Verweilen hätte die gegenseitige Folter nur noch verstärkt. Da sie nicht aus ihrer Haut heraus konnte, wäre er an ihrer Liebe zugrunde gegangen. Und auf ihre Art liebte sie ihn tatsächlich; nur brachte sie es nicht fertig, ihm weh zu tun, wie ihre Kultur es ihr gebot. Ein Mann Mignons hätte das verstanden, nicht aber Aurelius.
Ihr Sohn war mit einem solchen Haß auf die abtrünnige Mutter aufgewachsen, daß er die Tatsachen aus seinem Gedächtnis verdrängte und sich nur an die Mutter erinnerte, die er gern gehabt hätte. Niemand hätte Aton die Wahrheit sagen dürfen. Er war blind gewesen.
Mehr noch: Sein Gefühl des Schmerzes und der Wut entzückte sie, denn sie war nun einmal eine Mignonne. Sie spürte den Haß in ihm, selbst in dem Kind, das sie nicht kannte, und das war für ihre Spezies das ideale Gefühl. O ja, sie küßte ihn, von seiner Verwirrung entzückt, und schickte ihn nach Hause, bevor die wundervolle Regung nachließ. Als sie ihn als Vierzehnjährigen wiedertraf, handelte sie genauso; sein Schuldgefühl und sein Kummer über das, was er als Unrecht erahnte, genügten ihr.
Als er sie an Bord der sorgfältig ausgesuchten *Jocasta* wiederfand – er begriff erst jetzt, daß das Schiff ein Zeichen gewesen war, das ihn zu ihr führen sollte, wenn er die Reife des Verstehens erlangt hatte –, wurde ihr Dilemma noch größer. Er war zu früh gekommen; aber in ihm tobten Schmerz und Verlangen, und sie vermochte sich nicht fernzuhalten. Das Spiel ging weiter, und sie wurde immer mehr in Atons Bann gezogen: Sein Grauen vor der Fracht der Taphiden, seine kalte Wut über die Macht, die die bei ihm gefundene Schiffliste ihr verlieh, sein Kummer über die Frau, die er verloren zu haben meinte, banden sie immer fester an ihn. Bis die geschickten Xests, die ebenfalls halbtelepathisch waren, ihre Maske durchschauten und sie hilflos der unschuldigen Liebe ihres Sohnes auslieferten.
Sie war mit ihm gekommen, da sie ihm nicht widerstehen konnte und ihre Stellung in der Handelsflotte bereits verspielt hatte. Sie war mit ihm gegangen, obwohl sie noch nicht wußte, wie sie

der bevorstehenden Krise Herr werden sollte. Die Wahrheit konnte sie ihm nicht sagen, denn dann hätte sie ihn für immer verloren – aber ebensowenig durfte sie sich der leidenschaftlichen Umarmung hingeben, die er ersehnte. Sie konnte weder bleiben, noch konnte sie fort.

Daher verfiel sie in Schweigen, als der entscheidende Moment heranrückte. Nur so konnte sie ihn in der Nähe haben und zugleich fernhalten, bis sich eine dauerhaftere Lösung fand.

Das alles erkannte Aton jetzt – damals hatte er anders gedacht –, und fand, daß es noch nicht alles erklärte. Seine Phantasie versuchte ihn verzweifelt vor der vollen Erkenntnis der Wahrheit zu schützen. Er hatte die Episode so lange wie möglich aus seinen Erinnerungen ausgeklammert und gab auch jetzt nur widerstrebend nach. Er mußte das Böse finden, von dem er wußte, daß es existierte. Er wußte auch, daß er noch nicht reif genug war, um ihm die Stirn zu bieten.

Die Episode im Rotel war noch nicht beendet. Sie beide mußten sie voll ausspielen, in Gegenwart und Vergangenheit, bis der Grund für seine Qual offen dalag.

Das Geheimnis war heraus: Aton liebte seine Mutter. Das sei dein Anfang, und nun kehre zurück. Erlebe es noch einmal – wenn du kannst.

Damals – wie sie es vorausgesehen hatte – reagierte er furchtsam und unschlüssig. Was er sich erträumt hatte, durfte nicht sein. So wunderbar sein Gefühl für sie sein mochte, das ihr herrliches Haar aufleuchten ließ – es war doch nur eine leere Pracht. Er wollte fortgehen und sie nie wiedersehen. Er wollte sie verschonen.

Wie wenig verstand er die Mignonne!

Sie war nackt, nachdem er ihr den Raumanzug abgestreift hatte, und winkte ihn zu sich heran. »Aton«, sagte sie. Sie war unvergleichlich schön.

Er gehorchte wie immer – im Banne seiner Verlegenheit, die gleichermaßen auf seinen Gedanken und der Situation beruhte. Es schmerzte ihn furchtbar, sie zu verlieren, denn sie war ihm seit der ersten Begegnung im Wald stets gegenwärtig gewesen – als Frau.

»Aton«, wiederholte sie. »Auf Mignon –« so hatte er damals im Rotel den Namen ihres Heimatplaneten erfahren, und nur dieser Name war ihm im Gedächtnis haften geblieben – »auf Mignon herrscht eine andere Kultur als hier. Es war nicht recht, daß ich mit einem Mann gegangen bin, der von einer anderen Welt kam, aber ich war damals jung und wußte es nicht besser.« Mit der längst vertrauten Geste nahm sie seine Hände. »Aton – auf Mignon leben die Frauen sehr lange, viel länger als die Männer. Die Mignonne überlebt ihren ersten Gatten, wenn er nicht ohnehin früh hingerichtet wird, und gehört dann ihrem nächsten Verwandten an. Mit ihm wird sie wieder einen Familienältesten zeugen und so weiter – von einer Generation zur nächsten, bis sie schließlich zu alt wird und eine Tochter gebären muß. Das ist unser Brauch.«

Aton kniete betäubt vor ihr nieder, seine Hände in den ihren gefangen. Was wollte sie damit sagen?

»Aton, du bist ein halber Mignon und mein nächster Verwandter.«

Langsam kam ihm das Entsetzliche zu Bewußtsein. »Du bist meine Mutter ...«

»Ja. Und darum muß es sein. Darum habe ich dich auch so früh im Wald besucht und dir die Melodie und die Hvee gegeben – damit du tief im Inneren wußtest, was aus deinem Buch nicht zu lernen war. Daß du ein männlicher Mignon bist, geboren, eine Mignonne zu besitzen. Du kannst dich nicht dagegen wehren, ebensowenig wie dein Sohn nach dir, weil unsere Kultur, weil dein Blut es fordert – deine Mignonnatur.«

Im Kampf gegen etwas, das er bereits als Wahrheit erkannte, erlitt er einen noch größeren Schock. Denn obgleich *seine* Kultur so etwas strengstens verbot, war er in einer Inversion gefangen, die ihrer – ihm damals unbekannten – emotionalen Inversion schon sehr nahe kam; er war in dem Glauben aufgewachsen, daß sie die begehrenswerteste aller Frauen sei. Denn er ahnte doch nicht, daß zwischen ihnen eine verwandtschaftliche Beziehung bestand. Jetzt wußte er, daß sie nach gewissen, für ihn unumstößlichen Regeln unerreichbar war. Und er hielt sie ...

Hielt sie immer noch für die begehrenswerteste Frau in der Ga-

laxis. Dabei wollte sie sich ihm hingeben, und er begehrte sie körperlich mehr als je. Und gerade das machte ihm am meisten zu schaffen.
»Bis zu diesem Augenblick warst du nicht bereit, Aton«, sagte sie. »Ich habe sehr lange warten müssen, um dich zu gewinnen.«
Sie legte sich entspannt auf die Couch, eine hinreißende Gestalt, und zog ihn mit. Die lebende Flamme ihres Haares züngelte ihr über Gesicht und Schultern und die vollkommenen Brüste, erfaßte im Abglanz den ganzen Körper. In ihren schwarzgrünen Augen ganz nahe den seinen taten sich unendliche Tiefen auf.
»So lange«, sagte sie. »So schön. Küß mich, Aton, und komm zu mir. Jetzt, Aton – jetzt.«

14

Der Wind frischte weiter auf. Sie standen auf und verließen den Schuppen.
»Warum hast du mich im Rotel darauf kommen lassen, wer du warst?« fragte Aton. »Was du dir wünschtest – es hätte leicht geschehen können, wenn ich es nicht gewußt hätte.«
»Aton«, sagte sie und schüttelte leicht vorwurfsvoll den Kopf. »Bist du nicht auf Mignon gewesen? Hast du nicht gesehen, wie die Liebe – deine Liebe – auf die Mignonne wirkte?«
Er hatte es tatsächlich vergessen.
»Deine Liebe hätte mich umgebracht – so wie mich die Liebe deines Vaters getötet hätte, wenn sie so gewesen wäre, wie du sie dir damals vorgestellt hast – damals, als du dich in mich verliebtest«, erklärte sie leise. »Nur dein Wissen um die Wahrheit konnte dich dazu bringen, mich zu verurteilen. Nur durch dieses für dich negative Gefühl konntest du mir physisch nahe kommen. Du mußtest es also erfahren.«
Aton vermochte nicht gleich zu antworten. Sie hatte lange gewartet, aber es war doch zu früh gewesen. »Tod und Liebe waren für uns stets miteinander verknüpft«, sagte er, ohne sie anzusehen. »Der Tod der Illusion und die Liebe zum Schmerz. Ich mußte dich für schlecht halten, und du durftest mir diesen Glau-

ben nicht ausreden. Aber mein Widerstand war stärker als die Begierde. Ich habe dich damals schließlich doch verlassen.«

»Hast du das wirklich, Aton?«

Der Pfad wurde steil, aber der Wind war abgeflaut. Er half ihr hinauf, obwohl sie seine Hilfe nicht nötig hatte. Das Gespräch verlor sich, während sie sich wieder zu verwandeln und in die einsame Prozession seiner Erinnerungen einzufügen schien. Plötzlich trug sie einen Rucksack, und ihr blondes Haar flatterte im matten Wind. An ihrem Handgelenk schimmerte der schmale Silberreif.

Zweifel beschlichen Aton, und er überlegte, ob es das Zwischenspiel mit dem hübschen Sklavenmädchen überhaupt gegeben hatte, das Zwischenspiel einer zweiten Liebe, mit der er verzweifelt gehofft hatte, die erste zu überwinden – einer Liebe, die ihn vor Chthon gerettet hätte, wenn er sie hätte akzeptieren können. War Coquina überhaupt Wirklichkeit gewesen oder nur eine weitere Ausgeburt seiner Einbildung? War er der Mignonne jemals von der Seite gewichen?

Melodie der Muschel! Warst du ein Teil des unvollendeten Liedes? War mein Traum auch damals schon nichtig?

Auch damals ...

Auf Idyllia gibt es keinen Tod – nur den Tod der Hoffnung.

Sie standen auf einem Hügel, der einen Berg darstellte. Aton vergaß seine Zweifel. Unter den hoch aufgetürmten Wolken bot sich ein herrlicher Blick, eine Szenerie, die in der besonderen Farbe der frühen Dämmerung erstrahlte. Die Muschel, das Lied – es hatte keinen Sinn, weiter zu forschen.

»Ich liebe dich«, schrie er, und seine Stimme klang wie aus weiter Ferne an sein Ohr. »Ich liebe dich« – und wieder war sein Gefühl aufrichtig und stark.

Ihr Haar war rot gewesen; jetzt war es schwarz; es wand sich im Schmerz, und sie stürzte, sie mußte stürzen, denn sie war schlimm getroffen. Donner fuhr über Himmel, Wald, Feld und Liebe hin, Regen fiel und beschmutzte alles. Und die Melodie, die er so liebte, wurde fortgespült, und ihr Blut versickerte im Boden.

Er stürzte hinterher, stolperte und purzelte den Hang hinunter, erschrocken über den Schlag, den er unwissentlich ausgeteilt hatte; er haschte nach dem Lied und griff nur Schlamm und zerfetztes Gras. Die Liebe war verboten. Noch nie hatte er eine Frau aus Liebe genommen, sondern stets aus morbiden Gründen. Immer wieder hatte das Lied sich zwischen ihm und die Liebe gestellt – und jetzt hatte er sich darüber hinweggesetzt, hatte das Lied verloren, hatte es für immer unvollendet gelassen ... und das kalte Wasser, das über sein aufwärts gewandtes Gesicht floß, ertränkte ihn.

Eine Stunde oder einen Moment später hörte der Regen auf, und Aton fand sich im Sumpf am Fuß des Hügels neben dem fauligen Teich wieder, der alljährlich die bösartigen Larven ausbrütete und den tödlichen Meltau hervorbrachte. Auf der anderen Seite lag der liebliche nackte Körper – aber er war nicht tot, nein, nicht tot. Von der dunklen Oberfläche des Teiches stieg ein grüner Schimmer auf, ein Chthon-Schimmer, der die schleimigen Schatten zurückwarf und am Rande ein unheilverkündendes Wellengekräusel sichtbar machte.

Unterdrückte Erinnerungen stiegen in ihm auf – Vorboten von Schrecknis und entsetzlichem Gemetzel. Schon einmal war er hier gewesen. Er war ...

Der untote Körper erhob sich, und sein Haar war weder blond noch feurig, sondern von matter, nichtssagender Farbe. Er hatte keine göttliche Figur, sondern wirkte nur fraulich. Er ging auf einem schmalen Vorsprung, der um den dunklen Teich herumführte, und kam auf ihn zu.

Aton stand auf dem gleichen Vorsprung und wußte nicht, wie er von der gefährlichen Kante loskommen sollte. Er konnte der Gestalt nicht ausweichen, es sei denn, er stürzte in hilfloser Flucht den alptraumhaften Weg hinunter, ohne seine Panik zu begreifen. Er gab nicht nach, sondern blieb stehen und sah zu, wie sie mit kleinen, schweren Schritten langsam näher kam. Er sah ihren zweiten Körper im Gleichschritt hinter dem ersten und dahinter den dritten: viele Körper, fürchterliche Körper.

Jetzt siegte doch das Grauen. Er stürzte fort vom Teich – aber der erstickende Regen bildete Wände, die er nicht durchdringen konnte und die sich über ihm zu einer undurchsichtigen Kuppel wölbten. Er konnte nicht ausbrechen.

Er starrte in den Teich hinab und meinte die Gebilde darin nicht als Gräser, sondern als Zungen zu erkennen. Eine war größer und näher als die übrigen, eine dicke, röhrenförmige Zunge, die blind heraufzuckte und nach Fleisch tastete. Bald würde sie ihn spüren und sich nach ihm ausstrecken.
Er floh, und seine Füße glitten aus. Aber da näherte sich aus der entgegengesetzten Richtung etwas anderes, etwas Kompaktes, ein massiver Speer, der auf ihn gerichtet war, und dem er nicht entkommen konnte.
Aton preßte sich an die schlüpfrige Felswand, hob den Blick zum Himmel, der sich wie eine umgedrehte Schale über ihn krümmte, und zwang sich zum Nachdenken. Aber er brachte keinen klaren Gedanken zustande; sein Verstand würgte an den ekelerregenden Dingen ringsum, verdaute aber genug, um seine nachlassenden Kräfte wieder zu stärken und die Welt einen Augenblick zum Stillstand zu bringen.
Diese Sackgasse, dieses Grauen ist irgendwie in mir selbst zu suchen. So etwas kann nicht greifbar existieren und wäre nur auf Chthon wirklich ernst zu nehmen.
Mein Geist hat seinen Aufruhr wie schon oft in eine fürchterliche Allegorie gekleidet. Er hat meinen inneren Konflikt dramatisiert und zwingt mich jetzt, ihn entweder auf der Stelle zu lösen oder auf jeden Anspruch auf Vernunft zu verzichten. Ich stehe hier am Ufer des morastigen Teiches, und es ist kein Ungeheuer darin, und keine Felswand umgibt ihn; nur der keimende Meltau und der unaufhörliche Regen sind wirklich vorhanden. Es gibt keine sich ins Unendliche fortsetzenden Gestalten, die mich einkreisen, keinen fürchterlichen Speer auf der anderen Seite; nur die Frau, die ich liebe und zugleich hassen muß, die verführerische Mignonne.
Aber auch der *Konflikt* war echt, das wußte er, und der Augenblick der Entscheidung war gekommen – wie immer er sich darstellen und was die Lösung auch bedeuten mochte. Er war in einem Netz gefangen, das vor langer Zeit gesponnen wurde, damals, als er der flüchtigen Melodie in den Wald folgte und ihr Sklave wurde. Seither hatte er das Lied weder vollenden noch ihm entrinnen können. Auch Chthon hatte ihn nicht aus dem

Dilemma befreit. Jetzt mußte er selbst den furchtbaren Alternativen die Stirn bieten und sich den Qualen der Entscheidung stellen.

Die heranziehende Frauenschar stellte Malicia in all ihren Gestalten dar: allgegenwärtig, aber unfähig, Liebe zu ertragen. Sein normales Gefühl war wie ein Schwert, das gegen die Mignonne erhoben wurde. Sollte er sie damit erschlagen?

Oder sollte er auf den entsetzlichen Speer warten, der von der anderen Seite heranrückte, die obszöne Inversion ihrer Beziehung? Sollte er sich aufspießen lassen und ein Geschöpf des ewigen Hasses werden, ein Mignon, sollte er sein wahres Ich und seine Integrität in Sadismus begraben lassen? *Sie* gedieh bestimmt daran, und ihr Lied war dann vollkommen. Aber er ...

Er starrte in das stinkende Wasser, sah lebhafte Bewegung darin und hörte die geschmeidige Zunge näherzucken. Er konnte sich der Entscheidung entziehen, indem er sich diesem lebendig gewordenen Schmutz in den Rachen warf. Die fäulniserregenden Schleimfäden würden seine Haut besudeln und sie mit dem übelriechenden Meltau durchtränken, der seinen Vater befallen hatte. Das war keine angenehme Sache.

Lebte Aurelius noch? Aton wußte es nicht.

Es mußte noch eine andere Möglichkeit geben. Einen Ausweg, der ihn in die Freiheit führte oder seine Entscheidung zumindest aufschob. Irgendein Ausfluß, der vom Teich fort ins Unbekannte führte, der aber doch ein Fluchtweg, eine Erleichterung war. Ob er ihn finden würde?

Kaum war er sich über die Notwendigkeit eines Auswegs im klaren, als er ihn auch schon entdeckte: eine Öffnung ins Unbekannte. Sie konnte in den Tod führen oder auch zu Entscheidungen, die noch schrecklicher waren als die eben umgangenen. Sobald er den rettenden Strohhalm ergriffen hatte, konnte er nicht mehr zurück, so wie auch der Sprung in einen Wasserfall nicht rückgängig zu machen war. Er zögerte.

»Aurelius ist tot«, sagte die Mignonne neben ihm. Sie hatte wohl gespürt, wie der Alte starb, endlich besiegt von dem echten Teichungeheuer, dem Meltau. Aton hatte den Verlust auch gespürt, das Absterben eines bestimmten Gefühlsbereiches – aus einer

halbtelepathischen Gefühlswelt heraus, deren Existenz er sich noch nie eingestanden hatte. Der gleiche Sinn deutete ihm an, daß er, wenn auch unbeabsichtigt, zum Tod des Vaters beigetragen hatte. Hatte seine Entscheidung so weitreichende Folgen gehabt? Mußte er seine Flucht so teuer erkaufen?
In seiner Entscheidung jetzt seltsam gebunden, prüfte er nicht mehr, welch furchtbarer Preis gefordert wurde. Er trat an den Rand des Wahnsinns, um der schwachen Hoffnung willen, die dieser Weg ihm bot. Der Strudel saugte ihn ein, und die dunkle, erstickende Woge schloß sich über ihm und trug ihn nun doch nach . . .

15

Aton fand sich auf der Oberfläche des Rotel-Asteroiden wieder, der zwischen Gestein und ungeheurem All nackt wirkte. Nackt, weil er keine besonderen Merkmale aufwies und die Nacht bevorstand, weil keine Schwerkraft ihn beruhigend umarmte und keine Atmosphäre den Anzug streichelte, der ihm am Körper klebte. Nur seine Stiefel hielten den schwachen Kontakt mit dem kleinen Planeten aufrecht, verknüpften ihn fest genug damit, solange er nicht absichtlich beide Füße auf einmal hob, solange er nicht sprang.
Er sah sich um, tief beeindruckt von der einzigartigen und durchaus nicht unangenehmen Konfrontation mit der leblosen Natur. Hinter ihm befand sich die Schleuse des Rotels; sie führte zu dem Raumschiff, das er von hier fortlenken wollte, führte auch in den luxuriös eingerichteten Raum und zu einem Angebot, das er nicht annehmen konnte. Was sie auch sagte, was sie auch war – sie war tabu. Er mußte sie verlassen. Aber zuerst noch ein Marsch über den Planetoiden, ein Beruhigungsspaziergang.
Vor ihm eine fast vollkommene Abgeschiedenheit; die brauchte er. Leicht stellte sich hier der Widerspruch zwischen den verschiedenen Aspekten des Menschen mit seinen meßbaren Errungenschaften und seiner unermeßlichen Einsamkeit dar, als er so über einen Felsen ging, auf dem er nicht leben konnte.

Der Asteroid war flach, das Teilstück eines größeren Himmelskörpers; er erinnerte an die alten Tage in der irdischen Heimat und die furchtsamen Urahnen, die ihre Welt noch für flach hielten. Hier auf dieser Welt hätten sie mit ihrer Annahme recht gehabt.

Die leblose Landschaft war so leer wie die Szenerie seines Lebens. Die Sterne traten hier auf der Nachtseite schimmernd hervor und verhießen in ihrer großen Zahl Abenteuer, Anregung und Trost, wenn man sich nur zu ihnen gesellen konnte. Aber er hatte die fernen Systeme längst besucht, hatte ihre vergänglichen Verheißungen auf die Probe gestellt: sein Herz war allein geblieben.

Mit langen Schritten lief er über das Plateau, wobei ein Fuß stets den Boden berührte, und stürzte auf den Rand einer Ebene zu, die sich in der Klarheit des Vakuums noch kilometerweit zu erstrecken schien. Ihr Ende war Abgrund, und der Rand des winzigen Planeten zeichnete sich als dünne Silhouette vor dem Sternenlicht ab. Er wollte sich hinabstürzen ins Vergessen, um ewig durch die offenen Gefilde seines nutzlosen Intellekts zu fallen, um schließlich von neuem zu beginnen.

Allzubald erreichte er jenen Rand. Und er scheute vor der Tat zurück. Mein Fleisch ist willig, dachte er zynisch, aber mein Geist ist schwach.

Sein Bewegungsmoment, das bei Schwerkraftlosigkeit unberechenbar war, ließ ihn über das Ziel hinausschießen. Er kippte über die zackige Kante, wobei sich seine Stiefel so hartnäckig an den Fels klammerten, wie sein Geist an einem sinnlosen Leben hing. Der Asteroid war an diesem entlegenen Ende kaum dreißig Meter breit. In zerklüfteten Schichten lag die Wunde bloß, die vor einer Ewigkeit bei der Trennung von seiner Mutterwelt entstanden war. Mit welch furchtbarem Schmerz hatte er seine Reise in die Hölle begonnen, allein, so allein?

Er bückte sich und stieß auf ein Fossil; ein in einem Stein sichtbares Blatt, größer als seine Hand. Es war der Überrest eines lebendigen Gegenstandes, der jetzt im Tode schöner wirkte, als er je im Leben gewesen war. Denn seine Schönheit würde niemals vergehen, sein Wesen niemals sterben.

Atons behandschuhte Finger streichelten die erstarrten Kerben fast freundschaftlich. Ob seine Überreste einst wohl auch so durch den Raum schweben würden?

Tod, wo ist dein ...

Er versuchte die Stimmung abzuschütteln, indem er zur Sonnenseite des Asteroiden hinüberkletterte. Das Blatt war gewiß vor langer Zeit im Sonnenschein gewachsen. Wenn man nur in den Himmel der Vergangenheit dieses Blattes eintreten, das wogende Laub sehen, den mächtigen Baum berühren könnte! Wenn sich das Metronom der Materie nur zurückschalten ließe, auf daß sich alle Zweifel im Anbeginn allen Lebens lösten!

Die scharfe Linie des Horizonts hellte sich auf, als er der Sonnenseite näher kam. Ein Klimmzug um die zweite Kante ...

Warmer Sonnenschein überflutete ihn; Licht, überall Licht, das Dunkelheit und Zweifel restlos verbannte.

Der Mechanismus des Raumanzugs stellte sofort den schützenden Ausgleich her, so daß er über das Land schauen und die Atmosphäre sehen konnte, die schimmernden Nebel in der Luft, die Pflanzen am Boden, die großen grünen Blätter.

Mir scheint dies Land gar schön und üppig, die hohen Berge wunderbar, das sanfte Rund der kleinen Hügel – all dies, es wartet ...

Aton schüttelte sich, und der Vakuumanzug folgte der Bewegung wie eine zweite Haut. Was war los mit ihm? Warum dachte er in Versen? Auf diesem Asteroiden gab es keine Atmosphäre – also gab es auch keine Bäume, keine Poesie. Er befand sich auf einer kahlen Felsplatte, die in ihrer Bahn um einen numerierten Stern raste. Die Halluzination bot keine Geborgenheit, wenn er jemals wirklich vergaß, wo er war, mußte der Tod ihn brutal daran erinnern.

Doch unter Bergen voller Sehnsucht, wo das stille Wasser glänzt, erwartet mich der Quell des Lebens, wartet, während ich ...

Erschrocken kehrte Aton um und ging wieder auf das Fossil am Rande des Planeten zu. Irgendwie war er im Unterbewußtsein tief ins Tal hinabgeschweift, angelockt durch die Vorahnung einer großen Ekstase – der er nicht nachzugeben wagte. Etwas sprach zu ihm, lockte ihn, ließ ihn einem unvorstellbaren Rendezvous entgegengehen.

Und hinter Bergen ist das Wasser, zäh und warm wie frisches Blut.
»Jill!« schrie er. »Verschwinde aus meiner Phantasie!« Vor zehn Jahren bin ich vor deiner Grausamkeit geflohen; ich kann mich kaum an dich erinnern; du gehörst nicht hierher; ich fürchte mich vor dem, was du für mich bist: das Blut an meiner Hand, das Lachen in meinem Ohr. Nicht Blut, sagst du – nicht Blut, sondern Wonne, mir dargeboten im vierzehnten Jahr ...
Aton kehrte wieder um, schweratmend, und versuchte, zur Objektivität des versteinerten Blattes zurückzukehren. Das war der Wendepunkt gewesen; vorher hatte er sich unter Kontrolle gehabt.
Die Wirklichkeit kehrte zurück und zeigte ihm die konischen Erhebungen, zwischen denen er hindurchgegangen war, und ihre scharfen Schatten im Strahl der fernen Sonne. Noch während er hinsah, verschwammen diese Schatten und lösten sich auf. Die Hügel begannen zu grünen, grünten immer mehr und atmeten in üppiger Pracht.
Vor ihm lag ein Feld, das in ein zwischen sanft wogenden Felsgestaden eingebettetes Tal hinabschwang. Dort lag auch der verborgene See, verlockender als jede Fata Morgana. Die Wonne, die er in seinen Tiefen darbot, stieß Aton nicht mehr gänzlich ab. Sein Blut rauschte und drängte ihn, die Flüssigkeit zu genießen und ganz hineinzutauchen. Von dort war er gekommen, dorthin wollte er zurückkehren.
Nein! Aber das Traumbild unterwanderte seinen Widerstand und hob ihn auf; so daß der Protest nur noch ganz leise im Hintergrund zu hören war. Mit vierzehn Schritten erreichte er den See und zögerte dann, weil er fürchtete, die namenlose Barriere in seinem Inneren zu überschreiten. Das Wasser lockte unentwegt, aber sein winziges verstümmeltes Gewissen, das irgendwo hinter das versteinerte Blatt verbannt war, flehte ihn an, das, was er gewesen war, nicht dem zu opfern, was er sein würde. Kalter Schweiß trat ihm auf das Gesicht, während er mit sich rang; obwohl er wußte, daß das Ergebnis bereits festlag, kämpfte er mit sich, um wenigstens die Form einer vergangenen Unschuld zu wahren.

Langsam kam eine Hand herauf und löste den Helm seines Anzugs. Konnte es seine eigene sein? Die Schnallen öffneten sich, die Verschlüsse sprangen auf, der Helm glitt ihm vom Kopf. Er starb nicht. Die Luft aus dem Tal, süß und moschusduftend, belebte ihn mit ihrer Frische. Er schmeckte den vollen Duft und fühlte sich stark. Bald hatte er den hinderlichen Anzug ganz abgestreift, und nackt lief er ins Wasser.

Wieder ließ ihn der schwächer werdende Zweifel zögern, ein Zweifel, der jetzt erlaubt war, weil er sich sicher fühlte. Der Widerstand war zum Kitzel geworden und erhöhte den Reiz des Aktes. Das allesbeherrschende Gefühl spielte katzenhaft mit seinem verzagten Gewissen und gab ihm die Freiheit zu glauben, es sei frei.

Eine Vorahnung der bevorstehenden Erfüllung überströmte ihn. Das Wasser an seinen nackten Zehen elektrisierte ihn. Er sah die Flüssigkeit nicht mehr, nur sein Fleisch spürte noch, wie sie ihm wollüstig über die Knöchel glitt und sie zuerst angenehm und dann berauschend umspielte.

Ein grundlegender Sinn erschloß sich ihm, ein Sinn, dessen einziger Ausdruck von verhängnisvoller Macht sein mußte, ein so gewaltiger Drang, daß er Berge versetzen und den ganzen See mit Leben erfüllen konnte.

Der warme Druck stieg an ihm auf und umschloß Waden, Knie und Schenkel. Rhythmisch lappte das Wasser an ihm entlang und entzog ihm mit sanftem Streicheln seine tiefsten Kräfte. Die Flut wuchs plötzlich unwiderstehlich an und ließ ihn zu der Vision einer jungen Hand zurückkehren, die an jugendlichen Röcken hinaufglitt und die verbotene Gabelung berührte. Aber diesmal berunruhigte die klebrige Flüssigkeit ihn nicht; sie lockte ihn weiter in stürmische Leidenschaft.

Die beiden Skalen des Fleisches und der Flüssigkeit verschmolzen unter dem aufliegenden Bild des Nonius, der plötzlich vor seinem inneren Auge ein scharfes Bild ergab. Unfähig, sich länger zurückzuhalten, tauchte er nun ganz hinein.

Das Wasser, die Landschaft, ja, das Universum hallten wider vom Ansturm seiner Triebe, und aus den Tiefen seines intimsten Wesens schäumte die flüssige Essenz herauf, stieg und wirbelte, von ungeheurem Druck getrieben, immer höher und brach schließlich in eruptiver Gewalt hervor, explodierte in qualvoller Lust, die das Fleisch zerriß, die Knochen auflöste und den Geist über alles Erträgliche hinaus sättigte. Im Himmel, wie ihr wohl gehört . . . Der Liebe Haus . . . O Wonne! O Wonne!

Eine fremde Macht nahm ihn auf, trug ihn durch brausende Strömungen der Qual hoch hinauf in ein Licht über ihm. Es war ihre Hand, die warm auf seinem Arm ruhte und ihn von der Vernichtung fortführte, in die seine zweifelhafte Leidenschaft ihn gestürzt hatte. Ein düsterer Gott wartete am Ende, ein Wesen, für das Schuld und Leidenschaft nur Werkzeuge waren, ein Gott, dem ein Mann mit gesundem Geist nicht dienen konnte.

Ein Gott, dem Aton jedoch dienen würde, wenn ihm die volle Bedeutung der Asteroiden-Allegorie bewußt wurde.

Der Regen hatte aufgehört. Aton war völlig durchnäßt. Die Ungeheuer und die beengenden Felswände waren verschwunden. Sonnenlicht fiel nicht auf die zerbrochene Säule, die er halbwegs erwartet hatte, sondern auf eine glitzernde Landschaft, die in der Dämmerung verlockend grün dalag.

»Du hast – gewonnen«, sagte sie ungenau. Sie war die Waldfrau, die Nymphe der Liebe. »Ich kann dich nicht so gehen lassen, ich kann es nicht. Nicht in ein so großes Unheil.« Ausgerechnet sie sprach von Unheil, nicht von dem, was sie im Rotel getan hatten, sondern von dem Gott, dem er dienen sollte. Von dem Gott, der ihm Asyl geboten hatte.

Die Phantasmagorie war vorbei. Die Gespenster waren verschwunden, und Malicia erschien wieder im makellosen Glanz seiner Träume. Die schöne Frau seiner Kindheit war zurückgekehrt, das einzige Ziel seiner Liebe, ein Ziel, das nie wieder entstellt werden sollte.

Sein reines Gefühl umfing sie. Er küßte sie und genoß endlich die Vollendung der Melodie. Nie war seine Liebe so stark gewesen.

Ihre Lippen erkalteten unter den seinen. Sie war tot.

§ 400

13 Flußabwärts: wieder verengte sich der Strom zu einem schmalen, rasch fließenden Gewässer, und die Wände zu beiden Seiten rückten zusammen, bis nur noch ein enger Tunnel übrigblieb. Aber der Pfad setzte sich dicht über dem Wasserspiegel fort und war eben breit genug, daß die Menschen hintereinander darauf gehen konnten.
Bossman führte die Gruppe an und hielt Ausschau nach den Zeichen des Mannes, der auf Kundschaft gegangen und nicht zurückgekehrt war. »Wenn es noch enger wird, müssen wir schwimmen«, sagte er.
Niemand antwortete. Ein Bad in diesem Wasser konnte gefährlich sein. Wenn man die Strömung falsch beurteilte, mochte sie den hilflosen Schwimmer mit sich fortreißen, mochte ihn durch unbekannte Stromschnellen in den Rachen unheimlicher Flußraubtiere zerren – oder was sonst darauf wartete, den Ruf der Langen Reise zu rechtfertigen. Auf dem Pfad fühlten sich die Wanderer zumindest einigermaßen sicher, und mit jeder Biegung, an der die Fortsetzung des Weges sichtbar wurde, löste sich etwas von ihrer Spannung.
In dem Tunnel konnte ein großer Mann bequem aufrecht gehen, aber er war eng. Der Pfad nahm ein Viertel der Breite ein, der rasche Fluß den Rest, und die Felswand drohte jeden Unvorsichtigen ins Wasser zu drücken. Der gewölbte Tunnel führte Kilometer um Kilometer weiter – nach unten.
Aton war widerstrebend zurückgekehrt, um Bericht zu erstatten: Flußaufwärts gab es keinen Ausgang, nur einen unüberwindlichen Wasserfall. Von dem anderen Tunnel hinter dem Wasserfall hatte er nichts erzählt. Beim Hineinspähen hatte er ein fernes Pochen gehört und eine Drohung gespürt, der kein Mensch begegnen konnte. Warum er das so genau wußte, konnte er nicht sagen, aber er war ganz sicher.
Nur wenige hielten die Aussichten flußabwärts für besser; sie hofften verzweifelt auf eine querlaufende Höhle oder einen an-

deren Fluß, dem sie bis zur Planetenoberfläche folgen konnten. Schließlich mußten ja auch die Höhlentiere irgendwie hereingekommen sein . . . und Bedside war entkommen. Welchen anderen Weg hätte er nehmen können als diesen? Wenn er nur ein Zeichen hinterlassen hätte!

Wie durch ein Wunder hörte der Tunnel auf. Eine letzte Verengung, ein fast vollkommener Torbogen, dann Befreiung. Sie traten in eine schöne, kuppelförmige Höhle mit einem großen Teich in der Mitte.

Die Wasserfläche maß fast dreißig Meter im Durchmesser, und etwa fünfzehn Meter darüber erreichte die Kuppel ihre höchste Spitze. Der geheimnisvolle Pfad lief am Rande herum, ein fünfzig Zentimeter breiter Vorsprung einen Meter über dem Wasser. Die Wände ringsum ragten senkrecht auf und neigten sich dann nach innen; sie wiesen keinerlei Löcher oder Risse auf. Ein nackter Mensch konnte nicht daran hochklettern. Auf der anderen Seite des Eingangs fiel der Pfad allmählich zum Teich hin ab, wo der obere Rand eines etwa sechzig Zentimeter großen Loches sichtbar war, das gierig Wasser absog.

Der Teich war tief; der grüne Schimmer machte sich bemerkbar, verlor sich aber schnell in der dunklen Tiefe. Das Wasser war kühl; das Los würde die ersten Freiwilligen bestimmen, die sich damit waschen und dann darin schwimmen mußten.

Die Gruppe fand um den Teich herum Platz. Bossman stellte eine Wache an den Eingang und gestattete den übrigen eine Rast. Männer und Frauen saßen auf dem Pfad, der die Höhle säumte, ließen wie Kinder die Füße hinabhängen und scherzten miteinander. Zum ersten Mal auf der Langen Reise herrschte eine sorglose Stimmung. Die Lose waren überflüssig, denn einige, die das Gefühl des Schwimmens fast vergessen hatten, tummelten sich mit offensichtlichem Vergnügen im Teich.

Aton jedoch machte sich Sorgen. Im Gegensatz zu den anderen spürte er die massive Gefahr, die hinter ihnen lauerte. Sie war aus ihrem Tunnel hinter den Wasserfällen herausgekrochen und hatte Aton ihren Herzschlag nachgesandt, als sie ihm den Fluß hinab folgte. Tief im Inneren spürte er irgendwie ihren Hunger, ihren ungeheuren Appetit, der sich nicht allein auf Nahrung bezog. Sie rückte langsam vor, kilometerweit hinter ihnen, aber sie kam näher. Sie kam.

Wo war hier der Ausgang? In Chthons heißflüssiger Vorzeit war diese Höhle gewiß durch eine riesige aufsteigende Gasblase entstanden, die sich hier im allmählich abkühlenden, härter werdenden Fels gefangen hatte. Dann war der Fluß gekommen, hatte sie durchstoßen und sich seinen eigenen Ausweg gegraben. Das bedeutete, daß es unter dem Wasser keinen Ausfluß geben konnte, weil sich die Höhle sonst nicht gefüllt hätte. Und die drüben sichtbar abfließende Wassermenge schien genau dem Zustrom zu entsprechen.

Es war riskant, durch das Ausflußloch zu tauchen. Es war sicher ganz ausgeschlossen, daß man der wirbelnden Strömung dann Herr wurde; eher war man ihr hilflos ausgeliefert wie gewiß auch der vorausgesandte Kundschafter, der ganz und gar verschwunden war.

Vielleicht ließ sich das Stück Seil, das sie aus dem Schacht zwischen den unteren und oberen Höhlen gerettet hatten, ins Wasser halten, während einer daran hinabkletterte – falls er dort unten überhaupt atmen konnte. Woher wollten sie wissen, daß es jenseits der dicht abschließenden Wasserschicht überhaupt Luft gab?

Aber die Zeit verging, und wenn andere die gleichen Zweifel hegten, zeigten sie es nicht. Selbst Bossman gab sich der allgemeinen Fröhlichkeit hin und sah Granat beim Schwimmen zu. Einige Männer tauchten nach Fischen oder anderen Lebewesen, kamen jedoch mit leeren Händen wieder herauf. Andere schliefen, an die Felswand gelehnt, und wurden hier und da zu unliebsamem Erwachen spielerisch ins Wasser gestoßen.

Das Gewölbe kam einem natürlichen Paradies so nahe, wie das auf Chthon überhaupt möglich war.

Aton glaubte nicht an das Paradies. Er tauchte hinab, drei Meter, fünf Meter, so tief er konnte, sah aber keinen Grund. Als er wieder heraufkam, hielt er auf das Ufer zu, wurde aber plötzlich von einem Strudel erfaßt und herumgewirbelt. Sekunden später hatte er sich schon befreit, und ihm war nichts geschehen; aber der Zwischenfall beunruhigte ihn. Das Gefühl

einer nahen Gefahr war stärker geworden. Gab es dort unten doch einen Abfluß?
Er schwamm an das gegenüberliegende Ufer, wobei er sich dem Strudel nahe der Ausflußöffnung fernhielt. Drüben bemerkte er die gleiche schwache Strömung. Rund um den Teich gab es einen Sog. Das war irgendwie unheimlich: Wie kam es in einem stehenden Gewässer zu einer solchen Erscheinung?
Vielleicht tauchte da ein massives Gebilde von unten herauf und sog das Wasser an den Seiten ab.
Bossman beobachtete ihn. Aton wies auf den Rand, und der andere nickte. Er hatte es ebenfalls bemerkt.
Die beiden Männer behielten ihre Beobachtung zunächst für sich. Es hatte keinen Sinn, Alarm zu schlagen, solange die Gefahr noch unbekannt war – falls da wirklich eine Gefahr lauerte. Auf jeden Fall mußte jetzt schleunigst die Austrittsöffnung erforscht werden. Vielleicht brauchte man sie bald.
Einer der Wächter am Tunnelausgang stieß einen Schrei aus. Ein Angriff!
Also keine Einbildung, dachte Aton. Mein Verstand hat den Kontakt mit der Wirklichkeit doch noch nicht verloren.
Ein Handgemenge, ein heiserer Schrei – dann fielen zwei Körper in den Teich. Der eine war der Wächter; er schwamm unverletzt ans Ufer und kletterte zum Vorsprung hoch. Der andere war ein schuppiger Steinschaber – tödlich verletzt.
Soweit es sich beurteilen ließ, waren die Steinschaber keine Fleischfresser. Sie bewegten sich zu langsam, als daß man sie für die Schimäre hätte halten können, waren noch nie auf Menschen losgegangen und bildeten eine leichte Beute. Was war diesem Exemplar widerfahren?
Noch ein Tier erschien, dann ein drittes. Bald war der ganze Teich mit Tierleichen übersät, da die schwerfälligen Kreaturen direkt in die Steinmesser der Menschen hineinliefen. Was trieb sie zur Flucht?
Bossman trat zu Aton. »Hör mal!« sagte er.
Ein neues Geräusch wurde vernehmbar, weit hinten im Tunnel – anders als alles, was sie bisher in den Höhlen gehört hatten. Es war das Geräusch von Schritten – das Geräusch unzähliger Füße, die im Gleichschritt daherkamen.

Die Männer und Frauen sahen einander an, und Schweigen senkte sich über die Gruppe. Eine disziplinierte Armee – hier? Das schien undenkbar. Die Bewohner der oberen Höhlen hatten bestimmt keinen Suchtrupp ausgesandt, den sie ohnehin nicht bis hierher mit Nahrungsmitteln hätten versorgen können. Wenn der Ausgang nahe war, mochten es Menschen von draußen sein, die durch die Tunnel marschierten – *aber doch nicht in der Richtung, aus der die Gefangenen gekommen waren.*

Das Geräusch hielt an und näherte sich dem Gewölbe durch den Tunnel – ein rhythmisches, immer lauter werdendes Stampfen.

Wie das Wesen auch aussehen mochte – es hatte jedenfalls die anderen Tiere vor sich hergetrieben.

Jetzt hörten sie es alle. Die Schlafenden wurden wachgerüttelt, damit auch sie ängstlich das Geräusch hörten, das sie sich nicht erklären konnten.

»Großer Chthon!« rief der Wächter und wich entsetzt zurück.

Der Marschtritt wurde lauter. Die Ursache des Lärms hatte die letzte Biegung umrundet, blieb den Blicken der Menschen in der Kuppel aber noch verborgen.

Dann erschien das Wesen. Ein riesiger, grotesker Kopf mit Facettenaugen und fingerdicken, dreißig Zentimeter langen Antennen schob sich durch die Tunnelöffnung. Er drehte sich langsam, mechanisch, um die ganze Höhle zu überblicken; gleichzeitig erstarb das Geräusch der Schritte. Dann schob sich das Geschöpf weiter – in ihre Zuflucht hinein.

Der Hinterkopf verengte sich zu einem kaum fünf Zentimeter breiten Hals. Der Körper tauchte auf: ein gedrungener, unregelmäßiger Buckel auf zwei dicken Beinen, die sich ruckartig hoben und senkten. Die Menschen, die ihm zunächst standen, wichen entsetzt zurück.

Weiter hinten verengte sich der Körper wieder zu einem Schwanz von fünf Zentimetern Durchmesser. Danach folgte erstaunlicherweise ein zweiter Körper, der dem ersten ähnlich war; dann ein dritter und ein vierter. Der Körper des Tieres war in mehrere Teile gegliedert.

Entsetzt wichen die Menschen vor dem Kopf zurück, aber sie

fanden keinen Raum. Einige sprangen ins Wasser, während das Geschöpf erbarmungslos vorwärts kroch.
Es entstand ein allgemeines Gedränge, als all jene, die nicht schwimmen konnten oder sich vor dem Sprung ins Wasser fürchteten, sich auf der vorspringenden Kante zusammendrängten, um der Riesenraupe Platz zu machen. Aton und Bossman waren dem großen Kopf nun am nächsten. Bossman hielt die Axt bereit, zog sich aber vorläufig lieber zurück. Noch wußte man sehr wenig über das Geschöpf.
Der Vorsprung war jetzt überfüllt. In dem Gewölbe war schon vorher wenig Platz gewesen, und das Ungeheuer hatte sich schon ein beträchtliches Stück hereingeschoben. Zehn, fünfzehn Segmente – und es folgten immer mehr, bis sie fast ein Viertel des ganzen Umkreises beanspruchten. Wann nahm das Tier endlich ein Ende?
Aton bemerkte, daß die hinteren Teile grotesk entstellt waren. Die Segmente stimmten nicht mehr überein, außer in der gleichzeitigen Bewegung der Beine. An einigen hingen weitere verkümmerte Glieder nutzlos herab, an anderen befanden sich eingeschrumpfte Köpfe. Es war, als ob sie verschiedenen Spezies angehörten.
Ein Körperteil sah sogar menschlich aus.
Lächerlich! Aton wich vor dem plumpen Kopf zurück.
Wie ernährte sich das Wesen? Am Kopf war kein Maul erkennbar, und die übrigen Glieder konnten wohl auch nicht richtig fressen. Doch wurde der Körper immer länger, und jedes neue Segment beanspruchte die ganze Breite des Vorsprunges. Jetzt war auch klar, für wen dieser bequeme Pfad geschaffen war.
Kopflos flüchtend stolperten die Menschen übereinander und stürzten sich ins Wasser. Die noch Stehenden waren auf einem Stück Vorsprung zusammengedrängt, das keinen Halbkreis mehr ausmachte – und noch immer war das Wesen nicht zu Ende. Die hinteren, am weitesten vom häßlichen Kopf entfernten Körperteile waren seltsam eingeschrumpft und vertrocknet. Wenn das Ding hungert, breitet sich der Hunger bestimmt von hinten nach vorn aus, dachte Aton.

Endlich erschien das Schlußstück. Alle seufzten erleichtert auf. Die Raupe konnte sie nicht alle ins Wasser drängen.
Das letzte Glied lief in einem nadelähnlichen Stachel aus, der über einen Meter lang war.
Durch all den Wirrwarr schrillte ein Schrei, und unwillkürlich hoben sich die Köpfe. Die Raupe hatte alle zu sehr in Anspruch genommen, so daß niemand mehr den Teich beobachtete.
Aus dem Wasser war langsam ein Gebilde aufgetaucht, das, einem Wal ähnlich, den Teich von einer Seite zur anderen füllte – eine ungeheure, schwellende Masse schwarzen Walfischspecks, dreißig Meter im Durchmesser. Das Wasser rieselte jetzt von der gewölbten wachsähnlichen Oberfläche ab und enthüllte eine kreisrunde Öffnung: ein Maul.
Aton erkannte in dem Wesen eine Qualle, die zu erschreckenden Dimensionen angewachsen und – wie er stark vermutete – fleischfressend war. Die Tierleichen waren allerdings im Abfluß verschwunden, so daß der Beweis dafür zunächst fehlte. Er ließ jedoch nicht lange auf sich warten. Das Maul öffnete sich weiter und entblößte einen weißlichen inneren Tunnel, in dem es schäumte und gurgelte und aus dem scheußliche gelbe Magendämpfe aufstiegen. Eine röhrenförmige Zunge glitt heraus, wälzte sich blind herum, umschlang den Körper einer Frau im Wasser und zog die Schreiende in den Rachen hinab.
Inzwischen war auch die Raupe nicht untätig geblieben. Ihr Kopf lauerte über dem Abfluß, und der Schwanz schob sich vor den Eingang und von dort rückwärts auf dem gegenüberliegenden Vorsprung entlang, so daß er jede Flucht verhinderte. Die mächtige Spitze war womöglich noch entsetzlicher als der Kopf.
Plötzlich schoß der Schwanz vor, verlängerte sich auf fast anderthalb Meter, spießte den nächststehenden Mann auf, der so töricht gewesen war, das Tier mit einem Steinbrocken zu bedrohen, durchstach ihn in der Mitte und kam am Rücken wieder hervor. Der Mann brüllte auf und erschlaffte, aber die Spitze hielt seinen Körper aufrecht. Sie zog sich jetzt zusammen und hob den Mann hinter das letzte Glied der Raupe.
Was für entsetzliche Kräfte! dachte Aton. Ein sauberer Stoß durch Eingeweide, Muskeln und Rückgrat.

Plötzlich erwachte ein Teil der Leiche auf grauenhafte Art wieder zum Leben. Kopf und Arme des Mannes hingen schlaff herab, aber seine Beine fielen in den Marschrhythmus der zahlreichen übrigen Raupenglieder ein.

Wieder schoß der Stachel hervor und erfaßte diesmal eine Frau, die fortzulaufen versuchte. Mit Wucht durchstieß er ihren Rücken und kam durch den Magen wieder heraus. Wie das erste Opfer sank sie bewußtlos oder tot zusammen, und ihre Beine nahmen ebenfalls die Bewegung der anderen Füße auf – tot und doch nicht tot.

Aton begriff die Ausweglosigkeit der Falle, in der sie saßen. Was zunächst wie ein argloses Paradies erschien, war in Wirklichkeit Futterplatz der beiden schlimmsten Raubtiere Chthons. Das Opfer konnte zwischen den beiden wählen, aber eine Fluchtmöglichkeit gab es nicht.

Und der gesamte Trupp war in den Raum hineinmarschiert und hatte es sich gemütlich gemacht! Aber zum Überlegen blieb keine Zeit. Die Riesenraupe legte sich nach Belieben neue Glieder zu: von hinten, von vorn, von der Seite oder auch zusammengekrümmt – wie der spitze Schwanz sein Ziel gerade traf. Der Quallen-Wal sog ungeschickt all jene in sich hinein, die ins Wasser fielen, zu tauchen versuchten oder hineingestoßen wurden. Er konnte es sich leisten, ungeschickt zu sein. Mit der Zeit kam er auf jeden Fall zu seiner Mahlzeit.

14

Bossman übernahm jetzt wieder die Führung; er packte seine Axt mit beiden Händen und trieb mit dem Stiel die Leute zurück. So schaffte er sich Platz, um gegen den Kopf der Raupe vorzugehen. Aton folgte ihm, denn er ahnte, was er vorhatte.

Bossman ging in Stellung, und mit dem Schwung der Axt traten seine Rückenmuskeln eindrucksvoll hervor. Die Schneide grub sich in die Gummihaut der Raupenschnauze. Aus der Wunde quoll eine klebrige grüne Masse. Einem Ventil hinter der schlaff herabhängenden Antenne entwich ein schmerzerfülltes

Zischen, und die Raupe zuckte zurück, wobei die Bewegung der vorderen Beine entgegen dem Rhythmus der hinteren Beinpaare verlief. Noch einmal schlug Bossman zu und zielte diesmal auf die hervorquellenden Augen, aber das Untier zwinkerte nur.

Es zwinkerte, und metallisch glänzende Knochenstäbe wölbten sich gleich einer schützenden Maske über seinen Augen. Zwar bot ihm sein Kopf keine Waffen zum Kämpfen, doch konnte es sich vor jedem Beutetier schützen, das sich zur Wehr setzte. Ein so grobes Werkzeug wie eine Axt war da nur eine Belästigung, keine Gefahr.

Wieder und wieder schlug Bossman auf die bloßliegenden Randzonen des grün verschmierten Gesichts ein, und das Tier wich zurück. Doch damit schob sich der Schwanz weiter vor, und das war noch schlimmer. Der Kreis war nun fast geschlossen, und der lange Leib dehnte sich unerbittlich und endlos.

»Wir müssen es vertreiben oder töten!« schrie Aton. »Oder ins Wasser stoßen!«

Das wäre die beste Lösung: eine ertrinkende Raupe, die das Wasser mit ihren unzähligen zappelnden Füßen aufpeitschte; und ein erstickender Quallen-Wal, der den riesigen Brocken nicht schlucken konnte. Vielleicht kamen tatsächlich beide dabei um.

Aber das war unwahrscheinlich. In gemeinsamem Angriff hätte sich die Raupe vielleicht von ihrem Pfad drängen lassen. Männer und Frauen konnten dem Quallen-Wal ausweichen, die unzähligen Beine der Raupe von unten packen und herabziehen; oder sie konnten auf ihren Rücken klettern und sie von der Mauer fortschieben. Ja – so war das Tier zu besiegen. Aber nicht mit einer verängstigten Menschenschar. In der allgemeinen Panik war ein planvolles Vorgehen unmöglich. Nur ein direkter Ausweg konnte die schreienden Leute noch in Bewegung bringen.

»Der Fluß!« brüllte Aton und deutete auf die sprudelnde Öffnung. Bossman hörte ihn über dem allgemeinen Geschrei und sah sich um. Als er begriff, was Aton meinte, wich er langsam zurück und machte sich bereit, die Öffnung vor der gierigen Raupe zu schützen.

»Da hindurch!« rief Bossman und deutete nach unten. »Da!« Ein Mann in der Menge verstand das Zeichen und tauchte in das flache Wasser zwischen dem Buckel des Quallen-Wals und dem Rand des Teiches. Halb schwimmend, halb auf dem schwammigen Fleisch gehend, arbeitete er sich bis zur Öffnung vor und tauchte kopfüber hinein. Das fließende Wasser sammelte sich hinter ihm und schob ihn weiter.

Nach einer Pause folgte der zweite Mann; er verschwand in der Öffnung, ehe ihn das Wasserungeheuer aufspürte. Nun folgte eine Frau, und schon reihten sich die anderen auf. Angesichts der auf sie zukommenden Schrecken entschieden sie sich ohne zu zögern für den ungewissen Ausweg.

Der sechste Mann vor dem Loch war Hastings. Er wog nach eigener Schätzung zweihundertundfünfzig Pfund. Zu spät stellten die anderen fest, daß er für die Öffnung entschieden zu dick war. Kopf und Schultern verschwanden zwar, aber die wild um sich schlagenden Beine verstopften das Loch.

»Holt das Schwein da raus!« schrie jemand in panischer Angst, denn mit zunehmender Körperlänge kamen Kopf und Schwanz der Raupe immer näher. Auch das Wasserungeheuer bewegte seine Zunge schon in der Nähe des Loches. Wenn das Hindernis nicht rasch beseitigt wurde, war es um die anderen geschehen.

Aton sprang ins Wasser und packte die zappelnden Füße. Er stemmte die Beine gegen die Felswand zu beiden Seiten der Ausflußöffnung und zog, aber das Wasser staute sich vor dem schweren Körper und drückte ihn fest. Aton änderte seine Taktik und versuchte den Steckengebliebenen hindurchzuschieben, doch Hastings war einfach zu dick. Er rührte sich nicht von der Stelle, während er weiter mit den Beinen strampelte und Aton damit behinderte. Offenbar gab es keine Möglichkeit, den Mann zu befreien.

Bossman blickte grimmig hinab. Der Kopf der Raupe war jetzt, da sie nicht mehr bewacht wurde, fast bis zum Loch vorgestoßen.

»Wir haben keine Zeit mehr«, brummte Bossman. »Weg da!«

Aton trat zur Seite und behielt die ausgestreckte Zunge des Wals hinter sich vorsichtig im Auge. Der andere hatte recht: es gab keine Zeit zu verlieren.

Bossman stellte sich mit gespreizten Beinen vor das Loch und schwang kraftvoll die Axt. Sie traf Hastings herausragenden Rumpf über der Hüfte und grub sich tief ins Rückgrat. Die fetten Beine hörten auf zu zappeln. Wieder holte Bossman aus und hieb tiefer in die Wunde, als wollte er einen Baum fällen. Ein dicker Blutstrahl schoß hervor und färbte das Wasser rot.
Spür ich dein Sterben, alter Freund?
Die mächtige Zunge kam näher; sie witterte das Blut. Aton versuchte ihr verzweifelt auszuweichen; das kalte schleimige Fleisch berührte ihn am Bein und umschlang seinen Schenkel, aber die Zunge hatte es nicht auf ihn abgesehen. Sie spürte dem Geruch nach, glitt über den zerfetzten Körper und rollte sich über ihm zusammen. Bossman entdeckte die Zunge und machte Anstalten, sie zu durchtrennen.
»Nein!« schrie Aton. »Stopp!«
Bossman hielt verwirrt inne. Er hatte den Körper offensichtlich in kleine Stücke zerhacken wollen, die einzeln durch die Öffnung gleiten konnten. Aber wenn es eine andere Möglichkeit gab ...
Die Zunge straffte sich. Das Ungeheuer zog an. Mit klatschendem Geräusch kam die aufgedrungene rote Masse aus dem Loch frei und bewegte sich spritzend auf das große Maul zu. Der im Wasser nachhängende Kopf hüpfte mit offenem Mund in den Wellen auf und ab und schien Aton zuzunicken.
Jetzt strömte das gestaute Wasser in raschem Strudel durch den Tunnel ab. Der Weg war frei. Der Quallen-Wal hatte sie ungewollt gerettet.
Aton war einer der letzten. Als er an die Reihe kam, empfand er auf einmal unerklärliche Angst. Wohin führte ihn der Fluchtweg? Wie konnte er gewiß sein, daß sie nicht noch entsetzlicheren Gefahren entgegengingen? Aber Hastings war für diesen Ausweg gestorben – also mußte er ihn nehmen.
Er ließ sich mit offenen Augen hineingleiten und betrachtete den Tunnel, der ihn verschlang. Das Wasser preßte ihm gegen die Beine und schob ihn weiter, während ihm schon der Atem ausging. Als die Wände auseinandertraten, versuchte er sofort mit aller Kraft, zur Oberfläche durchzustoßen.

Zu früh – er schlug mit dem Kopf gegen die niedrige Decke und trieb halb bewußtlos im wirbelnden Strom dahin. Sekunden später packte ihn eine starke Hand beim Haar und zog seinen Kopf über Wasser, so daß er wieder atmen konnte. Als er langsam zu sich kam, begriff er, wie sinnvoll diese Hilfe war – denn vor ihm war das Brausen eines Wasserfalls zu hören.
Er kämpfte sich an Land und spuckte hustend das rosig gefärbte Wasser aus. Erst dann erkannte er seine Retterin: Granat.
Auf gleiche Weise half sie noch anderen Schwimmern. Viele waren auch bereits über die Wasserfälle geglitten. Als niemand mehr kam, standen sie auf und kletterten über verschlungene Felsformationen zu einem größeren Teich fünf Meter unterhalb der Wasserfälle.
Der Teich war voller Leute. Einige waren unverletzt ans Ufer gestiegen und andere, die nicht schwimmen konnten, paddelten heftig herum; einige bewegten sich jedoch nicht mehr.
Granat sprang zuerst hinein. Sie packte den Fuß einer wild strampelnden Frau, zog sie an eine flachere Stelle und suchte sich den nächsten Schiffbrüchigen. Sie war eine ausgezeichnete Schwimmerin.
Wer konnte, folgte ihrem Beispiel. Bald waren alle herausgefischt. Aber die letzte Etappe hatte einen hohen Tribut gefordert.
Hundertsechzig Menschen hatten das stille Gewölbe des Quallen-Wals betreten; achtunddreißig standen jetzt hier. Sieben waren zu schwer verletzt, um weitergehen zu können, und mußten – mit der Axt – erlöst werden.
Vom Fluß herauf ertönte ein Schrei. Müde Köpfe wandten sich der neuen Gefahr zu. Aber es war ein Schrei der Entdeckung.
Auf einem flachen Felsplateau hatte jemand einen primitiven Steinhügel aufgetürmt – das Werk eines intelligenten Wesens. Daneben war der Buchstabe B eingeritzt, mit einem Pfeil, der flußabwärts zeigte.
Doc Bedsides Wegzeichen.

15

Danach wurde es besser. Neunzehn Männer und neunzehn Frauen hatten überlebt; sie waren nach natürlicher Auslese die kräftigsten aus den unteren Höhlen. Die Gruppe ließ sich jetzt auch leichter führen und war beweglicher, und es fand sich zunehmend ungefährliches Wild. Die Luft war süß und kühl und das Wasser klar.
Bedsides Zeichen tauchten in regelmäßigen Abständen auf; sie deuteten stets flußabwärts. Niemand wußte zu sagen, wie er es allein so weit geschafft hatte. Aber er war offensichtlich hier gewesen – und zwar bei gesundem Verstand. Das genügte.
»Wie war er denn so?« fragte Aton, während er neben Granat über feuchte Felsen kletterte.
»Ein Intellektueller«, sagte sie. »Klein und gescheit. Schwache Augen, aber dahinter ein messerscharfer Verstand. Er hatte nur die Flucht im Kopf.«
»Aber wenn er schon so weit gekommen war – warum ist er dann verrückt geworden?«
»Vielleicht hat er die Schimäre gesehen.« Immer noch verschwanden Männer – niemals Frauen –, ohne eine Spur zu hinterlassen. Man nahm an, daß die Schimäre weiter um die Gruppe herumschlich (wie hatte sie nur das Gewölbe überwunden?) und die Unvorsichtigen überfiel. Das stete Geräusch des Flusses überlagerte jeden leisen Schrei.
Tage vergingen. Der Fluß schwoll an, von Nebenflüssen gespeist, die aber nicht mehr interessant waren, und mit ihm wuchsen die Höhlen. Windtunnel gab es nicht mehr. Statt dessen wanderten sie durch gleichsam gemeißelte Felsformationen, durch Wasserspeicher und Erosionszonen, baumähnliche Stalagmiten und Grotten aus weißem Kristall. Dann und wann teilte sich der Fluß, und die Verästelungen wanden sich durch ineinander übergehende Gewölbe mit dunklen Decken und unbestimmbaren Grenzen, um sich weiter unten wieder zu vereinigen.
Schließlich ergoß er sich in einen mächtigen, langsam fließenden See. Sie schritten am linken Ufer entlang. Dreißig Meter weiter vorn, am Ende des Sees, ragte eine steile Klippe auf, die sich über ihnen zu einem dreidimensionalen Labyrinth verzweigte. Hier unten war der Boden jedoch flach und bildete am

Ufer sogar einen weißen Sandstrand. Der See selbst war klar und kühl, ein schöner Anblick für jeden Schwimmer, aber Bedside hatte ihn mit Totenschädel und gekreuzten Knochen gekennzeichnet. Und so etwas brauchte er ihnen nicht zweimal zu sagen.

Wieder zeigten sich die Höhlen Chthons in ihrer ganzen friedvollen Schönheit. Aber diesmal glaubte niemand mehr an das Paradies.

Der Pfad am Ufer verengte sich allmählich, da sich die Felswand dem See näherte. Zugleich wich das gegenüberliegende Ufer zurück und machte Platz für den Strand. Drüben tauchten die gleichen Merkmale auf – der Fluß hatte innerhalb der Höhle seinen Lauf verlegt.

Endlich stießen sie auf ein Zeichen, das zum Wasser deutete. Also war es Zeit, den Strom zu überqueren.

In der Mitte jedoch war das weiße Kielwasser eines Flußtiers zu sehen, das sie nun schon seit mehreren Märschen begleitete. Der erfinderische Bedside hatte vielleicht Chemikalien gegen das Tier eingesetzt; die Gruppe mußte jetzt ein anderes Mittel finden.

Bossman zögerte nicht lange. »Lose.«

Granat trat auf ihn zu. »Ich weiß, was du willst«, sagte sie mürrisch. »Laß mich das machen. Ich kann gut schwimmen.«

Bossman schob sie beiseite. »Ich habe dich nicht aufgefordert. Die Lose!«

Sie rührte sich nicht. »Du darfst keine Männer mehr aufs Spiel setzen. Ich schwimme gut. Ich möcht's gern tun.«

Bossman musterte sie lange. Dann wandte er sich ab. »Du bleibst hier«, sagte er über die Schulter zurück. »Fünf – komm mal mit.«

Aton begleitete ihn zu einer etwas abgelegenen Stelle, an der die Felswand zurückwich und einen seitlich vom Fluß begrenzten Raum bildete.

»Ich muß mit dir reden, Fünf«, sagte Bossman und legte seine Axt und alle anderen Waffen am Wasser hin. Aton, der schon Bescheid wußte, entledigte sich ebenfalls seiner Steinwaffen.

»Wir sind alle aus bestimmten Gründen hier unten«, fuhr

Bossman fort, »und es steht keinem zu, über die anderen zu reden. Aber wir müssen jetzt mal eine Sache klären.« Er hatte die Hände in die Hüften gestemmt. Seine Muskeln, die fester wirkten als vor der Langen Reise, waren schweißbedeckt. »Ich weiß nicht, was du getan hast, um hierher verbannt zu werden, und ich frage auch nicht danach.« Das war jedoch nur eine Höflichkeitsformel; das Gerücht über Atons Mignonne war seit langem im Umlauf. »Aber seit es die Gruben gibt, hast du mehr Ärger gemacht als zehn andere. Du bist schlau, du bist zäh – aber ich kenne dich. Ich habe die Zeichen schon vor langer Zeit erkannt.

Wenn es nach mir ginge, hätte man dich als Köder für die Schimäre an den Felsen gebunden – anstelle des verängstigten kleinen Mannes, der nie den Mumm hatte, wirklich etwas anzustellen. *Du* hättest in dem Loch steckenbleiben und die Axt schmecken müssen – statt des alten Hastings, der als einziger klug genug gewesen wäre, uns alle ans Ziel zu bringen. Und du müßtest jetzt eigentlich auch allein in den Fluß hinausschwimmen.«

Bossman war doch nicht ganz so ahnungslos, wie Aton angenommen hatte. Wieviel wußte er? »Wirfst du mir Framys Verbrechen vor?«

»Ich bin nicht so gewieft«, sagte Bossman. »Ich weiß nicht, was in den Köpfen anderer Leute vorgeht, und es dauert lange, bis ich etwas begreife. Aber ich weiß, daß Framy niemals seinen einzigen Freund verraten hätte. So war der nicht. Er hätte eher seinen schlimmsten Feind angeschwärzt, um einen schuldigen Freund zu retten.

Aber er wußte wirklich nicht, wer die andere Hälfte des Granatsteins gefunden hatte. Er hielt dich für unschuldig, weil *er* unschuldig war. Er erwartete, daß du ihm ein Alibi verschafftest. Aber das hast du nicht getan, und daran ist er umgekommen. Du hattest nur einen Grund, ihn so zu verleumden: Du wußtest, daß wir von niemand anders ein Geständnis erhalten konnten, weil niemand anders es getan hatte – denn *du* warst derjenige, der das andere Bruchstück aufgehoben und Tally heimlich in den Korb getan hat. Du warst der Verräter!«

Bossman, der so langsam begriff, hatte Framy hinrichten lassen, ehe er die Wahrheit ahnte – und jetzt mußte er für seinen Irrtum einstehen.

»Pech«, sagte Aton mitleidig. »Du machst mich also auch für Hastings Tod verantwortlich?«

»Du bist richtig clever.« Bossman war der ironische Unterton entgangen. »Du wußtest, daß wir die Lange Reise antreten würden, und allein das lag in deiner Absicht. Damit andere Leute für dich starben. Allein hättest du keine Chance gehabt. Jeder, der hier gestorben ist, verlor sein Leben deinetwegen.«

»Auch die Opfer der Schimäre?«

»Ich habe mich umgesehen, als wir Framy schreien hörten, und du warst nicht da. Da fing ich an zu überlegen. Du kamst von der anderen Seite des Tunnels her. Die Schimäre hätte auf der Flucht direkt an dir vorbeigemußt. Aber du hast nichts gesagt. Dir war Framys Tod willkommen, weil er nun nicht mehr reden und womöglich Glauben finden konnte ...«

»Natürlich. Mir hat der Zauber der Mignonne übermenschliche Kräfte verliehen. Ich kann mit bloßen Händen blitzschnell töten. Ich kann die Halsstränge eines Mannes herauszerren oder meine Fingerspitzen unter seine Rippen bohren und den ganzen Brustkorb losreißen. Ich kann meine ungepflegten Menschenfinger wie eine Katze in die Nase meines Opfers bohren und ihm mit einer Drehbewegung den Hals brechen. Ich kann die Biß- und Reißwunden, die parallelen Striemen wie von Tierklauen genau nachmachen und mein Opfer zurücklassen, als wäre es von einem Raubtier mit spitzen Fangzähnen zerfleischt worden. Ja, zu all dem verhilft mir ein Versteck mit besonderen Geräten, mit denen ich die Spuren des Schimären-Phantoms nachahme – und zwar innerhalb von Sekunden. Da ich meine Geräte leider mit herabzuschmuggeln vergaß, habe ich sie mir hier unten in meinem verborgenen Labor selbst gebaut, das eine nützliche Metallpresse und einen kleinen Schmelzofen zur Aufbereitung meines Roheisens enthält. Mit Felsgestein kann man hier wenig anfangen, verstehst du. Ich mußte ein Loch zur Oberfläche des Planeten bohren, damit Rauch und Dampf unbemerkt abziehen können. Immer wieder muß ich hinaufklettern und die Touristen von meinem Schlot wegscheuchen, denn die Sache ist meine Privatangelegenheit, und ich will nicht, daß sich jemand einmischt. Mein Labor ist im übrigen schalldicht, so daß niemand den Arbeitslärm hört, und ich habe eine private Eisenbahn, die uns auf einer Parallelstrecke folgt, so daß ich meine Instrumente jederzeit zur Hand habe, wenn mir nach einer neuen Hinrichtung zumute ist. Ich habe ein besonderes Mittel zur Tilgung meiner blutigen Spuren, und natürlich bin ich von Kopf bis Fuß geschützt: Gleich einem Raumfahrer trage ich einen hautengen Anzug, der das herumspritzende Blut auffängt und den ich sofort ausziehen und verstecken kann, so daß an mir nichts zu sehen ist als der natürliche Dreck und niemand ahnt, was ich getan habe. Denn, verstehst du, ich muß sofort wieder zur Gruppe stoßen können, damit es beim ersten Schrei nicht auffällt, daß ich nicht da bin. Zugegeben – bei Framy war ich ein bißchen langsam, aber ich habe inzwischen fleißig geübt. O ja, man muß auf Bruchteile von Sekunden planen können. Eine großartige Kraftprobe! Ich kann dir gar nicht sagen, was für einen Spaß das gemacht hat . . .«

Ohne auf Atons allzu spitzfindigem Sarkasmus einzugehen, fuhr Bossman fort: »Ich sehe auch, was du mit Granat angerichtet hast. Sie ist ein derbes Mädchen – aber so eine Behandlung hat sie nicht verdient. An den übrigen Geschichten kann ich nichts mehr ändern. Aber eins sage ich dir: Mit ihr treibst du ein ehrliches Spiel!«

Ja, die Zeit der Abrechnung war gekommen. »Bist du ganz sicher?«

»Ganz sicher«, bestätigte Bossman. »Darauf versteht sich der Bauer nun mal. Sie muß zwar sterben, aber sie soll wenigstens glücklich sein. Du gehst jetzt zu ihr hin und fragst sie so richtig nett und bringst sie her, wo euch niemand sehen kann, und sagst ihr all die Lügen, die die Mädchen so gern hören, und machst ihr was vor, als ob du's ehrlich meintest. Das hat sie wenigstens verdient, und sie kriegt es auch. Die anderen rasten inzwischen und bereiten sich aufs Übersetzen vor.«

Aton musterte ihn aufmerksam. Der Mann meinte es ernst. »Und du erwartest, daß sie das alles glaubt?« Er verlagerte ein wenig das Gewicht.

»Sie wird glauben, was sie glauben will. So gut kenne ich sie auch. Und du wirst es ihr leichtmachen. Du kannst ganz gut reden, wenn du nur willst.« Und Bossman erlaubte sich ein leichtes Lächeln. »Warum sie es auf dich abgesehen hat, begreife ich nicht. Aber sie glaubt dir bestimmt alles. Und du wirst dich anstrengen und ihr alles bieten – oder *du* bist diesmal der Köder, nicht sie. Wenn du mir das nicht glaubst ...«

Aton glaubte es nicht. Ohne Vorwarnung – wie er es gewohnt war – beugte er sich zur Seite und ließ seinen nackten Fuß vorschnellen. In den Schlag legte er die ganze Geschicklichkeit seiner tödlichen Kampftechnik. Der Krellbauer hatte schon längst eine Lektion verdient.

Aber Bossman fing den Tritt mit eisenharter Hand so rasch ab, daß er sich kaum zu bewegen schien. Er wich der Stoßbewegung aus und trat mit schwielenbedecktem Fuß gegen Atons Standbein. Der schmerzhafte Sturz wurde durch Bossmans Gewicht verschlimmert, der sich sofort auf ihn geworfen hatte. Unter seiner dünnen Fettschicht war der Bauer hart wie eine Höhlenwand. Ein unnachgiebiger Arm umklammerte Atons Kopf; eine kraftvolle Hand umschloß seinen Arm in unbarmherzigem Griff. Finger glitten tastend über seinen Kiefer.

Aton schlug wild um sich. Er schrie. Eine unerträgliche Schmerzexplosion in der Kehle, ein instinktives, vergebliches Sichauflehnen gegen die entsetzlichen Arme, eine heulende Dunkelheit über der Welt.

Die Welt kehrte zurück, seltsam unwirklich bis auf die leichte Berührung stahlharter Fingerspitzen an einem verborgenen Nervenzentrum. Eine Stimme sagte sanft: »Baby möchte spielen?«

Bossman ließ ihn aufstehen, blieb aber auf der Hut. »Sag ihr, wir hätten um sie gekämpft, und du hättest gewonnen«, befahl er. »Ich will nicht, daß du angeschlagen aussiehst, Raumfahrer – noch nicht.« Bossman hatte seinen Standpunkt durchgesetzt.

Und so spielten sie das Spiel zu Ende, die drei, und bereiteten die Szene für Granats Opferung ...

... während Bossman mit geballter Faust wartete und wußte,

daß die Laute der Liebe falsch waren, die sein Mitleid zu gern hätte echt klingen lassen;
... während Aton undeutlich wahrnahm, daß das Wissen um den Tod die Melodie hervorbrachte und die Melodie eine erstaunlich reale Leidenschaft;
... während Granat freiwillig den Tod auf sich nahm als einzigen Weg zu dieser Leidenschaft und vielleicht zu einem Augenblick geheimer, echter Liebe, die ihrem Elend ein Ende machte.
... und die weiße Woge wartete ...

VI. Chthon

§ 403

16

Aton erholte sich langsam. Der Kalender an der Wand gegenüber zeigte den Zweitmonat § 403; fast ein Jahr war nach all den Schrecknissen vergangen, an die er sich erinnerte. Er hatte die Mignonne geküßt und ... fast ein Jahr!
Wo bin ich gewesen! Was habe ich seither getan – in der Zeit, an die ich mich nicht erinnere?
Er sah sich um. Der erste Gegenstand, der ihm in dem behaglichen Zimmer auffiel, war der solide Holzstuhl, der mächtige Stuhl des Aurelius, der den Ausgang bewachte. Ihm gegenüber stand die ebenfalls vertraute Plüschcouch – jene Couch, von der er immer geglaubt hatte, sie gehöre seiner Mutter. Darüber hing noch immer das gerahmte Foto der Tochter Zehns, das jetzt keine Schuldgefühle mehr heraufbeschwor. Daneben ...
Daneben hing das Bildgewebe der Xests: Mutter und Sohn.
Er löschte das Zimmer aus seinen Gedanken und betrachtete sich selbst. Er trug ein leichtes Hemd, darüber saubere Feldkleidung und an den Füßen die weichen, schweren Schuhe eines Hveebauern. Wer immer ihn eingekleidet hatte, verstand sich darauf. Hatte er selbst es getan im Zustand der Umwölkung?
Im Zimmer nebenan rührte sich etwas. Aurelius? Nein, er war tot, ebenso wie die Waldnymphe, wie alle, die ihn geliebt hatten. Wer bewohnte das Haus Fünfs? Er hörte einen leichten, wohlbekannten Schritt.
»Das Lied der Muschel!« rief er aus, plötzlich froh, sehr froh. Er hatte auch sie für tot gehalten – in den kurzen Augenblicken, da sie für ihn außerhalb seiner Träume überhaupt existiert hatte. Er hatte sie getötet – aber es war nur eine symbolische Hinrichtung gewesen, ein Verleugnen seiner zweiten Liebe. Doch jetzt war diese Symbolik aufgehoben.
Sie trat in sein Blickfeld. Ihr Haar war länger, als er es vier Jahre lang in Erinnerung gehabt hatte; schimmerndes Silber unter der grünen Hvee im Nachmittagslicht. Ihr schönes Gesicht war ruhig, ihr Handgelenk ohne Ring.

Auf Idyllia gab es keinen Tod, und sie hatten es beide gewußt. Und doch hatte er sie im Augenblick der Verzückung vom Berg gestoßen. Sie hatte keine telephathischen Fähigkeiten und konnte nicht gewußt haben, daß er mit seiner Tat nicht sie, sondern die Mignonne meinte. So war es für Coquina die zweite Zurückweisung . . . und die bebende Hvee, die sie immer noch trug, bewies, daß sie in ihrer Liebe zu ihm niemals schwankend geworden war.

Einer solchen Frau würdig zu sein . . .

»Tochter Viers«, sagte er, »ich liebe dich!«

Sie blickte auf. »Aton?«

Er stand verlegen auf. Körperlich fühlte er sich stark – demnach hatte er das vergangene Jahr nicht im Bett verbracht. »Coquina – erkennst du mich nicht?«

Sie betrachtete ihn aufmerksam. »Aton«, wiederholte sie und lächelte schließlich.

Er ging auf sie zu, aber sie wich ihm aus. »Bitte, rühr mich nicht an, Aton.«

»Coquina – was ist denn?«

Sie stand hinter dem klobigen Stuhl des Aurelius. »Vielleicht liegen die Dinge nicht so, wie du sie in Erinnerung hast, Aton.«

Er kehrte zu seinem Stuhl zurück und setzte sich. »Haben die Träume mich getäuscht, hübsche Muschel? Ist auf Idyllia doch etwas gestorben?«

»Nein, Aton, nein – das nicht. Aber du warst so lange – fort. Ich muß ganz sicher sein.«

»Sicher – *wessen*?« fragte er. »Die Mignonne ist tot, und ich liebe dich. Ich liebte dich gleich vom ersten Augenblick an – aber bevor ich die Mignonne besiegte . . .«

»Aton, bitte, ich will dir erzählen . . . Es wird nicht leicht für dich sein, und wir haben nicht viel Zeit.« Ihre Förmlichkeit überraschte ihn.

»Coquina!«

Sie überhörte seinen Schrei und begann zu sprechen, ein wenig rasch, als halte sie ihm eine Vorlesung. »Ehe du aus Chthon entlassen wurdest, ging ich in den Wald und sprach mit der Mignonne. Ich sprach mit Malicia. Ich zeigte ihr die Hvee, die ich trug, und sie nahm sie und bewies mir, daß sie dich ebenso sehr liebte wie ich.«

»Das stimmt auch – auf ihre Weise hat sie mich geliebt«, sagte Aton.

»Sie war wunderschön. Ich habe die Familienähnlichkeit gleich bemerkt. Sie sagte mir alles, was ich über dich wissen mußte, um während deiner Genesung für dich sorgen zu können, und sie warnte mich vor dem bösen Gesandten Chthons, damit ich dich vor ihm schützte. Sie sagte – sie sagte, sie werde bald nicht mehr da sein, und vermachte mir das Lied.«

»Das Lied!«

»Sie wollte, daß du glücklich wirst, Aton, und sie erkannte, daß dein Mignonblut dich zerstörte, während der böse Gesandte auf die Überreste wartete. Sie gab dich mir. Du hast sie nicht erobert, Aton. Nicht diese herrliche Frau.«

Die plötzliche Erkenntnis erschreckte ihn. »Das alles geschah – *ehe* ich aus Chthon entkam?«

»Wir liebten dich, Aton.«

»Malicia *wußte*, daß sie sterben würde?«

»Ja. Nach den Begriffen ihrer Kultur bedeutete ihr Name ›Mitleid‹, und sie liebte deinen Vater so sehr, daß sie ihn verließ, und dich, daß sie für dich starb. Als Aurelius dich mit ihr über die Felder gehen sah, begriff er alles und gab seinen langen Kampf gegen den Sumpfmeltau auf. Sie starb bald nach ihm. Aurelius' Vetter kam, und wir begruben deinen Vater neben ihr im Wald.«

»Das Lied«, sagte Aton, der sich nicht zu konzentrieren vermochte.

Coquina sah ihn an. »Ich mußte dich ... früh wecken«, sagte sie. »Das Lied ...« Sie faßte ihren Entschluß. »Das ist das Lied.«

Endlich sang sie, und es war die Melodie seiner Kindheit. Ihrer Stimme fehlte der Zauber des Mignonnengesanges, aber er wußte auch, daß Malicias Stimme einzigartig war. Doch es war tatsächlich das Lied.

Coquina sang es bis zu Ende, aber der Bann war gebrochen. »Nun ist es nicht mehr unvollendet«, sagte er und begriff erst

jetzt, daß der Reiz im Grunde nicht von der Melodie ausgegangen war, sondern darin bestanden hatte, daß sie unvollendet blieb – wie seine ganze Beziehung zur Mignonne. Der Zwang lag nicht im Lied, sondern im Unvollendeten. Warum hatte er das bis heute nicht erkannt?
Coquina beobachtete ihn aufmerksam. »Es bedeutet dir jetzt nichts mehr, Aton?«
»Es tut mir leid«, sagte er, und seine Worte kamen ihm dürftig vor. »Du hättest dir die Mühe sparen können.«
»Nein, nein«, sagte sie und lächelte noch herzlicher. »Das ist nur gut; es bedeutet, daß der Mignon in dir überwunden ist. Du wirst genesen, wenn du nur ...«
Ihre wiederholten Anspielungen auf irgendwelche geheimnisvollen Zusammenhänge machten ihn ungeduldig. »Wenn ich nur – *was*? Was soll das Gerede um meine ›Genesung‹ und den ›bösen Gesandten‹? Wo bin ich gewesen? Was habe ich im vergangenen Jahr getan? Warum läßt du mich nicht an dich heran? Warum mußtest du mich überhaupt ›wecken‹ – ob früh oder nicht? Habe ich denn geschlafen?«
»Jetzt kann ich es dir sagen.« Sie ging um den Stuhl herum und setzte sich, wahrte aber den Abstand. »So wie du warst – halb Mignon, halb Mensch – konntest du in keiner von beiden Welten leben. Malicia warnte mich; sie sagte die entsetzlichen Folgen voraus, falls du befreit würdest, bevor dieser Konflikt gelöst war. Nachdem sie sich geopfert hatte, warst du wie wahnsinnig und bist in blinder Wut durch den Wald gestreift. Dein Vetter Benjamin fesselte dich vom Luftauto aus mit dem Seil und brachte dich zu mir. Wir setzten dich dann unter Drogen. Die Behörden konnten wir nicht verständigen, denn die hätten dich nach Chthon zurückgebracht. Während dein Geist gesundete, hielten wir alles von dir fern. Die Mignonne sagte, es könne zwei Jahre dauern, bevor der Schock über ihren Tod deinen Geist läuterte und dich befreite und zu einem normalen Menschen machte. Wir wußten, daß wir dich die ganze Zeit ruhig halten mußten. Aber ...«
»Drogen? Ein ganzes Jahr lang?«
»Es war die einzige Möglichkeit. Betäubungsmittel im Essen.

Benjamin verwaltete unterdessen den Hof, und ich half ihm mit den Hvees und pflegte dich. Du hast wie eine Pflanze gelebt, Aton, darum muß ich mich erst wieder an dich gewöhnen. Ich habe dich draußen spazieren geführt, damit du Bewegung hattest . . .«

»Ein Tier an der Leine.«

»Hunde ausführen und andere niedrige Arbeiten«, schnappte sie. »Bitte laß mich aussprechen. Wir hielten deine Anwesenheit geheim, aber er scheint davon zu wissen, der böse Gesandte Chthons. Sein Gott ist – mehr noch als die Mignonne – telepathisch. Der Mann suchte dich und behauptete, du gehörtest jetzt zu Chthon. Er wußte – vieles. Er sagte, nur auf Chthon würdest du Geborgenheit finden, und nur der Gott Chthons könne deine Seele wieder heilen. Er versuchte dich mir fortzunehmen.«

»Ein gesandter Chthons?« Aton war bestürzt.

»Die Hvees mochten ihn nicht«, sagte sie, als sei das Thema damit abgeschlossen, was ja vielleicht auch der Fall war. »Ich . . . ich habe ihn verletzt, und er ging fort. Er sitzt jetzt in seinem Raumschiff und wartet auf dein Erwachen. Er sagt, du werdest zu ihm kommen, sobald du dich entscheiden könntest. Ich fürchte mich vor ihm. Und nun mußt du ihm entgegentreten, obwohl du noch gar nicht bereit bist, weil ich mit den Drogen zu früh aufhören mußte.«

»Ist dein Vorrat erschöpft?« Aton mißfiel die seltsame Stuation, in der er sich befand.

»Nein.« Mehr wollte sie nicht sagen, sie führte ihn zur Tür. Er gehorchte.

Die Nacht brach herein; Wolken zogen über den noch schwach leuchtenden Horizont, und der Himmel glühte. Nie war ihm seine Heimat schöner vorgekommen.

Oh, daß in unsrer Asche . . ., dachte er.

»Du mußt zu ihm gehen«, sagte sie drängend. »Du mußt den Kampf heute abend austragen, solange noch Zeit ist. Bitte geh.«

Aton starrte sie geistesabwesend an und bemerkte ihre kleidsame Blässe. »Einen Kampf austragen? Warum? Ich weiß nichts über diesen, diesen ›bösen Gesandten‹. Wozu die Eile? Warum willst du mir keine Erklärung geben?«

»Bitte«, sagte sie, und über ihre Wangen rollten winzige Tränen.

»Ich möchte die Hvee berühren«, sagte er, um Zeit zu gewinnen und das Geheimnis zu erfassen. Coquina stand still wie eine Puppe, während er ihr die kleine Pflanze aus dem Haar nahm: das Zeichen der Liebe, das er im Augenblick ihrer Heirat für immer zurückfordern würde. Sie liebte ihn, so sonderbar ihr Verhalten ihm auch erschien; die Hvee bezeugte es. Im Augenblick war sie ihm so unbegreiflich wie die Mignonne vor langer Zeit im Rotel. Waren die Gründe für ihr Handeln gleichermaßen fundierte?

Die Hvee verwelkte in seiner hohlen Hand und starb.

Angebrochen ist die Zeit der Liebe Untergang, dachte er verwundert. Aber das verlorene LAE war ihm kein Trost mehr.

Wen die Hvee nicht lieben kann ...

Er betrachtete den schlaffen grünen Stengel. Die Hvee hatte ihn verurteilt als einen Menschen, der jeglicher Liebe unwürdig war, und gegen diesen Entschluß war keine Berufung möglich. Hatte all sein Streben nur – dazu geführt?

Die Wolken wurden im schwindenden Licht stumpf und grau – wie Asche am Himmel.

17

Obwohl ihm die zurückhaltende Coquina nicht gegesagt hatte, wo der böse Gesandte zu finden war, ging Aton zielbewußt in vertrauter Richtung über die Felder. Fünf Kilometer weiter erreichte er in der Dämmerung die schwarze Silhouette des Raumschiffs aus Chthon.

Fast ein Jahr lang hatte der Mann auf ihn gewartet, nicht als Arm des Gesetzes, sondern als Gesandter eines Gottes. Coquinas Kraft hatte ihn in Schach gehalten. Sie hatte nicht geprahlt – damals vor so langer Zeit, da ihre Liebe erwachte; sie wußte tatsächlich mit angriffslustigen Männern umzugehen. Aber die Macht Chthons, die hinter diesem Mann stand, hatte sie nicht bezwingen können. Das blieb Aton überlassen.

Unter keinen Umständen gedachte er ins Gefängnis zurückzukehren.
Die Schleuse war offen. Törichter Mann, wie konnte er seine Verteidigungsanlage vergessen! Aton fand die Leiter und stieg hinauf.
Sein Kopf kam auf die gleiche Höhe mit dem Bullauge, und zugleich erinnerte er sich an eine ähnliche Situation und eine ähnliche Hoffnung vor langer Zeit. Etwas stach ihn in die Nase. Er rührte sich nicht, während seine Augen die Dunkelheit durchforschten.
Es war ein winziges Messer, das mit der Zielsicherheit eines Chirurgen gehalten wurde. Die schwach schimmernden Augen der vor ihm kauernden Gestalt waren fest auf ihn gerichtet, und Aton wußte, daß starke Kontaktlinsen die Finsternis durchdringbar machten. Die Lippen des anderen waren zu einem unhörbaren Pfeifen gespitzt, als amüsierte er sich stillschweigend.
»Hallo, Partner«, sagte Aton.
»Partner werden wir auch sein«, antwortete der Mann. »Aber nicht so wie früher. Du kennst mich jetzt.« Das Messer bewegte sich nicht von der Stelle.
»Ja«, sagte Aton und brachte seine Beine in eine bequemere Stellung. »Der Abgesandte Chthons ist gekommen, um mich zurückzuholen. Du hast dich damals nicht zufällig im Hinterland Idyllias, des Chthon-Planeten, aufgehalten, und nicht ohne Absicht hast du mich aufgespürt und zu Entdeckungen geleitet, die meine Eignung für deinen Gott bewiesen. Wie heißt es doch richtig: Niemand entkommt aus Chthon.«
»Keiner«, stimmte der andere zu; Atons Redeschwall schien wirkungslos von ihm abzuprallen. Die Messerschneide wurde nicht zurückgezogen.
Aton wußte, daß ein Rückzug jetzt nicht ratsam war, weder in der Diskussion noch indem er die Leiter wieder hinabstieg. Wäre er nicht so intensiv mit anderen Dingen beschäftigt gewesen, hätte er Partners Täuschung sicher längst durchschaut. Der Mann hatte sich allzu geduldig gezeigt und ihm sowohl auf der Erde als auch auf Mignon und Hvee zuviel Zeit gegeben. Er hatte sich im Hintergrund gehalten, während Aton sein Inneres

erforschte. Partner hatte weder für die Granatsteine noch für die Gruben, aus denen sie stammten, Interesse gezeigt; sie waren nur ein geschickter Vorwand gewesen, um jeden Verdacht einzuschläfern. Denn Partner besaß bereits den Schlüssel zu allen Schürfstellen Chthons.

Aton zögerte mit seiner nächsten Äußerung, denn er war nicht sicher, ob sie das Messer zum Verschwinden bringen würde. Doch dann sprach er es aus. »Nein, es war kein Zufall. Wahrhaftig, wir sind uns sehr ähnlich – Doc Bedside!«

Die Klinge wurde zurückgezogen. »Komm rein«, sagte Doc.

Aton kletterte in das Raumschiff. Das enge Wohnabteil hatte sich seit den Reisen, die er darin mit Partner gemacht hatte, kaum verändert: Wasser- und Nahrungszapfen an einer Schmalseite, Schlafkojen an der anderen. Es war ein Sportraumschiff, konstruiert für den Aufenthalt in der Wildnis oder für Privatgesellschaften. Der Raum, der sonst für die Fracht vorgesehen war, blieb einfach frei, so daß die Kabine verschwenderische zweieinhalb Quadratmeter ungenutzte Fußbodenfläche hatte.

Bedside machte eine Handbewegung, und die Wände verströmten ein mildes grünes Licht, das Licht der Chthon-Höhlen. ›Partner‹ hatte das konventionelle Licht erduldet, um sein Geheimnis zu wahren, aber jetzt war die Maske gefallen. Worin bestand die eigentliche Verbindung zwischen diesem Mann und Chthon, und warum hatte er seine Herkunft bisher verschwiegen?

»Was bedeutet ›Myxo‹?« fragte Aton.

»Schleim. War dir das nicht klar?«

»Damals nicht«, sagte Aton, und er dachte an Chthon und seine Schrecken. Die Lange Reise hatte ihre schlimmsten Greuel erst ganz zuletzt offenbart. Welcher Mann fühlte sich dort so wohl, daß er allen, die seinen Zeichen eines Tages vielleicht folgten, akademische Rätsel aufgab? »Weißt du, wie viele Leute auf der Flucht damals umgekommen sind? Wie hast du es nur allein geschafft!«

Bedside lehnte sich an die Wand zurück – hingehockt, als wäre er in den kahlen Höhlen, nach denen er sich offensichtlich sehnte. Sein Skalpell war nirgends zu sehen, aber Aton zweifelte nicht daran, daß er es stoßbereit hielt. Kein Unvorsichtiger überlebte die Gefahren der Langen Reise. Kein normaler Mann. Kein Mann mit gesundem Verstand.

»Der Wahnsinn gilt heutzutage als Fiktion«, sagte Bidside und schnitt damit die offenkundige Frage von sich aus an. »Das Problem wurde durch biophysische Verfahren offiziell beseitigt. So wie die anderen Entwicklungen der Medizin die körperlichen Krankheiten bezwungen haben, mit einer oder zwei Ausnahmen, die einem das Blut gefrieren lassen.« Die ironische Anspielung auf die schlimmste Krankheit, die Kälte, entging Aton nicht. »Dennoch ist es notwendig, daß die Gesellschaft gewisse – äh – Nonkonformisten einsperrt. Als ich nun in Chthon gefangen saß – setzte mein – nun, nennen wir ihn Fluchtkomplex ein. Ich hatte ein Ziel. Und dadurch wurde ich in der Tat geistig gesund. Verstehst du mich soweit?«

»Nein.«

Bedside runzelte die Stirn. »Ein Mensch, der im Rahmen einer ›normalen‹ Gesellschaft an eine abnorme Situation gewohnt ist, verliert die Fähigkeit des Überlebens. Wird er aber in eine Situation gestellt, die seinen Besonderheiten entspricht, so werden diese zu Eigenschaften, die zum Überleben nötig sind, während ein normaler Mensch untergeht. Aus diesem Grunde heißt es auch, daß keine normale Person jemals aus Chthon entkommen könnte. Chthon ist nicht auf den normalen Verstand ausgerichtet. Natürlich lassen sich Zerrbilder nicht so ohne weiteres vergleichen ...«

Aton schüttelte den Kopf. Er achtete nicht mehr auf Bedsides Worte, denn er wußte, daß sie nur ein Geplänkel vor dem eigentlichen verzweifelten Kampf waren. Er stand hier einem der gefährlichsten Feinde gegenüber – einem Feind, den er töten mußte. Von dem bevorstehenden Kampf hing seine Zukunft ab, obwohl der Ausgang in keinem Fall verlockend war. Verlor er, so mußte er in den Wahnsinn Chthons zurückkehren; siegte er aber, boten sich ihm die zerstobenen Zukunftsaussichten einer toten Hvee. Vielleicht kämpfte er doch nur um sein Recht, sich selbst auszulöschen.

»Setzt man einen Fisch ins Wasser, schwimmt er«, dozierte Bedside, »setzt man ihn aber aufs Land ...«

Aton nickte; er wollte auf das Thema nicht näher eingehen.
»Chthon war mein Element«, fuhr Bedside unbeirrbar fort. »Ich bin ihm entronnen. Ich schwamm. Die Ungeheuer dort waren nichts im Vergleich zu den Ungeheuern in meinem Geist. Aber als ich in die Gesellschaft zurückkehrte, ertrank ich in Luft wie zuvor. Meine Geistesverwirrung verriet mich, und ich wurde bald wieder festgenommen. Allerdings konnte man mich nicht noch einmal nach Chathon verfrachten, weil man befürchtete, ich würde sämtliche Insassen in die Freiheit führen. Man konnte mich weder ignorieren noch freilassen. Also zog man es vor, ein wenig medizinischen Wahnsinn auf den eigenen Intellekt anzuwenden und davon auszugehen, daß die Flucht aus Chthon unmöglich ist und ich deswegen nur ein Wahnsinniger sein könnte, der sich für den berüchtigten Dr. Bedecker hielt. Was ja auch irgendwie zutraf.
Jedenfalls steckte man mich zur ›Beobachtung‹ in ein ›Krankenhaus‹. Diese Haft aktivierte wieder mein Fluchtsyndrom, und ich erlangte meine alte Frische wieder. Nach der Langen Reise waren die Mauern und Wächter dort ein Kinderspiel.«
Aton musterte ihn zynisch. »Wenn du wußtest, daß dich die Freiheit wieder um den Verstand bringen würde, warum wolltest du sie dann?«
Bedside bleckte die Zähne. »Das ist auch so eine romantische Dummheit. Wir glauben, ein seelisches Problem läßt sich allein dadurch lösen, daß man es versteht – als könne jemand einen Berg versetzen, sobald er nur zugibt, daß er schwer ist. Nein: Einsicht bedeutet noch keine Lösung. Ich fliege auf die Freiheit zu wie eine Motte auf die Kerze, und so etwas Unwesentliches wie Logik wird mich nicht davon abhalten.«
Aton dachte an sein ungeduldiges Verlangen nach der Mignonne, an ihr Haar, das rot war in der Leidenschaft und schwarz im Tod. Die Vernunft – wie konnte sie die freudlose Leere überbrücken, die sich gähnend vor ihm öffnete, wie konnte sie den Verlust eines Liedes und einer zerbrochenen Muschel aufwiegen? Die Motte quälte sich, weil ihre Flügel schon Asche waren und sie noch nicht begriffen hatte, daß sie nicht mehr fliegen konnte. Welcher hergeholte Vergleich traf da auf ihn zu? War er eine Raupe auf dem Weg ins Inferno?

»Aber jetzt bist du doch gesund und frei.« Unwahrscheinlich.
»Nichts davon ist natürlich«, entgegnete Bedside. »Aber es stimmt: Ich besitze mehr geistige Gesundheit und Freiheit als je zuvor in meinem Leben, und das biete ich auch dir.«
»Freiheit und geistige Gesundheit – auf Chthon? Dein Angebot ist Unsinn!« sagte Aton und wappnete sich.
»Hast du etwa gedacht, du könntest Lunge und Magen Chthons standhalten, ohne dem Hirn verpflichtet zu sein?« erwiderte Bedside seltsam ruhig.
»Ich bin deinem Gott nicht verpflichtet. Ich habe meine Freiheit gewonnen.«
»Noch nicht«, sagte Bedside. »Chthon hat dir einen Aufschub gewährt. Aber du hast ihn nicht besiegt.«
Diese Worte klangen vertraut. Wie viele Mächte bildeten sich ein, sein Leben zu manipulieren? Oder bildeten sie es sich gar nicht ein?
»Wie du schon festgestellt hast«, fuhr Bedside fort, »sind wir uns sehr ähnlich. Mit normalen Maßstäben gemessen bin ich verrückt. Nur durch die Mission für Chthon bewahre ich mein seelisches Gleichgewicht. Chthon sorgt für mich, du wirst bald sehen, wie. Aber du . . .«
»Ich galt als geisteskranker Verbrecher«, gestand Aton. »Auf Hvee ist der Begriff noch üblich. Aber das war vor dem Tod der Mignonne – jetzt bin ich wieder gesund.« Noch während er sprach, wurde ihm schmerzhaft bewußt, daß das nicht zutraf. Die Hvee liebte ihn nicht mehr, und das bedeutete, daß er völlig verderbt war, ob er nun den Grund kannte oder nicht. Hatte Coquina das geahnt? War sie deswegen so reserviert gewesen? Aber warum hatte sie ihn dann die ganze Zeit gepflegt? Warum hatte sie ihn in den Kampf gegen den ›bösen Gesandten‹ geschickt? Zu viele Fragen, auf die sich keine Antwort fand.
Aber dies eine wollte er noch für sie tun, um der Liebe willen, die er für sie zu empfinden meinte, obgleich er sie jetzt als ein schales, selbstsüchtiges Gefühl erkannte, als eine Liebe, die Coquinas nicht würdig war. Er wollte ihr geben, was sie sich zu wünschen schien: Bedsides Leichnam.
»Dein Wahnsinn hat biologische Ursachen«, sagte Bedside. »Er

ist nicht heilbar. Du kannst deine Herkunft nicht verleugnen. Du wirst weiter sadistisch töten, weil der Mignon in dir nach der telepathischen Lust unschuldigen Schmerzes verlangt. Du wirst auch künftig deine Verbrechen vergessen, denn der Mensch in dir kann die verbrecherische Lust, die dein anderes Ich verlangt, nicht akzeptieren. Wie bisher wirst du das Urteil derer rechtfertigen, die den Planeten Mignon mit dem Bann belegten, und wirst dich selbst glühender hassen als alles andere in der Galaxis – und zurecht.
O ja, du kennst deinen Wahnsinn jetzt, nicht wahr, Mignon?«
»Ich habe getötet«, sagte Aton, »aber nicht aus sadistischen Motiven. Meine Handlungen waren gerecht und barmherzig. Ich war nicht die Schimäre.«
Bedside gab nicht nach. »Ich spreche hier nicht von ehrlichen Morden, Mignon. Ich weiß, daß einem auf Chthon manchmal nichts anderes übrigbleibt, als zu töten. Ich meine auch nicht die Menschen, bei denen du versagt hast – das Mädchen auf Idyllia, deine Rache an der Mignonne und an der Frau in der Höhle. Sie alle wolltest du töten, aber du warst viel zu sehr mit dir selbst im Unreinen, um richtig lieben oder hassen zu können.
Nein, das alles meine ich nicht. Aber denk mal zurück, an einen besonderen Fall: deinen kleinen Freund Framy. (Ja, mein Gott erzählt mir alles.) Du beteuerst zwar deine Unschuld in diesem Fall, weil du sein Blut nicht selbst vergossen hast. Aber du hast die unteren Höhlen verraten und die Schuld auf ihn gewälzt; du hast es zugelassen, daß er zur Hinrichtung an den Felsen gekettet wurde. Und als die Schimäre kam, warst du da und hast gelauscht. Deine Mignon-Sinne sprachen auf den grausamen kleinen Geist der Schimäre an, als sie heranschlich, und du wußtest, daß sie es auf Framy abgesehen hatte. Du hättest die anderen warnen und ihn retten können – aber du hast es nicht getan. Du hast dagestanden und seine Todesqual genossen, und du hast kein Zeichen gegeben. Erst sein Todesschrei rüttelte die anderen auf – zu spät.
Das hast du auf Chthon nicht nur einmal getan – sondern oft. Die Schimäre diente dir zur Befriedigung deiner wilden Leidenschaften. Wo ist da dein Sinn für Gerechtigkeit – dein normaler Verstand?«

Aton erinnerte sich. An Chthon, wo seine Gelüste nach Schmerz noch zugenommen hatten. An die Menschen, deren Sterben er genoß, an die makabren Qualen, die ein Wesen ihnen bereitete, das er hätte aufhalten können, gegen das er aber nichts unternahm, während ihr Lebensblut verströmte. Die ruchlose Ekstase, die ihn erfüllte, die beinahe religiöse Freude, die in wollüstigen Zuckungen gipfelte, wenn der Tod eintrat.

Er erinnerte sich auch an den Prozeß auf Hvee; an die Sachverständigen, die seine Geistesverwirrung auf biologische und nicht emotionale Gründe zurückführten und sie für unheilbar hielten. Die ihn – obwohl er noch nicht gemordet hatte – für so gefährlich hielten, daß er nicht wieder freigelassen werden könnte. Die eine Tilgung seiner verbotenen Triebe selbst durch eine vollständige Persönlichkeitsreinigung als unmöglich bezeichneten. Er erinnerte sich an das Urteil: Chthon.

Die Eigenschaften des Mignon waren mit zunehmender Reife in ihm durchgebrochen, aber eine Zeitlang hatte er sie ganz auf die Suche nach seiner Mignonne gerichtet. Erst als Malicias Einfluß nachließ, begann das Entsetzliche Gestalt anzunehmen. Seine Liebe zu Coquina war das letzte Aufbäumen der menschlichen Eigenschaften in ihm gewesen – ein verlorener Kampf.

Die Hvee hatte es gewußt. In der Zeit seines Wahnsinns war sie nicht bei ihm gewesen. So hatte sie den geliebt, der er einst gewesen war; aber als er sie nach seiner Rückkehr von Chthon mit makabrer Hand berührte ...

»Aus diesem Grunde«, sagte Bedside, »wirst du nach Chthon zurückkehren. Dort bist du sicher – vor deinen Mitmenschen, für die du ein Ausgestoßener bist, und vor dir selbst. Chthon wird dein Gott sein, und wir beide sind dann Brüder – auf immer geborgen, auf immer frei.«

Es war ein verlockender Ausblick. Aton erkannte, daß sein Leben als Erwachsener bisher ein einziger vernichtender Alptraum von Leidenschaft und Leid gewesen war, der alles vergiftet hatte, was er berührte. Die Mignonne war ganz natürlich und wissentlich ein Teil davon gewesen. Aber Coquina – es wäre das beste für sie, wenn er den Mut der Mignonne aufbrächte und einfach aus ihrem Leben träte. Die Liebe, die er für sie emp-

fand, konnte ihren schönsten Ausdruck nur in der Entsagung finden.
Andererseits war die Mignonne gestorben, um ihn zum Menschen zu machen. Sie hatte ihn gut gekannt, hatte von seiner Verbindung zu Chthon gewußt und sich dagegen aufgelehnt. Malicia und Coquina, Mignonne und Menschenfrau, seine erste und zweite Liebe, waren einander nicht als Rivalinnen begegnet, sondern hatten sich zusammengetan, um ihm zu helfen. Sie waren beide der Meinung, daß er noch eine Chance hätte, und beide hatten dafür ihr Leben riskiert. Durfte er sie jetzt so im Stich lassen?
Vielleicht irrten sich beide – aber sie glaubten an seine Genesung, und er war es ihnen schuldig, sein möglichstes zu tun und den schwereren Weg zu gehen. Er konnte seine Verbrechen nicht ungeschehen machen, indem er sich dem Leben entzog. Er mußte leben, um zu büßen, um zu versuchen, die Waagschalen irgendwie zum Ausgleich zu bringen. Er mußte sich selbst und seinen Taten ins Auge sehen und nach einem Weg der Wiedergutmachung suchen. Das war dann vielleicht der eigentliche Kampf, dem er sich hatte stellen wollen – der Kampf gegen die Kapitulation, die ihm Bedside so verlockend darstellte.
»Nein«, sagte Aton.
Bedsides Gesichtsausdruck veränderte sich. »Ich zeige dir, wer du bist«, sagte er; seine Stimme klang scharf, und er hatte den Mund aufgerissen und seine Zähne entblößt wie ein Höhlensalamander. »Du versuchst Gründe für dein Handeln zu finden, du betrügst dich mit Hoffnungen auf eine künftige Gutartigkeit. Aber in Wirklichkeit willst du dich noch immer umbringen, weil du weißt, daß du ein Verbrechen an deiner Kultur begangen hast. Du wolltest die Schuld auf die Mignonne schieben, aber letztlich hast *du* die Tat herbeigeführt. Ja, du weißt, was ich meine, Mignon.«
Während er zuhörte, änderte sich Atons Haltung ebenfalls kaum merklich. Und jetzt kam es über ihn, und er konnte es weder aufhalten noch ertragen. Bedside hielt seine Klinge stoßbereit. Aton hatte in seiner Raumausbildung gelernt, wie er sich gegen ein Messer zur Wehr setzen mußte – allerdings nicht gegen ein

Messer in der Hand eines wahnsinnigen Chirurgen. Normale Reflexe reichten da wohl kaum aus.
Bedside fuhr fort: »Du hast deine inzestuöse Leidenschaft wohlweislich vergessen. Vorsicht!« stieß er hervor, als Aton sich bewegte. »Ich möchte dich nicht töten, solange Chthon dich braucht, aber meine Behandlung wäre wohl trotzdem nicht ganz schmerzlos.«
Es war Bedsides letzter Versuch. Konnte er ihn niederkämpfen? Der Mann brachte eine teuflische Klugheit ins Spiel.
»Damals in eurem Rotel hast du es getan!« flüsterte Bedside eindringlich. »Chthon weiß es. Damals warst du mit der Mignonne allein, und du wußtest, wer sie war.« Die Kontaktlinsen funkelten im grünen Schimmer dicht über der vorgestreckten Klinge. *»Da hast du deine Mutter vergewal ...«*
Das Messer fiel zu Boden, als der Mignon mit telepathischer Kraft und Schnelligkeit zuschlug. Bedside starrte das Wesen an, das er heraufbeschworen hatte, eine lebendige Schimäre. »Bitte deinen Gott um Hilfe!« flüsterte es, bleckte heiße Zähne und näherte sich mit klauenartigen Fingern Bedsides hervorquellenden Augen, bereit, sie bluttriefend aus ihren Höhlen zu reißen. »Vielleicht hilft er dir sterben.«
Sie standen wie zu einem Tableau erstarrt, der junge Krieger und der alte. Dann verschwand die Schimäre. Aton ließ den Mann fallen – unverletzt. »Ich bin nicht mehr, was ich war«, sagte er, »und im körperlichen Sinne bin ich nie die Schimäre gewesen. Ich will dich nicht töten, weil du etwas durcheinandergebracht hast, was du ohnehin nicht begreifst.«
Bedside blieb liegen, wo er hingefallen war. Plötzlich ging keine Drohung mehr von ihm aus; er war ein müder alter Mann. »Du hast deine Schimäre erschlagen.«
»Ja, ich habe sie erschlagen.«
»Ich kehre morgen früh nach Chthon zurück. Du bist frei.«
Aton trat an die Luke, schwang sich hinaus und tastete mit den Füßen nach der Leiter.
»Laß mich einen Augenblick als Mensch zu dir sprechen«, sagte Bedside und hielt Aton zurück. »Chthon wünscht deine Dienste – nicht deinen Tod. Er trägt dir nichts nach. Chthon wird dir helfen, deinen anderen Kampf zu gewinnen.«

»Nein.«

»Dann hör zu. Wäre ich von einer Frau wie Coquina geliebt worden, hätte ich Chthon nie gebraucht. Sie brach mir vor elf Monaten den Arm – ich hatte nicht erwartet, daß sie deine Kampftechnik beherrscht. Sie ist eine einmalige Frau. Du wirst sie verlieren, wenn du nicht ...«

Aton ließ sich zu Boden gleiten und ging davon. »Denk an das Datum!« rief Bedside ihm nach. »Und an die Hvee! Sonst ...« Seine Stimme verlor sich schnell mit zunehmender Entfernung.

18

Aton hatte den bösen Einfluß Chthons mit der Erkenntnis überwunden, daß er in ihm selbst lauerte, als sadistischer Mordinstinkt. Das Gefängnis Chthons war die Zuflucht all jener, die von solchen Impulsen beherrscht wurden. Doc Bedside, nunmehr der Abgesandte Chthons, hatte fast beweisen können, daß Aton die Flucht nur körperlich gelungen war; doch die Aufopferung der Mignonne und die Liebe der Tochter Viers hatten die Wende zum Guten bewirkt und dem zivilisierten Menschen in ihm zum Durchbruch verholfen. Coquina hatte ihn in der Tat zu früh geweckt; wäre ihm mehr Zeit geblieben, hätte er sicher die schmerzlichen Wahrheiten, gegen die er sich bisher blind gestellt hatte, verstehen und auf sich nehmen können. Blindheit hatte die Probleme des Ödipus nicht lösen können, ebensowenig wie die rituelle Blendung der Opfer die Probleme der Männer auf Mignon behob. Aton war von physischer und emotionaler Blindheit geschlagen gewesen.

Wäre ihm mehr Zeit geblieben, hätte Bedside die sterbende Schimäre nicht mehr heraufbeschwören können. Es war nur gerade eben gutgegangen – unnötig knapp. Hatte Coquina etwa gewollt, daß er verlor?

Nein, er konnte unmöglich an ihr zweifeln. Coquina war gut, und sie liebte ihn weitaus inniger, als er verdiente. *Er* hatte bisher jedesmal versagt. Er hatte die Verlobung mit ihr abgelehnt, noch bevor er sie kannte. Er hatte sie vom Berg gestürzt. Er hatte die Hvee getötet.

Denk an die Hvee und an das Datum. Was für eine rätselhafte Botschaft hatte Bedside ihm da übermittelt?
Wie wenig wußte er doch eigentlich über Coquina. Das kurze Zusammensein mit ihr auf Idyllia erschien ihm im Rückblick als die glücklichste Zeit seines Lebens. Wenn er damals nur hätte bei ihr bleiben können, anstatt seinen fixen Ideen nachzujagen! Er wußte, daß er mit der Tochter Viers vieles gemeinsam hatte. Sie stammte natürlich aus dem gleichen Milieu wie der Sohn der Familie Fünf. Sie gehörte der intellektuellen Oberschicht Hvees an, eines Planeten, der sich keinerlei Anspruch auf Demokratie anmaßte, und sie hatte nichts mit den Mädchen der niederen Familien gemein. Schöne Muschel! Warum hatte er nie hineingeblickt? Wie gut hatte Aurelius gewählt!
Denk an die Hvee . . .
Aber die Hvee war gestorben. Sein ganzes Leben war ein Alptraum gewesen, bis auf Coquina – und die Hvee hatte ihm auch das versagt. Hatte er den Kampf um seine Zukunft gewonnen, nur um darin allein zu stehen?
Denk an das Datum . . .
Es war der Zweitmonat § 403; er unterschied sich in nichts von den anderen Monaten des Jahres hier auf Hvee, wo die Temperaturen sich kaum veränderten und Jahreszeiten unbekannt waren. Ein sonderbares Rätsel.
Die Hvee – irgend etwas steckte dahinter. Bedside hatte von dem Vorfall, der sich erst kurz vor ihrem Zusammenstoß zutrug, noch nichts wissen können. Aber er hatte gewußt, daß es dazu kommen würde, sobald Aton seine Pflanze berührte. Er hatte warnend gesagt, daß ihm Coquina verlorengehen würde, wenn er nicht . . .
Aton begann zu bedauern, daß er den Gesandten Chthons so verächtlich fortgeschickt hatte. Was hatte die Hvee für eine Eigenschaft, die ihm Coquina bewahren würde – ihm, den die Pflanze selbst für unwürdig hielt? Eine Eigenschaft, die ein kluger Außenstehender erraten konnte?
Denk nach!
Aton grübelte. Er wanderte mit gleichmäßigem Schritt über das ihm von Kindheit auf vertraute Land, und es roch angenehm

nach angekratzter Baumrinde, aufgewühlter Erde, zertretenem Unkraut und wilden Waldblumen. Er sah die schwarzen Umrisse der hohen Bäume vor dem sternbesäten Himmel und hörte das nächtliche Futtersuchen kleiner Tiere. Erinnerungen regten sich in ihm, schmerzliche Einzelheiten, die gerade durch ihre Unwichtigkeit auf einmal wichtig wurden. Die Berührung mit einem trockenen Blatt, der Hauch einer trägen Brise – all die wundervollen Empfindungen, die mit dem Erwachsenwerden verschwinden. Gleich mußte er an der Stelle vorbeikommen, wo er der Mignonne begegnet war und die wilde Hvee erhalten hatte.

Die Mignonne hatte sie gepflückt, und in seiner siebenjährigen Überklugheit hatte er verhindert, daß sie die Pflanze behielt. »Die Hvee ist nur für Männer!« hatte er betont, und so hatte sie ihm die Blume geschenkt, und sie gehörte ihm bis zu seiner Verlobung. Auch danach blieb sie bei ihm, denn sie wollte nicht einer Frau gehören, die ihn nicht liebte. Die Hvee liebte ihren Herrn und duldete in ihrer Nähe nur die Person, die ihn liebte – solange diese Liebe währte und solange die Person sich würdig zeigte.

Die Mignonne hatte sie gepflückt.

Die Mignonne!

Die Hvee hatte sich an sie gebunden! *Sie* war ihre Herrin!

Plötzlich wurde alles klar. Er – oder sein Mignon-Blut – hatte sie so sehr geliebt, daß die Pflanze am Leben geblieben war. Und im Grunde war die Mignonne seiner würdig gewesen. Die Hvee reagierte auf das echte Gefühl, nicht jedoch auf die Inversionen. Der Haß, den Aton später zu empfinden meinte, war ein falscher Haß gewesen. Die Hvee hatte sich dadurch nicht täuschen lassen.

Die Mignonne hatte nicht allein die bösartige Schimäre, sondern auch die gute Hvee mit sich in den Tod genommen – nur hatte die Hvee, von Aton weitergegeben, nicht gewußt, daß ihre wahre Herrin nicht mehr lebte. Coquina hatte die tote Mignonne gesehen, ohne zu begreifen, daß sie die Herrin der Hvee war – und die Hvee hatte sich ihren unschuldigen Glauben zu eigen gemacht. Liebe, nicht Verstand, war ihr Wesen. Selbst ihr

augenscheinliches Werturteil über eine Person war illusorisch. Eine Hvee liebte den Mann, der im Grunde sich selbst liebte, wies jedoch den zurück, der sich ehrlich haßte.
Hätte die Hvee wirklich Aton gehört, wäre sie vielleicht ohnehin gestorben.
Somit konnte er eigentlich nicht als verdammt gelten. Die Pflanze war gestorben, weil *er* das Schicksal seiner Herrin kannte und – wenn auch nur im Unterbewußtsein – von der Bindung zwischen ihr und der Blume wußte. Als die Hvee wieder zu ihm und zu seinem Wissen zurückkehrte, mußte sie verwelken. Er konnte jetzt eine zweite Hvee pflücken und Coquina geben. Und sie würde nicht sterben.
Das Haus tauchte vor ihm auf. Schwach leuchtete das Fenster. Immer noch nagte der Zweifel an ihm. Warum hatte sie ihn so verfrüht hinausgeschickt? Warum war sie seiner Berührung ausgewichen? Nachdem sie drei Jahre ihres Lebens der Pflege eines sterbenden Vaters und eines entsetzlich lebendigen Sohnes gewidmet hatte und das Ende aller Qual jetzt so nahe war – warum hatte sie da geweint?
Denk an das Datum ...
Ja, es war zu früh gewesen. Aber warum? Bedsides Worte mußten eine Bedeutung haben.
Er erreichte das Haus und stieß die Tür auf, ohne sich aufzuhalten. Ein Mann drehte sich um und kam ihm entgegen – ein Fremder. Er war stämmig, vielleicht fünfzig, in der Blüte seiner Jahre; er hatte ein ernstes Gesicht und von der Arbeit beschmutzte Hände. Macht ging von ihm aus, unaufdringlich, aber unerschütterlich. Es war Benjamin Fünf, der Onkel, den er fast vergessen hatte.
»Wo bist du gewesen, Aton?« fragte Benjamin ernst. Sein Tonfall erinnerte Aton störend an Aurelius. Hinter ihm auf der Couch lag eine Frau.
»Coquina!« rief Aton und stürzte in respektloser Hast an Benjamin vorbei. Sie rührte sich nicht. Ihr bleiches Haar fiel matt über den Rand der Couch und berührte fast den Boden. »Coquina – ich gebe dir eine neue Hvee ...«
»Dafür ist es zu spät, junger Mann«, sagte Benjamin.

Aton hörte nicht auf ihn, »Coquina, Coquina – ich habe den Kampf gewonnen! Der böse Gesandte ist fort!« Ihre Lider zuckten, aber sie antwortete nicht. »Coquina!« Er berührte sie mit den Fingerspitzen.

Ihre Hand war kalt.

Denk an das Datum ... Jahr und Monat der Kälte waren gekommen. Die Kälte! Coquina starb, die Krankheit war schon so weit fortgeschritten, daß es keine Heilung mehr gab.

»Mein junger Vetter«, sagte Benjamin leise, »hast du ihre Liebe für geringer erachtet, nur weil sie sich im stillen entfaltete?«

Endlich begriff Aton den Zusammenhang. Die Kälte hatte Hvee im ersten Monat § 305 heimgesucht und mußte im zweiten Monat § 403 wiederkehren. Wie alle Bewohner Hvees wußte Coquina darüber Bescheid und hätte den Planeten verlassen können – wenn sie nicht für einen praktisch bewegungsunfähigen Kranken hätte sorgen müssen. Und es gab keinen Ort außerhalb des Planeten, wo sie Aton hätte verbergen können – nicht vor der Sorgfalt der Quarantänebeamten angesichts jedes Schiffes, das von einem befallenen Planeten kam. Darum war sie hiergeblieben, hatte mit ihm das Risiko der Kälte auf sich genommen – und hatte verloren. Anstatt sofort nach Ausbruch der Krankheit abzureisen, hatte ihn Coquina weiter gepflegt und schließlich geweckt, damit er nicht allein und hilflos und verwirrt aufwachte oder ohne Pflegerin im Drogenrausch starb.

Nein – ihre Liebe war nicht geringzuachten.

Sie hatte ihm seine Freiheit wiedergeben wollen, solange sie noch lebte.

Die Kälte. Er hätte sofort Bescheid gewußt, wenn er sie nur berührt hätte, denn sie war schon im fortgeschrittenen Stadium der Krankheit, als sie mit ihm sprach. Gewiß hatte sie sich nur mit äußerster Anstrengung bei Bewußtsein gehalten, um ihn auf einen Kampf vorzubereiten, dessen Bedeutung sie selbst nur halbwegs verstand. Nachdem dieser Kampf nun vorbei war, hatte sie ihre Pflicht getan und wehrte sich nicht mehr gegen die Krankheit.

Oder sie hatte die Gegenwehr aufgegeben, als sie das Dahinwelken der Hvee bemerkte.

Aton kniete endlose Minuten neben ihr, die Hand auf der ihren, und blickte in ihr ruhiges Gesicht. Sollte sie nie mehr erfahren, daß er sie beim dritten Mal nicht verraten hatte? Tränen standen ihm in den Augen, und die Kälte ihrer Hand sprang auf ihn über und kroch in seine Seele.

Liebste, sagte er im stillen zu ihr, meine Liebe zu dir ist auch nicht geringzuachten. Alles, was du vorher mit der Mignonne teilen mußtest, gehört jetzt dir allein. Meine zweite Liebe ist größer als die erste.

Sie lag ganz still.

Aton gab sich geschlagen und senkte den Kopf. »Der Preis für die Freiheit ist zu hoch«, sagte er.

Da ertönte ein gebieterisches Klopfen an der Tür. »Das ist Chthon«, sagte Aton zu Benjamin, und es war ihm gleich, daß er damit seine telepathischen Fähigkeiten offenbarte.

Bedside betrat den Raum und ging sofort auf das sterbende Mädchen zu. »Schlußrunde«, sagte er.

Aton nickte. Bedsides letztes Rätsel klärte sich auf. Jetzt war es an Aton, ein Opfer zu bringen.

»Ich will deinen Gott anbeten«, sagte er zu Bedside, »wenn sie nur lebt.«

Bedside nickte zum Zeichen des Einverständnisses. »Wir müssen sofort fliegen.«

Aton stand auf, schob seinen Arm unter Coquinas erstarrte Gestalt, hob sie auf und trug sie zur Tür.

Benjamin rührte sich nicht. »Damit hast du wohl deine Seele verkauft«, sagte er.

Aton trat in die Nacht hinaus. Über ihm funkelten die Sterne – Sterne, die er nie wiedersehen würde. »Bergt, bergt euer goldenes Licht!« zitierte er leise. »Sie schläft! Meine liebste Herrin schläft . . .!«

§ 400

16

In den Höhlen herrschte Ruhe. Es ging kein Wind, und auch der Fluß bewegte sich nicht mehr. Das Wasser ruhte in Teichen, die zu flach zum Schwimmen waren. Die Felsformationen hatten eine eigenartige Färbung angenommen, ein unnatürliches Grau, und die grotesken Formen abzweigender Gänge wirkten abstoßend auf das Auge.
Die düsteren Vorahnungen verstärkten sich. Der Gang war offensichtlich eine Sackgasse. Der einst so mächtige Fluß war allmählich versickert, und Tiere ließen sich nur noch selten sehen. Wieder waren die Wanderer hungrig. Bald brauchte man die Lose, wenn sich nicht jemand fand, der freiwillig zusammenbrach. Schon vor zwei Märschen hatte man Bedsides letzte Wegzeichen entdeckt. Wenn sie bis zum Ende dieser Etappe kein neues fanden, mußten sie denselben Weg zurückgehen.
Vierzehn Frauen und sechs Männer hatten die dreißigtägige Lange Reise – bisher – überstanden. Unfälle und Erschöpfung forderten noch immer ihren Tribut, und die Schimäre lauerte der Gruppe weiterhin auf, obgleich sie selten eine Gelegenheit zum Zuschlagen fand. Sie waren jetzt weiter von der Oberfläche entfernt als je zuvor – und zwischen ihnen und der Freiheit wartete noch die Nemesis, die Bedside in den Wahnsinn getrieben hatte.
Der Marsch ging zu Ende. Sie kauerten sich zusammen und versuchten sich gegen das unheilverkündende Stärkerwerden unbekannter Mächte zu schützen. Die Höhlen ringsum wirkten drohend.
»Wie weit noch?« fragte eine Frau mit zu scharfer Stimme und starrte in die finsteren Gänge. Aton stimmte innerlich in ihre Frage ein: Welche Schrecknisse waren wohl noch zu überstehen, ehe Chthon sie freiließ?
Ein Ruf ertönte. Es war eine der Frauen, die auf Erkundung gegangen waren. Ständig wurden jetzt kleine Trupps ausgeschickt, während die Hauptgruppe sich ausruhte. Die Schimäre griff wachsame Gruppen niemals an.

Die anderen drängten sich näher und erblickten einen Steinhaufen Bedsides und im Boden davor eine Botschaft. Der Fels war weich, und man konnte mühelos Zeichen einritzen.
»Was bedeutet das?«
Es war das schon bekannte Gefahrensignal, der Totenschädel, aber ohne gekreuzte Knochen. Darunter stand ein Wort.
Aton entzifferte die krummen Buchstaben: MYXO.
»Muß ein medizinischer Ausdruck sein«, sagte er.
»Myxo«, murmelte Bossman. »Sagt mir gar nichts. Paßt gar nicht zu ihm, das Bild nicht fertig zu machen.«
»Entweder hat ihn etwas verscheucht ...«, wagte eine Frau.
»Oder es treibt sich hier irgendwo ein Myxo herum, der einen nicht ganz umbringt«, schloß eine andere.
Die Männer und Frauen, die im Kreis um das Zeichen herumstanden, sahen sich an. Niemand wußte eine Antwort. Aber etwas hatten sie schon gelernt: Doc Bedside besaß wenig Humor, und seine Warnungen waren ernst zu nehmen.
»Am besten ziehen wir schleunigst weiter«, bestimmte Bossman. Obwohl alle müde waren, erhob sich kein Widerspruch. Ganz offenbar lauerte hier eine Gefahr.
Fünfzehn Minuten später griff sich eine Frau an den Hals, betastete sich am Kopf und stürzte zu Boden. Kein Tier hatte sie angegriffen, und ihr war nichts anzusehen.
Die Gruppe hielt an, um sich kurz zu beraten. Menschenleben waren kostbar geworden. Wenn noch viele starben, mußte die Gruppe schnell zu klein werden, um die verbleibenden Gefahren zu bestehen. Es wurden Kundschafter, Wachen und Wachablösungen benötigt, ebenso wie Kandidaten für besonders unangenehme Aufgaben. Sobald das geordnete System der Disziplin erst einmal zusammenbrach, war der Tod der übrigen um so eher fällig. Darum mußte man sich jetzt um die Schwachen kümmern – was man bisher nicht getan hatte.
Sie rasteten, machten es der Frau bequem und unterzogen sie einer genauen Untersuchung. Was war nur los mit ihr?
Sie atmete mühsam und röchelnd. Ihre Haut wurde zusehends bleicher. Überall am Körper brach weißer Schleim hervor und verbreitete einen ekelerregenden Gestank. Sie war von einer

Krankheit befallen – der ersten Krankheit, die sie in Chthon erlebten.
»Am besten töten wir sie sofort, ehe es sich weiter ausbreitet«, drängte eine Frau.
Bossman überlegte.
»Wozu die Mühe?« fragte Aton. »Inzwischen haben wir uns längst angesteckt.«
»Wo hat *sie* die Krankheit denn her?«
»Lassen wir sie liegen und marschieren weiter!« schrie ein Mann, und in seiner Stimme schwang eine Panik, die blitzschnell um sich griff.
Die zweite Frau stürzte. »Zu spät«, sagte Bossman. Es war immer zu spät, wenn die Natur einer neuen Gefahr endlich erkannt war. »Bleibt zusammen und kämpft.«
»Kämpfen? Wogegen?« wollte ein Mann wissen. Aber es war eine akademische Frage: Eine dritte Frau brach zusammen.
Nun stürzten die Frauen in schneller Folge und blieben mit weißverschmierter Haut liegen. Nach den ersten Krämpfen schienen sie keine Schmerzen mehr zu haben, aber die stinkende Ausscheidung trat weiter hervor. Wenn man sie abwischte, bildete sie sich sofort neu, und sie bedeckte den ganzen Körper.
Aton, Bossman und die anderen vier Männer standen hilflos daneben. Bisher waren auf der Langen Reise die Männer stärker vom Tod bedroht gewesen, zumal die Schimäre eine Vorliebe für sie zu hegen schien. Mit der geheimnisvollen Krankheit kehrte sich das Verhältnis jetzt um. Bossman tat, was er konnte. Er nahm eine Frau beim Fuß, zerrte sie zum nächsten Teich und versuchte den Schleim abzuwaschen. Die Behandlung schien zu wirken; sie richtete sich auf und begann sich mit Wasser zu bespritzen, langsam, aber mit merklichem Erfolg.
Sofort wurden auch die anderen ins Wasser getaucht; man hielt ihnen die Köpfe an den Haaren hoch, bis sie wieder zum Leben erwachten. Die Krise schien überwunden.
Aber dann waren die Männer an der Reihe.
Ihre Anfälle waren viel heftiger, als sollte der gewährte Aufschub wettgemacht werden; fast gleichzeitig begannen sie sich in Krämpfen zu winden, und ihre Haut schied den schnell erhär-

tenden Schweiß aus. Jetzt mußten sich die Frauen um die Pflege kümmern. Bald waren alle im Teich, und das Wasser nahm eine milchige Färbung an. Wenn die Krankheit gefährlich war, mußten alle sterben.

Doch Bedside hatte keine Knochen eingezeichnet.

Aton erholte sich als erster. Abgesehen von einem starken Druck in der Kehle, der ihn beim Atmen behinderte, hatte er keine Schmerzen empfunden, sondern nur Mattigkeit und den Wunsch, sich treiben zu lassen – einen Wunsch, der ihm vom kalten Wasser schockartig wieder ausgetrieben wurde. Jetzt fühlte er sich angewidert. Nicht von dem lächerlichen gemeinsamen Bad, sondern weil er der Krankheit nicht standgehalten hatte.

»Myxo!« rief er aus. »Das war's gewiß, wovor Bedside uns gewarnt hat. Eine Art Virus!«

Die Frau neben ihm – es war das schwarzhaarige Mädchen – sah ihn an. Sie war nicht mehr so hübsch wie vor dem Aufbruch, wirkte aber immer noch anziehend. Sie hatte sich stets abseits gehalten, wenn Granat in der Nähe war; dann aber hatte sich Granat der weißen Wasserkreatur geopfert, während die anderen sicher den Fluß durchschwammen – und jetzt war der Weg frei.

Wenn sich die Lage jemals besserte, wenn er sich jemals wieder richtig entspannen konnte ... »Muß in der Luft rumschwirren«, sagte sie. »Wir sollten hier so schnell wie möglich verschwinden.«

Und er wußte nicht einmal ihren Namen.

Bossman lebte auf. »Ja«, sagte er.

Sie marschierten weiter und versuchten der Krankheit zu entfliehen, von der sie schon wußten, daß sie sie in sich trugen. Und sie kamen nicht weit.

Wieder wurden die Frauen zuerst befallen. Diesmal war es ein Fieber, das unglaublich schnell anstieg. Es gab keine Thermometer, aber schon die Berührung der Haut ließ erkennen, daß zwischen den Kranken und den Gesunden ein Temperaturunterschied von mehreren Graden bestand. Das Fieber stieg bis an die für einen Menschen erträgliche Grenze an – und nahm weiter zu.

Sie gaben das Marschieren auf, denn dem Fieber konnten sie of-

fensichtlich nicht entrinnen. Der Gang vor ihnen erweiterte sich zu einer runden Höhle, die wohl ebenfalls noch aus der Entstehungszeit Chthons stammte und in diesem Teil der Höhlen eigentlich fehl am Platze war. Aber sie bildete einen höchst willkommenen, bequemen und relativ sicheren Schlupfwinkel. Klares Wasser bedeckte den flachen Höhlenboden. Die Männer und Frauen ließen sich am und im Wasser nieder und warteten ab.
Mit welcher Temperatur, überlegte Aton, begann das Gehirn Schaden zu nehmen? Das Fieber brachte die Nervengewebe der Befallenen bereits zum Sieden. Es gab keine bestimmte Grenze für die Temperatur, die ein lebendiger Körper ertragen konnte – entgegen den Ansichten der Ärzte. Trotzdem war das Fieber zweifellos gefährlich. War es die Ursache für Bedsides Wahnsinn? Wenn ja, wie konnte man ihm entgehen?
Gab es eine Möglichkeit, das Fieber niederzuschlagen, bis sich die Krankheit abschwächte?
Er starrte ins Wasser. Es war kalt; sie befanden sich weit unterhalb des Feuerzyklus, völlig versunken . . .
Das Fieber überwältigte ihn. Aton ließ sich in den Teich gleiten und legte sich so hin, daß nur sein Gesicht herausragte. Obwohl ihn das Wasser herrlich erfrischte, kochten die Säfte und brodelten die Gewebe in seinem Körper. In der Hölle des blauen Granatsteins war es nicht annähernd so heiß gewesen.
Undeutlich hörte er es ringsum klatschen und spritzen. Irgend etwas ging da vor, aber er wollte nicht aufstehen und sich umsehen; er fürchtete das Wasser zu verlassen, von der irrationalen Angst beherrscht, er werde im gleichen Augenblick in Flammen aufgehen.
Aber er mußte es tun. Aus irgendeinem Grunde konnte er kaum noch atmen. Irgend etwas steckte ihm im Schlund.
Aton richtete sich auf, betastete seinen Mund und fand ihn mit einer dicken, stinkenden Schleimschicht verschmiert, und zwar innen, so daß Nasenhöhlen und Stimmbänder blockiert waren. Durch die Nase konnte er schon gar nicht mehr atmen. Er steckte einen Finger in den Mund und kratzte einen gelben, übelriechenden Schleimpropfen heraus, der an der Luft sofort hart wurde. Kein Wunder, daß er nur noch mühsam atmen konnte.

Das Zeug verstopfte ihm die Atemwege, indem es sich an den Membranen festsetzte.
Als er sich umsehen wollte, stellte er fest, daß sich an seinen Augenrändern ein ähnlicher Eiter bildete und sie fast völlig bedeckte. Ob Mann oder Frau – den anderen ging es ebenso. Die Krankheit schien keinen Unterschied mehr zwischen den Geschlechtern zu machen. Einige würgten bereits an dem Ekel über die eigenen Ausscheidungen. Ein Mann riß sich einen großen harten Brocken heraus, an dem das Blut der Schleimhäute klebte. Niemand wagte zu warten, bis der Schleim sich festigte, dann blieb nur noch die Wahl zwischen Selbstverstümmelung und Ersticken. Und immer noch wütete das Fieber.
Aton barg sein Gesicht im Wasser und versuchte es abzuwischen. Das half; die Klumpen lösten sich auf. Er spuckte den zähen Brei aus, wobei es ihn bei dem Gestank würgte, und spülte nach. Zum zweitenmal hatte ihn das Wasser gerettet.
Die anderen folgten seinem Beispiel. Für drei war es bereits zu spät. Einige andere mühten sich noch ab und hatten wahrscheinlich nicht mehr lange zu leben. Niemand hatte Zeit, seinem Nächsten zu helfen. Gegen den Schleim gab es anscheinend kein Mittel – und durch das ständige Spülen ließen sich die Symptome nur vorübergehend lindern.
Der Teich war inzwischen völlig verschmutzt. »Ein Stück weiter«, sagte Bossman.
Sie schleppten sich durch die Höhle und fanden schließlich einen klaren Teich. Der kurze Marsch war unendlich ermüdend: die Krankheit hatte drastisch an ihren Kräften gezehrt.
So ging es eine geraume Weile. Am Ende krochen die meisten nur noch von einem Teich zum nächsten, da sie sich zwischen den Anfällen nicht mehr richtig erholten. Nach seinem Hunger schätzte Aton die seit Beginn der Krankheit vergangene Zeit auf etwa zwei Märsche; subjektiv jedoch schien es viel mehr.
Schließlich begannen sich die ersten zu erholen, die Frauen, die dem Fieber zuerst erlegen waren, betraten auch vor den Männern den Weg zur Gesundung. Allmählich ließen die Symptome auch bei den übrigen nach.
Elf Frauen und drei Männer überlebten. Drei litten noch weiter:

Aton, Bossman und die Schwarzhaarige. Aton registrierte die Tatsache und zog irgendeinen Schluß daraus; er vergaß ihn aber wieder, als eine neue Woge der Übelkeit herannahte.

17

Zwar trat die Genesung ein, aber von denen, die schon ganz wiederhergestellt waren – jedenfalls soweit die sichtbaren Symptome vermuten ließen –, eilte niemand den anderen zu Hilfe. Sie standen nur lethargisch da und warteten – auf irgend etwas. Sie schwiegen.
Endlich erholten sich auch die letzten drei und richteten sich auf; das Fieber war vorbei. Die elf Stehenden blickten ausdruckslos über sie hinweg.
»Also los«, rief Bossman. Seine Kommandostimme war kaum wiederzuerkennen. »Wir müssen zum nächsten Teich.«
Er machte sich auf, doch die meisten rührten sich nicht von der Stelle.
»Was ist denn mit denen los?« fragte die Schwarzhaarige.
»Kommt ihr nicht mit?« rief Aton ihnen zu.
Keine Antwort.
»Weißt du was«, bemerkte die Frau, »sie sehen aus wie Zombies, wie lebende Leichen.«
Das war das Stichwort. Die Zurückgebliebenen schienen in der Tat keinen eigenen Willen mehr zu haben. Nach den zahlreichen Abenteuern der Langen Reise kannte Aton sie alle. Obgleich sie keine ausgeprägten Individualisten waren, hätten sie doch kaum . . .
Er stockte. Individualisten: Im Augenblick waren nur noch die drei selbständigsten Mitglieder der Gruppe in Bewegung – jene, die ohnehin auf sich aufzupassen wußten, die aus eigenen Beweggründen handelten und ständig nach Erklärungen verlangten.
Alle weiteren Mutmaßungen wurden durch einen erneuten Anfall der Krankheit unterbrochen. Alle drei stolperten zum nächsten Teich, ließen sich hineinfallen und bekämpften den Schleim und das Fieber mit kühlem Wasser. Die anderen verfolgten tatenlos das Schauspiel.

In seinen Fieberträumen hatte Aton den Eindruck, die Kontrolle über seinen Körper zu verlieren. Die Arme gehorchten ihm nur zögernd. Auch andere Muskeln wurden steif und matt; ein neuer, seltsamer Aspekt der Krankheit.

Aber die Erinnerung an Malicia richtete ihn auf. Ihr Lied war noch unvollendet. Er konnte keine Ruhe finden, ehe er sie nicht besessen hatte. Alles andere war gleichgültig. Das Feuer in seinen Adern war auch nicht stärker als die Flammen ihres Haars; der Teich nicht erfrischender als ihre tiefen Augen. Ihre Liebe allein . . .

Der Anfall ging vorüber, und Aton fühlte sich wieder besser. Der Gedanke an sein Ziel stärkte seinen Widerstand. Die beiden anderen waren nicht so glücklich dran. Sie sahen ihn aufmerksam an, blieben jedoch apathisch sitzen. Also war es ihm überlassen, das Geheimnis der Zombies zu ergründen.

Zehn Frauen und ein Mann waren vom letzten Anfall verschont geblieben. Aton ging auf sie zu.

Sie reagierten wie auf Kommando. Sie wichen vor ihm zurück, ungeschickt schlurfend, aber im Gleichschritt. Es konnte kein Zweifel mehr bestehen, daß sie unter dem Einfluß irgendeiner Macht standen. Zwar nahm diese Macht diesmal nicht die äußere Gestalt einer Raupe an, aber die Wirkung war die gleiche.

»Bring sie um«, krächzte Bossman aus dem Teich. »Sie sind keine Menschen mehr.«

Aton holte den anderen Mann ein, der mittelgroß und arbeitsam war und sich bisher sehr verträglich gezeigt hatte. »Nimm dich zusammen«, sagte er und packte ihn an der Schulter. Aber der Mann taumelte unter dem Griff zurück, stürzte steif zu Boden und blieb liegen.

Aton kniete nieder und lauschte auf die Herztöne. Aber es war nichts zu hören. Der Mann atmete nicht mehr. Er war tot.

Die Frauen setzten ihre Flucht fort. Als er ihnen nachging, schlug die heimtückische Krankheit zum drittenmal zu. Es war ein schlimmer Anfall. Er schaffte es kaum bis zum nächsten Teich, weil ihm die Beine nicht mehr gehorchten. Sie wollten in den gleichen harten Rhythmus verfallen, der auch die marschierenden Frauen beherrschte. Dazu behinderte ihn noch der Schleim, der ihm im Mund gerann.

Er erreichte das Wasser und stürzte sich kopfüber hinein; einen Augenblick lang war es ihm gleichgültig, ob er ertrank, wenn er nur aus eigenem Antrieb handelte. Wieder erschien Malicia, ein zauberhaftes Traumbild, und seine unstillbare Sehnsucht nach ihr trieb das andere Fieber langsam zurück. Dies allein stärkte seinen Willen zur Abwehr, sonst hätte es ihn bald besiegt.

Der Anfall ging vorbei, und er war geschwächt und keuchte. Neben ihm saß Bossman und glotzte aus blutumkrusteten Augen reglos vor sich hin. Aton fürchtete schon, daß für ihren Anführer jede Hilfe zu spät kam, aber da ertönte aus dem verzerrten Mund eine röchelnde Stimme.

»Ich ... ich kann nicht weiterkämpfen«, sagte Bossman. Sein Arm suchte mühsam im Wasser und holte die glänzende Axt hervor. »Nimm sie ... töte mich, wenn es mit mir zu Ende geht ...«

Aton nahm die Axt, stand auf und ging noch einmal auf die Gruppe zu. Wieder schlurften die Frauen davon; manche hatten sich sogar von ihm abgewandt und bewegten sich automatisch im Gleichschritt mit den anderen. Und wieder stieg das Fieber.

Aton machte sich klar, daß die Anfälle systematisch reguliert wurden. Wenn er sich zum Teich zurückzog, ließ das Fieber nach; sowie er auf die Zombies zuging, zwang es ihn nieder. Was das bedeuten sollte, war klar: Laß sie in Ruhe.

Anton antwortete ebenso klar. Er konzentrierte sich ganz auf das beherrschende Bild seiner Liebe, auf seine unerreichbare Mignonne – und ging weiter. Mit der freien Hand versetzte er der nächsten Frau einen Schlag; die Anstrengung eines Axthiebes wäre zuviel für ihn gewesen. Die Frau stürzte, ohne einen Laut von sich zu geben, und blieb genauso reglos liegen wie zuvor der Mann. Die Qual der Übernahme hatte die Zombies wohl derart geschwächt, daß jeder weitere Schock verhängnisvoll wirkte. Schon der erste Schlag war tödlich.

Tödlich! dachte er. Aber das sind Menschen – Menschen, die mit mir durch Chthon gewandert sind und mit denen ich die schrecklichsten Abenteuer meines Lebens durchgemacht habe. Wie könnte ich sie töten?

Aber er wußte bereits die Antwort, und in der Verwirrung, die der seelische Schock ausgelöst hatte, schien der Gedanke einleuchtend: Du mußt sie töten, weil sie nichts Menschliches mehr an sich haben. Sie hatten Geist und Willen dem Einfluß eines Chthonwesens ausgeliefert, das ebenso heimtückisch war wie die Raupe – und der Tod war eine Gnade für sie. Er wußte und fühlte es ganz deutlich: Die Zombies besaßen keine Persönlichkeit mehr. Töte sie!

Der unsichtbare Ansturm, unter dem er stand, verstärkte sich. Sein Atem stockte, sein Blick trübte sich, aber er kämpfte dagegen an, machte noch einen Schritt und schlug fast blindlings drauflos, wieder und immer wieder, und traf dann und wann festes Fleisch. Ringsum sanken die stummen Frauen zu Boden. Es war ein Gemetzel; jeder Schlag brachte Tod und Verderben, und er teilte viele Schläge aus.

Schließlich wurde der feindliche Druck zu stark, und er hatte sich zuviel zugemutet und unterlag – doch nicht der unbekannten Macht. Er verlor das Bewußtsein.

»Dein Traum ist nichtig«, schien die Stimme zu sagen. »Die Mignonne ist dir verwehrt; dein Gefühl für sie ist nur dann echt, wenn du nicht mit ihr zusammen bist. Diese entgegengesetzten Pole lassen sich nicht vereinigen; ihre Vereinigung führt zur Katastrophe.«

Jetzt sah er es schärfer: eine grüne Masse, die sich zu Wirbeln und Blütenblättern formte – zur Blume Hvee. Wieder sprachen die Blütenblätter.

»Es liegt kein Zauber in deinem Lied. Es fasziniert dich, weil es unvollendet ist. Nur weil deine Liebe unerfüllt bleibt, besteht sie fort.«

»Nein!« Aber irgendwie blieben die Worte haften, der Fatalismus stieg wie eine Flutwelle in ihm auf und umspülte idealistische Luftschlösser. Die Hvee belog ihren Herrn niemals.

»Du bist nicht mein Herr. Du bist nur . . .«

Aton löschte das Bild aus seinem Bewußtsein, denn er fürchtete sich vor den nächsten Worten. Die Blume schwankte und wurde grau. Sie war ein an der Decke hängendes Gebilde, ein kristallener Stalaktit, geborsten und hohl wie eine riesengroße Muschel.

Die Frauen wuschen seinen Körper im Wasser. Ihre Bewegungen wirkten unbeholfen, zögernd.
Aton schrak zurück. Die Zombies!
Die Axt lag auf dem Boden – dort drüben, wo er das Bewußtsein verloren hatte. Er war nicht selbst ins Wasser gekrochen. War er auch schon ein Zombie?
»Nein!«
Aton sprang auf, stieg aus dem Wasser und kroch auf die Waffe zu. Rasch legte er die Hand darauf, als fürchtete er, sie könnte ihm entgleiten. Jetzt war er bewaffnet; er war noch sein eigener Herr.
Die Frauen folgten ihm mechanisch. Er wich zurück; nachdem sie ihm geholfen hatten, war er unsicher geworden. Er hatte sie niederschlagen wollen; warum hatten sie ihn verschont?
Irgend etwas berührte ihn. Aton fuhr herum und sah sich einem Mann gegenüber. Es war Bossman, der nun nicht mehr im Wasser stand. Seine Haut war rein, seine Augen wirkten tot.
Aton wußte, was er zu tun hatte. Er hob die Axt.
Der Angriff begann. Er schirmte sein Gehirn dagegen ab und schwang die plötzlich schwer gewordene Axt. Die große Schneide schwankte über seinem Kopf, zu mächtig für seine Kräfte. Er zwang sie nach vorn, und als die Schwerkraft sie allmählich erfaßte, ließ er sie niederfallen. Schließlich blieb sie in Bossmans Schädel stecken, und dieser fiel, fiel unaufhaltsam.
Ich habe bezahlt, was ich dir schuldig war, und – es tut mir leid.
Der Ansturm der unbekannten Macht umschloß ihn wie eine erstickende Decke, aber als er zurücktaumelte, wurde ihm wieder besser. Die toten Frauen lagen am Boden, und nur die beiden, die ihn im Wasser belebt hatten, waren noch am Leben. Er konnte sie auch töten ...
Und war dann in den endlosen Höhlen Chthons allein? Sollte es so enden? Und wenn er schließlich doch der fremden Kontrolle erlag – wer würde *ihn* dann töten?
Wohin hatte ihn die Liebe zu Malicia geführt?
»Friede.« Die krächzende Stimme kam aus dem Teich hinter ihm. Er hatte die schwarzhaarige Frau vergessen, die sich bis zuletzt gewehrt hatte.

Sie erhob sich aus dem Wasser. Er war also nicht allein!
Mit den unbeholfenen Bewegungen einer Willenlosen kam sie langsam auf ihn zu. Starr blickte sie vor sich hin.
Die jüngste Zombie-Gestalt – eine leichte Beute für Axt oder Faust. Was sollte das?
»Friede«, wiederholte sie.
Das Geschöpf konnte reden! In den halbtoten Myxo-Opfern blieb die Intelligenz gewahrt! Der Schädel ohne gekreuzte Knochen.
Das Wesen war endlich verhandlungsbereit.

18

Aton hielt die Axt in der Hand; es widerstrebte ihm, jenen Schritt zu tun, nach dem er ganz allein in den Höhlen zurückbleiben würde. Intelligenz, auch eine feindliche Intelligenz, war der Einsamkeit in jedem Fall vorzuziehen.
»Friede«, sagte er zustimmend.
Das Frauenwesen blieb teilnahmslos vor ihm stehen. »Nicht mehr töten«, sagte es.
Der Herr der Zombies wollte seine letzte Eroberung retten! Damit hatte Aton eine Verhandlungsbasis. Er erwog seine Chancen.
»Wer bist du?« fragte er, obwohl es ihn nicht wirklich interessierte. Aber er mußte Zeit gewinnen, damit er seine Gedanken sammeln konnte. War es möglich, daß ihm dieses Wesen zur Freiheit verhalf?
Die Frau blinzelte und wich zurück, den Blick auf die Axt geheftet. »Was ist geschehen?« fragte sie weinerlich. »Warum bist du ...«
Sie hatte den Einfluß abgeworfen! »Erinnerst du dich nicht mehr?«
Sie erblickte die beiden anderen Zombies. »Ich ... ich habe das Spiel verloren, nicht wahr?« fragte sie mühsam. »Ich bin untergegangen. Die ganzen Schmerzen und Schrecknisse waren plötzlich vorbei, aber doch nicht ganz. Ich war kein ganzer ...«
Sie brach ab und deutete auf die anderen.

Hatte sie nur teilweise unter dem fremden Einfluß gestanden? Die Sache war ihm nicht geheuer. Wessen Willen gehorchte sie jetzt?
Sie richtete sich auf und erstarrte. »Ich bin ... Chthon.«
Chthon – ein Name diesmal, kein Ort. Der Myxo-Intellekt.
Das Wesen hatte einiges dazugelernt. Zombies, die es gänzlich übernommen hatte, nützten ihm wenig, weil es ihre Körper nicht richtig lenken konnte. Wenn es jedoch einen Teil des menschlichen Willenszentrums unangetastet ließ, konnte es das Sprachzentrum beeinflussen – und vielleicht auch weitgehend die Erinnerung und die Gehirnfunktionen. Aber um was für ein Wesen handelte es sich überhaupt?
Er sprach die Frage aus.
Der Intellekt wußte es nicht. Aus einem langen Dialog entstand schließlich ein grobes Bild. Die geologischen Kräfte des Chthon-Planeten hatten Höhlen gegraben, die sich über Hunderte und Tausende von Kubikkilometern erstreckten – heiße Lavaröhren, gewundene Wasserwege, glatte Windtunnel. In der Folgezeit brachten die Launen der Natur das überaus komplizierte Gefüge durcheinander, formten es um, drückten Gänge ein und ließen den ganzen Vorgang noch einmal beginnen. Wieder und wieder floß Lava in das Gebiet, Wasser grub sich durch die verschütteten Lagen, Flußbette schrumpften zusammen, kühle Seen verschwanden zwischen zerschmolzenen Gesteinsschichten. In den Spalten bildeten sich Kristalle aller Art und nahmen riesenhafte Ausmaße an, nur um wieder verschüttet zu werden. Der erneut beginnende Druck setzte sie teilweise unter Strom, denn manche Kristalle waren natürliche Halbleiter. Dioden bildeten sich und wurden wieder zerstört, während Elektronen durch Metallstränge liefen – die Überreste früherer Schmelzvorgänge waren –, sich in fließende Gewässer entluden, auf das nächste Leitsystem übersprangen und in natürlichen Spulen auf Tempo gebracht wurden. Die Funken entzündeten angestaute Gase und ließen empfindliche Blasen explodieren. Ein ständig neu beginnender Kreislauf entstand, in dem sich kalter Fels erhitzte und das durchsickernde Wasser in Dampf verwandelte, wobei das Feuer nachließ und die Toleranz wechselte. Die Kristalle wuch-

sen weiter und veränderten sich in der neuen Umgebung; dabei nahmen manche Formen an, die kaum noch natürlich waren, und der Strom in ihnen erzeugte eine Zirkulation und eine Rückkoppelung ähnlich dem Feuerzyklus in der Nähe. Schließlich vollzog sich der Übergang von Elektrizität zum Bewußtsein auf ebenso undefinierbare Weise, wie sicher einst das Leben entstand. Ohne daß sich tatsächlich ein lebendiges Wesen bildete, wurde der Chthon-Intellekt geboren.

»Was hast du mit uns Menschen vor?« fragte Aton. »Was kannst du mit uns anfangen?«

Die Frau zögerte, verfiel in den Zustand der Erstarrung zurück und belebte sich schließlich wieder. »Ich soll dir erklären, daß er keine – keine beweglichen Teile hat. Er ist voll ... elektronisch – ein Computer. Er kann denken, kann aber nichts *tun*, solange er keine beweglichen Einheiten beherrscht. Die vorkommenden Tiere taugen nicht viel. Sie können keine komplexen Anweisungen befolgen, und Chthon weiß sich nicht auf ihr tierisches Nervensystem einzustellen. Er braucht Wesen mit ... Intelligenz.«

»Er hat schon zwei Zombies«, bemerkte Aton, »drei sogar.«

»Sie sind nicht ... stark genug. Sie haben keine ... es erfordert große Konzentration, sie zu lenken, weil das ... Schaltsystem ihm noch weniger vertraut ist als das der Tiere. Fremdartig. Er braucht ... willige Helfer.«

Aton empfand wenig Mitgefühl. »Und was wird dem ›Willigen‹ so geboten?«

»Sicherheit, Schutz vor dem Wahnsinn«, sagte sie.

Aton lachte scharf. »Ich mache folgenden Vorschlag: Ich werde diese wahrlich ›geschützten‹ Leute hier nicht umbringen, wenn mich dein Herr dafür zur Oberfläche führt.«

»Ja«, sagte sie.

»Ja?« Einer so schnellen Zustimmung traute Aton nicht recht. »Chthon ist einverstanden?«

»Ja.«

»Sofort?« Er suchte den Haken an der Sache. Wollte Chthon die Zombies, sobald seine Aufmerksamkeit abschweifte, fortzaubern und ihn dann erneut bestürmen? »Wir reisen zusam-

men, alle vier«, fügte er hinzu, »oder ich töte sie sofort.«
»Es sind noch sechs Märsche«, sagte sie. »Die ... anderen können nicht mehr so weit. Sie werden sterben.«
»Hm. Ich kann ihr Elend aber abkürzen.«
»Du wirst sterben ... wenn Chthon ein ... Tier herbeiruft und es auf dich losläßt.«
Machtpolitik. Das Wesen lernte rasch. Konnte es die Schimäre herbeirufen, oder bluffte es nur? Die Frage brachte ihn auf einen Gedanken.
»Wenn Chthon Tiere herbeirufen kann, ist unser Problem gelöst. Soll er doch Reittiere besorgen.«
Die Verhandlungen dauerten noch weiter an; aber schon bald saß Aton auf dem Rücken eines riesigen Felsfressers, die Knie gegen die weichen Schuppen an der Flanke gepreßt, die Hände in den großen losen Nackenfalten vergraben. Mit der Last mußte das Tier auf allen vieren kriechen, aber es war stark genug und trug ihn mühelos. Die anderen waren ähnlich beritten. So begann die letzte Etappe, die jetzt nur noch zwei Märsche dauern sollte.
Vor ihm lag die Kurze Reise.
Sie kamen rasch voran. Die riesigen Pseudoreptilien, die aus Chthons direkter Kontrolle entlassen waren, nachdem sie ihre Befehle erhalten hatten, erreichten eine Geschwindigkeit von gut fünfzehn Stundenkilometern. Graue Höhlen glitten vorbei auf ihrem Wege durch das Labyrinth. Aton machte sich klar, daß er den Ausweg ohne Hilfe nicht gefunden hätte. Er wurde müde, wagte jedoch nicht zu schlafen – aus der Angst heraus, daß die Zombies vielleicht verschwunden waren, wenn er wieder aufwachte. Eine seltsame Schicksalswende, die diese halbtoten Menschen so wertvoll machte!
Der gesunde Menschenverstand sagte ihm jedoch, daß er ohnehin nichts unternehmen konnte, wenn die Reittiere der Zombies plötzlich abbogen. In Sekundenschnelle konnten sie verschwunden sein, und Chthon mochte sein Tier noch betäuben und eine Verfolgung verhindern. Mit den Geiseln aber verlor er jede Verhandlungsbasis. Im Grunde war er dem Höhlengott hilfloser ausgeliefert, als dieser zu ahnen schien.

Er sah sich um; er spürte, daß einige Zeit vergangen war. Seine Beine verkrampften sich von der ständigen Anspannung. Die Höhlen hatten sich verändert, und er schloß daraus, daß er entweder geschlafen hatte oder dicht davor gewesen war. Aber die Zombies folgten ihm immer noch. Offenbar wollte sich Chthon an die Abmachung halten. Eine überraschende, fast unglaubliche Entwicklung. Das Wesen konnte doch kaum so dumm sein! Warum ließ es sich auf so etwas ein?
Offenbar hatte es aber besondere Pläne mit ihm. Das Entgegenkommen war gewiß nur eine List gewesen, um Aton eine Weile für sich zu gewinnen. Im Augenblick blieb ihm nichts anderes übrig, als mitzumachen und darauf zu warten, daß Chthon seine Karten aufdeckte.
Sie zogen durch einen Tunnel, der an die Zuführung zur Höhle des Quallen-Wals erinnerte, dessen Flußbett jedoch trocken war. Der sanft ansteigende Pfad führte in endlosen Schlangenlinien immer weiter. Aton dachte an das Transsystem der Raumschiffe und fragte sich beiläufig, ob es hier wohl auch einen Querverkehr gab. Aber Chthon würde natürlich alle anderen Tiere – vor allem die Raupen – verscheuchen.
Die Zeit verging langsam, während die unermüdlichen Geschöpfe weiterkrochen. Aton spürte Schmerzen am ganzen Körper. Aber sein Verlangen nach Freiheit war stärker als jedes körperliche Unbehagen, und er wollte nicht um eine Ruhepause bitten. Welcher Kampf stand ihm wohl noch bevor, wenn er die Freiheit gewinnen wollte? Gewiß wurde sie ihm nicht ohne weiteres gewährt.
Plötzlich begann es zu regnen.
Wir sind draußen! dachte er. Wir haben die Höhlen verlassen! Halt – ich will sofort absteigen!
Aber es war noch nicht so weit; noch war der erste Marsch nicht zu Ende, und sie befanden sich nach wie vor tief im Inneren des Planeten. Minuten später schützte sie ein Felsvorsprung vor der Feuchtigkeit, und Aton begriff, daß er hier ein neues Wunder Chthons erlebte: eine derart weiträumige Höhle, daß sie ihre eigene Meteorologie hatte. Vielleicht tropfte das Wasser auch unaufhörlich von einer kalten Decke herab oder sickerte aus einem Strom in den oberen Höhlen durch.

Wieder stapften die Tiere in den Regen hinaus, und Aton klammerte sich völlig durchnäßt fest. Irgendwie störte ihn der Regen. Eine dunkle Vorahnung beschlich ihn und kündete von Tod, Entsetzen und vom Ende einer Liebe. Seltsam – er hatte noch nie Angst vor dem Regen gehabt.

Im Vorbeiziehen erhaschte er hier und da einen Blick auf die merkwürdige Vegetation: grün und blau schimmernde Gärten, die im Niederschlag dampften.

Aton bedauerte, diesen Höhlensektor verlassen zu müssen.

Endlich war der erste Marsch zu Ende. Ungelenk stiegen die Reiter ab und versuchten sich aufzulockern. Aton war schon vor dem seltsamen Ritt hungrig gewesen, und jetzt taumelte er förmlich vor Hunger; die Myxo-Anfälle hatten ihn überdies viel Kraft gekostet.

Das Frauenwesen sagte: »Mach dir ein Feuer, wenn du willst. Es wird ein Tier kommen.« Und so waren sie versorgt. Aton stellte fest, daß das Fleisch von Zombie-Tieren durchaus nicht minderwertig war.

Sie lagerten in Windtunneln, die ihm seltsam vorkamen. Sie mochten einem System angehören, das das Gegenstück zur Höhlenwelt der Gefangenen auf der anderen Seite der mächtigen Gasschlucht bildete. Es hätte ihn vielleicht gereizt, die angrenzenden Gänge zu erforschen, wenn er nicht längst eingesehen hätte, wie sinnlos das war. Was konnte er anderes finden als – Höhlen?

Sie schliefen. Aton hatte den Arm um das Frauenwesen gelegt, nicht weil er es für sich begehrte, sondern um es sich als Geisel zu bewahren – soweit ihm das überhaupt nützen konnte. Er überlegte, daß die Schwarzhaarige für das Chthon-Wesen sicherlich das wertvollste Exemplar war, weil ihr Hirn noch weitgehend funktionierte. Er konnte hoffen, daß die ›Abmachungen‹ wenigstens teilweise eingehalten wurden, solange er Macht über sie behielt. Wäre eine andere Möglichkeit denkbar gewesen, hätte er sie am liebsten gar nicht berührt; allein der Gedanke, daß sie von einer fremden Intelligenz besessen war, stieß ihn ab.

Am ›Morgen‹ warteten bereits frische Reittiere, und die vier setzten ihre Reise fort. Die Windtunnel blieben zurück und wichen einem Wald aus braunen und farblosen Stalagmiten mit konzentrischen Ringen, an denen das stufenweise Wachstum abzulesen war. Wieder wirkte die Umgebung irgendwie beunruhigend auf Aton; die baumähnlichen, vom Boden aufstrebenden Säulen erinnerten ihn an die stets freundlichen Wälder seiner Kindheit auf Hvee, die jetzt aber voll dunkler Vorahnungen waren. Fast zögerte er, die schützenden Höhlen mit ihrer allgegenwärtigen Göttergestalt zu verlassen. Er fürchtete sich vor der Ungewißheit der Außenwelt.

Schnell schüttelte er dieses Gefühl wieder ab. Wahrscheinlich versuchte Chthon auf ihn Einfluß zu nehmen. Aber seiner Liebe zur Mignonne konnte nichts im Wege stehen.

Gleich nach Beginn des zweiten Marsches verlangsamten die Reittiere ihren Schritt und gingen fast auf Zehenspitzen – oder wie man das bei den Geschöpfen bezeichnen konnte. Aton, der jetzt munterer war als auf dem ersten Marsch, sah sich mißtrauisch um. Er erblickte die Flanke eines ungeheuren schlafenden Wesens, die sich langsam hob und senkte. Ein Drachen der Unterwelt, mächtig wie ein Elefant, lag quer über dem Weg. Sie waren in seinen Bau eingedrungen – die frisch aus dem Fels gehauenen Gänge von drei Metern Höhe wiesen die Spuren riesiger Klauen auf. Aber das Wesen schlief sehr fest – was zweifellos auf Chthons Einfluß zurückzuführen war.

Der Höhlenkomplex war in seiner Gesamtheit viel ausgedehnter, als Aton gedacht hatte. Gewiß bildete er überhaupt die größte zusammenhängende Höhlenwelt in der Galaxis. Ein selbständiger Mensch konnte hier bequem leben, ohne sich jemals langweilen zu müssen.

Das Reittier beschleunigte wieder den Schritt. Mach nur schnell, dachte Aton und lächelte. Die Eindrücke mehrten sich derart, daß er sie auf diesem Kurzen Ritt gar nicht alle verarbeiten konnte. Irgendwann einmal mußte er wiederkommen, um die Höhlen zu erforschen und auszubeuten. Der Berg barg unermeßliche Reichtümer und – was noch wichtiger war – wertvolle Informationen. Die hier überall greifbaren Schätze der Natur für die Nachwelt aufzuzeichnen, würde ein ganzes erfülltes Leben in Anspruch nehmen.

Versuche mich nicht von der Mignonne abzulenken. *Sie* ist mein Leben, nicht diese Welt hier.
Ob es möglich war, die Höhlen kartographisch zu erfassen? Es war eine dreidimensionale Welt, ein vielschichtiges Höhlensystem mit zahlreichen Klimazonen – eine Welt von unendlicher Mannigfaltigkeit. Ein Menschenleben würde kaum ausreichen.
Stunden vergingen. Der Weg stieg steil an, und sie kamen langsamer vorwärts. Der von den Wänden ausgehende Schimmer verblaßte und verschwand, so daß Aton nichts mehr sah. Runde Steine polterten hinab, von unsicher tastenden Füßen angestoßen. Das war der seltsamste Teil Chthons – allem Licht weit entrückt. Angst kroch in ihm hoch. Er war hilflos.
»Die Tiere können das Tageslicht nicht ertragen«, sagte die Stimme des Frauenwesens vor ihm. »Wir müssen anhalten.«
Tageslicht!
»Zu Fuß. Noch eine Biegung«, fuhr die Schwarzhaarige fort. Aton hörte, wie sie und die anderen Zombies abstiegen. Er trat zu ihnen. Die befreiten Tiere liefen davon; sie schienen die Gegend erleichtert zu verlassen. »Wir kommen nicht weiter mit«, sagte sie. »Du mußt jetzt allein gehen.«
Allein! In das Schicksal, das Chthon ihm bereitet hatte.
Aton stolperte über lose Steine aufwärts. Er trat vorsichtig auf, tastete sich an der zerklüfteten Wand entlang, fand die gefürchtete Biegung – und ging weiter.
Licht fiel herab, kein grünes, sondern weißes Licht. Es war hell und schön und ließ die Höhle kahl und häßlich erscheinen.
Freiheit!
Als er hinaufsah, erblickte er eine Silhouette – irgendein Tier, das sich zwischen ihm und dem Licht bewegte, ein seltsames, vogelähnliches Geschöpf mit einem sehr langen, scharfen, an der Spitze leicht gekrümmten Schnabel. An den Flügeln, die es vorübergehend entfaltete, befanden sich entsetzliche Widerhaken, und es hatte kräftige, zangenartige Füße.
Die Schimäre.
War dies die Freiheit, die Chthon ihm verheißen hatte?
Er konnte umkehren, sich wieder zu den Zombies gesellen, seinen Traum aufgeben. Die Mignonne aufgeben. Chthon anbeten.

Oder er konnte auf die Schimäre losgehen – ein Geschöpf, das er niemals überwinden würde – und den Tod der Schimäre sterben. So lebte er ohne Augen und Eingeweide wenigstens einige Augenblicke in der Freiheit – draußen auf dem Planeten Chthon, auf dem lieblichen Idyllia.
»Ich habe das LAE vergessen!« rief Aton. »Ich habe mein Buch in den Höhlen gelassen, wo die Myxo-Anfälle anfingen.« Ja, er mußte umkehren, um es zu holen . . .
Ein andermal. Hinter der Schimäre sah er die Mignonne. Sie winkte ihm zu. Er ging ihr entgegen.
Die großen Schwingen entfalteten sich geräuschlos. Das Geschöpf verschwand, und mit ihm das andere Bild, und Atons Weg war frei. Chthon hatte ihn ziehen lassen.

»Wie läßt der Tänzer scheiden sich vom Tanz?«

WILLIAM BUTTLER YEATS
»AMONG SCHOOL CHILDREN«

EPILOG

Ja – wir lassen ihn ziehen.
Wir gestatten Aton die Rückkehr ins Leben.
Tot war er, als er zu uns kam,
Wie seinesgleichen sagt,
Aber er war unvollkommen,
Und wir möchten ihn – vollendet.
Unserem halb normalen Diener Bedside vertrauen wir ihn an
Und warten auf seine Rückkehr.

Aton, Aton – hast du das Böse gesucht?
Hast du deinen Vater in der Stunde seiner Not verlassen, um einer törichten Illusion nachzujagen?
Hast du die aufrichtige Liebe um der inzestuösen Leidenschaft willen vergessen?
Hast du deine Gefährten der Vernichtung preisgegeben?
Hast du schließlich mit der Hölle selbst geschachert, die du in Chthon zu erkennen glaubtest?
Verurteilt bist du –
Nicht durch deinen Vater
Nicht durch deine erste oder zweite Liebe
Nicht durch deine Gefährten
Nicht durch Chthon.
Wo ist das Böse, das du suchst?
Wie kannst du wissen, daß nicht du selbst es bist?
Wie kannst du dich verurteilen
Für das, was du bist?

Wir wollten das Gute in der Philosophie deiner Kultur retten
Und das Böse ihres Wesens vernichten,
Aber fanden beide miteinander verwandt,
Wir wollten einen Gesandten der Vernichtung bestimmen,
Um das Leben unserer Galaxis zu reinigen.
Doch dieser Gesandte bringt uns das LAE

Und spottet unserer Vernunft mit ethischen Gedanken.
(Bisher hatten wir nur das geistig Abnorme in dir gesehen.)
Wie unterscheiden wir das Schicksal des Lebens von unserem eigenem?
Sind wir nicht verwandt in unserem Streben nach Vollendung?
Wie können wir dich dafür verurteilen, daß du
Auf deine invertierte Weise
Dem gleichen, unserem, Ideal anhängst?

So müssen wir dich hinnehmen, dich und dein Weib;
Wir müssen die Kälte aus der Muschel vertreiben
Und lernen, daß in unserer Barmherzigkeit
Unsere Nova liegt.
Denn beim Studium der Kälte entdecken wir etwas Wunderbares:
Nicht natürlich,
nicht schädlich,
Nicht zufällig,
Sondern eine Unruhe, die unserer Galaxis eingepflanzt ist
Und deren Nebenwirkungen auf das Leben nicht beabsichtigt sind:
Ein Signal.
Eine Botschaft an jeden Geist, der die Kraft hat zu begreifen:
Wir sind nicht allein im Universum.
Die Gott-Wesen warten auf unsere Antwort.

ÜBER DEN AUTOR

Es heißt, die ersten Romane seien meist autobiographisch. Das weiß ich nicht so genau. *Chthon* jedenfalls ist nicht mein erster Roman, darum braucht man die Hauptgestalt auch nicht mit dem Verfasser zu identifizieren. Denjenigen, die es trotzdem versuchen wollen, gestehe ich immerhin, daß ich 1934 als Engländer geboren wurde und mit fünf Jahren bereits Europa bereist hatte. An meinem elften Geburtstag wurde die Bombe auf Hiroshima abgeworfen. Während ich mich an der Universität mit Kunst, Dramaturgie und Psychologie beschäftigte, arbeitete ich in einem Warenhaus, einem Büro, einer Nervenklinik, als Holzfäller im Wald von Vermont und in den Semesterferien an der Theke eines Selbstbedienungsrestaurants. Dann legte ich anstatt der üblichen Arbeit für den BA in schriftstellerischen Übungen meinen ersten Science-fiction-Roman vor. Er wurde zwar nie veröffentlicht, aber ich stellte mit ihm den Rekord für die längste Ausarbeitung in der Geschichte des College auf.
Zwei Jahre danach hatte ich genug vom Lastkraftwagenfahren, Versicherungenabschließen und vom Militärdienst und begann meinen zweiten Roman. Er wurde in einer niederen Region angesiedelt und enthielt niedere Charaktere, war aber nicht bewußt eine Darstellung des Lebens in der Armee. Sieben Jahre vergingen, bevor ich ihn abschloß. In dieser Zeit betätigte ich mich nacheinander als Verwalter, Meteorologe, Tischtennisturnierteilnehmer, Zeitschriftenherausgeber und Karikaturist – alles in Armeeformat, versteht sich –, und im zivilen Leben schrieb ich technische Artikel, wurde Büroangestellter, Sozialhelfer, Student der Pädagogik, Englischlehrer und freiberuflicher Schriftsteller, während meine Frau freundlicherweise als Computer-Programmiererin die Familie ernährte. Irgendwann in dieser Zeit ließ ich mich als Amerikaner naturalisieren.
Der aufmerksame Leser findet in *Chthon* vielleicht Hinweise auf all diese Tätigkeiten, aber ich glaube, das Buch bleibt, was man von einem Schriftsteller mit vielseitiger Ausbildung und ho-

hem Ehrgeiz erwarten darf: ein Konglomerat von Abenteuern und Symbolen. Der Roman hatte, so wie er ursprünglich angelegt war, einen unübersehbaren Fehler: er zerfiel in drei ungleiche Teile, die sich dem Wunsch, sie miteinander in Einklang zu bringen, hartnäckig widersetzten. Aton Fünf hatte eine Kindheit, verbrachte eine Zeitlang im Gefängnis und machte nach Verlassen des Gefängnisses einige weitere Erfahrungen; all das war für die Story unentbehrlich, aber es fehlte die übergreifende Einheit. Dann entdeckte ich William Faulkners provozierenden Roman *Schall und Wahn,* in dem ein bestimmter Eindruck jeweils verschieden dargestellt wird. In Faulkners Technik sah ich die Lösung für mein Vereinheitlichungsproblem: eine geplante Reihe von Angriffen auf die einzelnen Aspekte meiner Hauptgestalt, wörtlich und im übertragenen Sinne, in der Gegenwart und in Rück- und Vorausblenden.

Diese Offenbarung war der Wendepunkt in der Entstehung *Chthons*. Atons Leben wurde zum Spiegel seines Todes, und jede Episode der Höhlensequenz fand ihr Abbild im Leben draußen. In Abschnitt 1 des ersten Kapitels zum Beispiel begegnet Aton der unmittelbaren psychiosexuellen Gefahr in Gestalt Lazas, während er in Abschnitt *1* die intellektuellere, aber ebenso tödliche Mignonne kennenlernt. Wer die ganze Reihe von achtzehn Parallelen und ihre Nuancen und Deutungen nachzeichnen will, möge dies tun, und ich hoffe, es hilft ihm, sich an dem Roman zu freuen, ohne sich den Geist zu verrenken. Das Spiel ist jedoch nicht ganz sinnlos; wenn eine Episode dunkel erscheint, sollte sie sich durch ihre Parallele erhellen.

Inzwischen erhole ich mich in Florida bei der Arbeit an einfacheren Romanen. Sieben Jahre habe ich über *Chthon* geschwitzt; jetzt sind Sie dran.

Piers Anthony